TOME II

L'ASSISTANCE
VOLONTAIRE ORGANISÉE EN SUISSE

AVEC UN RÉPERTOIRE ALPHABÉTIQUE

PAR

A. WILD, Pasteur
ZURICH 6

TRADUIT PAR

PAUL MONNERAT
GENÈVE

ZURICH
ART. INSTITUT ORELL FUSSLI, LIBRAIRES-ÉDITEURS
1916

Dr C. A. SCHMID ET A. WILD

L'ASSISTANCE LÉGALE ET VOLONTAIRE ORGANISÉE

EN SUISSE

PUBLIÉ PAR LA COMMISSION PERMANENTE
DES INSTITUTIONS SUISSES D'ASSISTANCE
PUBLIQUE ET PRIVÉE

TRADUIT DE L'ALLEMAND

PAR

JOHN JAQUES ET PAUL MONNERAT

ZURICH
ART. INSTITUT ORELL FUSSLI, LIBRAIRES-ÉDITEURS
1916

TOME II

L'ASSISTANCE VOLONTAIRE ORGANISÉE EN SUISSE

—

AVEC UN RÉPERTOIRE ALPHABÉTIQUE

—

TRADUIT PAR PAUL MONNERAT
A GENÈVE

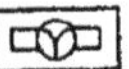

Table des matières.

I.

XI.

INTRODUCTION

Le dernier exposé systématique des œuvres de bienfaisance en Suisse a paru en 1870. Nombreux ont été depuis cette époque les changements survenus, lesquels rendaient une nouvelle étude indispensable.

En 1870, sur la demande de la Société suisse de statistique, M. le rédacteur G. Niederer établissait une statistique de l'Assistance en Suisse, embrassant à la fois l'Assistance officielle et l'Assistance volontaire. Pour cette dernière, les matériaux réunis avaient été dépouillés par M. le pasteur Trechsel, à Sigriswil (Berne). Les deux collaborateurs n'avaient pas borné leur travail à un simple alignement de chiffres : ils l'avaient doté de conclusions qui, aujourd'hui encore, conservent toute leur valeur et méritent d'être consultées.

En 1890, la même Société suisse de statistique provoquait une enquête générale sur les Assistances officielles et volontaires dans notre pays, et faisait opérer le dépouillement des matériaux ainsi rassemblés. Ce dépouillement terminé, on était en 1897, la commission spéciale chargée d'en examiner les résultats, n'estima pas qu'ils fussent assez complets pour être livrés à l'impression. La Société s'adressa alors au Conseil fédéral, lui demandant de vouloir bien faire reprendre toute la partie relative à l'Assistance officielle par le Bureau fédéral de statistique, demande à laquelle il fut accédé ; et en 1901 paraissait une seconde statistique de l'Assistance en Suisse. Quant aux documents concernant l'assistance privée, ils furent remis à M. le pasteur Niedermann d'Oberuzwil, chargé d'en opérer le triage. A son tour, M. Niedermann

déclarait que les données obtenues étaient insuffisantes et,
d'accord avec la Société de statistique, organisait une toute
nouvelle enquête. Cette deuxième enquête n'ayant pas abouti
à des résultats plus satisfaisants, une troisième enquête fut
organisée par M. Niedermann, à l'aide, cette fois, d'un questionnaire très simplifié. Environ un an plus tard, la Société
de statistique émettait le vœu que le Bureau fédéral de statistique fût chargé de mener ce travail à bonne fin. Le Bureau,
après avoir, avec M. le Conseiller fédéral Ruchet, parcouru
attentivement les matériaux réunis, en arrivait à cette conclusion que l'enquête avait été insuffisamment préparée et que
ces matériaux contenaient encore des lacunes trop graves pour
que l'on pût les utiliser tels quels. Le Conseil fédéral, vu
l'insuffisance des bases sur lesquelles reposait l'enquête, et le
fait que le public commençait à se lasser d'avoir à répondre
aux incessants questionnaires qui lui étaient adressés, décida
de mettre de côté, sans plus, tous les matériaux réunis. Enfin,
en 1913, le Bureau fédéral de statistique faisait recueillir,
auprès de toutes les institutions de bienfaisance, des données
relatives à l'assistance des Suisses habitant hors de leur canton d'origine. Seulement, cette statistique ne comprenant
qu'une branche de l'activité privée, en matière d'assistance,
n'en donnait qu'une idée très incomplète.

La statistique de l'Assistance privée, de 1870, avait compris les sociétés de bienfaisance, les fondations charitables
et les établissements tels qu'orphelinats, maisons d'éducation
et de relèvement, les infirmeries, les asiles d'aveugles, de
sourds-muets, d'enfants faibles d'esprit etc. A cette époque
une classification comme celle-là était encore admissible,
bien que déjà l'on se plaignît des inconvénients qui en résul-
taient, lorsqu'il s'agissait d'obtenir des renseignements. Depuis
lors, il a surgi un si grand nombre d'institutions nouvelles,
d'établissements nouveaux, que force a été de se limiter, si
l'on tenait à aboutir, sans de trop longs délais, à un résultat
pratique. C'est pourquoi, nous ne nous occupons ici, que de
cette partie de l'assistance privée ayant pour organes des
sociétés constituées se vouant elles-mêmes à la bienfaisance.

Pour les établissements de charité ou d'utilité publique de tous genres, nous nous permettons de renvoyer le lecteur à notre ouvrage sur les établissements et institutions de prévoyance sociale en Suisse[1]. Nous n'avons pas davantage pu nous occuper des nombreuses fondations charitables dont les revenus sont gérés et employés à des œuvres de bienfaisance par des personnes isolées, non plus que des distributions d'aumônes faites par les couvents.

---

[1] Veranstaltungen und Vereine für soziale Fürsorge in der Schweiz. Zurich, Imprimerie Leemann.

I.

Du rôle de l'Assistance volontaire en Suisse.

L'assistance par des sociétés de bienfaisance organisées n'est pas en Suisse de date très ancienne. En 1737, est fondée à Rolle la « Bourse française » ; en 1750, à Morges, la société dite « Bourse allemande » ; en 1764 à Moudon, la « Chambre des pauvres habitants » ; en 1766, la Direction « des pauvres habitants » à Lausanne ; en 1772, la loge maçonnique de Zurich ; en 1775, à Berne, « l'Association pour procurer du travail aux femmes dans le besoin » (Spinnanstalt) et en 1799, la « Société de secours » à Zurich. Cette nomenclature indique suffisamment quels étaient les besoins auxquels il s'agissait de répondre ; elle nous fait voir à quelles causes il faut faire remonter la naissance, puis l'extension si considérable que devaient prendre, dans notre pays, les œuvres de charité organisées : au grand nombre des étrangers, ainsi que des citoyens suisses habitant hors de leurs communes et cantons d'origine. La Suisse compte, en effet, un nombre absolument disproportionné et sans cesse croissant d'étrangers. C'est un phénomène que l'on ne retrouve en aucun autre pays à un degré pareil. Une forte proportion de ces étrangers réclame l'assistance à peine arrivés, ou y a recours après un séjour plus ou moins long. A qui devra incomber le soin de les assister ? Les offices locaux d'assistance légale, naturellement, s'y refusent. Restent les diverses sociétés de bienfaisance étrangères ; mais leurs ressources sont bien limitées en regard du grand nombre des nécessiteux qu'elles devraient secourir. Il faut donc qu'intervienne l'assistance privée, soit pour apporter son aide matérielle, soit en s'entremettant pour distribuer les secours obtenus des pays d'origine. La liberté d'établissement, la facilité des communications favorisent, comme jamais auparavant, le mélange des ressortissants de nos cantons, tellement que, dans nombre de communes, les domiciliés non-bourgeois forment la majorité des habitants. Les législations cantonales n'ont pu encore emboîter le pas et s'adapter aux circonstances nouvelles. A peu d'exceptions près, elles reposent, en matière d'assistance, sur le principe de l'assistance par la commune de bourgeoisie. Il va sans dire que ces dernières ne sont, à aucun degré, tenues de s'occuper des domiciliés non-bourgeois, étant elles-mêmes, dans beaucoup de cas, incapables de secourir leurs propres ressortissants sans l'aide de l'Etat. Comme il était, d'autre part, impossible d'abandonner le nombre, toujours croissant, des pauvres non-bourgeois, il a fallu que la bienfaisance des particuliers entrât en scène et cherchât à remédier aux inconvénients qui résultent de l'assistance par la commune d'origine. Elle n'y a que trop bien réussi. La charité privée a déployé une activité telle, que l'on s'accommode parfaitement de l'état de choses existant, et à tel point, que l'on ne songe pas sérieusement à introduire l'assistance au lieu du domicile, la seule pourtant qui réponde aux nécessités de l'heure présente. Enfin, la fondation de nombreuses sociétés de bienfaisance de toutes sortes, leur développement considérable, ont eu pour conséquence de pousser à restreindre les attributions des Bureaux officiels d'assistance à la distribution de secours tout juste suffisants pour empêcher les assistés de mourir de faim, tout cela pour ne pas alourdir le taux des impôts, ou pour ménager les fonds bourgeoisiaux.

L'assistance privée voyait ainsi s'ouvrir devant elle un beau et vaste champ d'activité : elle avait à suppléer aux lacunes de l'assistance officielle et à intervenir dans les cas exigeant des secours d'une nature spéciale. Elle n'y manqua pas et se mit à l'œuvre avec un empressement tout-à-fait remarquable. Et si bien, que, dans quelques cantons, ce sont des sociétés de bienfaisance qui sont chargées de devoirs incombant, ailleurs, à l'assistance publique : ainsi de la protection de l'enfance malheureuse et des orphelins, tâches dont elles s'occupent seules ou avec le concours de l'organisation officielle. Un motif d'un autre ordre a encore contribué à mettre en mouvement l'assistance non officielle, c'est l'obligation de venir en aide à cette catégorie d'indigents qu'on appelle les pauvres honteux, ceux qui redoutent d'avoir à faire à l'assistance légale et luttent jusqu'à la dernière heure pour s'en passer.

Ce qui précède fait ressortir, avec évidence, le rôle de premier ordre de l'assistance privée en Suisse ; elle n'est donc en aucune façon une quantité négligeable, mieux que cela, elle en est arrivée à constituer dans notre pays un organisme indispensable. Elle rend aux autorités, comme aux offices de secours des bourgeoisies, des services inappréciables, bien que trop souvent peu reconnus et appréciés au-dessous de leur valeur par les organes officiels, auxquels toute cette activité ne laisse pas d'être désagréable, pour des raisons faciles à deviner. Mais cette activité tourne au plus grand avantage des pauvres domiciliés hors de leur commune d'origine ; ils trouvent en ces organisations volontaires un appui auprès d'autorités bourgeoisiales, souvent dures à la détente et peu portées de leur nature à la générosité. Ce sont ces sociétés qui leur serviront de conseiller, qui se chargeront de correspondre pour eux avec leurs autorités, leur verseront les secours accordés, qui contrôleront, exhorteront, en un mot se substitueront aux organes officiels d'assistance, aux seules compétences disciplinaires près. Ce sont de ces sociétés, si nombreuses dans les villes, que sont parties les réformes nécessaires pour élever l'assistance à la hauteur des exigences de l'époque, ce sont elles qui ont suggéré les mesures à prendre contre la plaie de la mendicité, pour opposer une digue à la distribution abusive des aumônes et qui s'efforcent d'obtenir, en revanche, que les secours qu'on accorde soient suffisants ; ce sont elles encore qui ont provoqué ces conférences, au cours desquelles les questions importantes intéressant l'assistance sont étudiées. Et des employés de ces associations, absolument volontaires, l'on exigera infiniment plus que des fonctionnaires de l'assistance officielle. Tandis que la sphère d'action, les attributions de ces derniers sont limitées par les lois de leur canton, qu'ils sont chargés d'appliquer, les premiers, auxquels ont recours des Suisses de tous cantons et des étrangers des points du globe les plus divers, devraient être au courant de toutes les lois cantonales sur l'assistance, de la Constitution fédérale, de nombre de lois fédérales, connaître, au moins à peu près la législation des nations étrangères en matière d'assistance, pour ne pas parler des notions de jurisprudence et d'économie sociale qui leur seraient souvent si utiles.

Et si, une bonne fois, la Suisse vient à changer du tout au tout son système d'assistance et qu'elle se mette à pratiquer celui de l'assistance au lieu de domicile, l'assistance volontaire n'y perdra guère en importance. Elle aura toujours un rôle à jouer dans certaines détresses, qui ne relèveront que d'elle, et pour accorder un complément bienvenu aux prestations, toujours limitées au strict nécessaire, de l'assistance officielle.

Il y a quelque cinquante ans, lorsque le canton de Zurich voulut reviser sa loi d'assistance, on se demanda si c'était bien à la loi à réglementer la charité ; si, comme avant la Réforme, elle ne devrait pas être abandonnée entièrement à la bonne volonté publique ; et ce ne fut personne autre, que le futur conseiller fédéral Dubs, qui plaida résolument pour que l'on revînt du système de l'obligation à celui de la liberté, l'assistance volontaire répondant mieux, d'après lui, aux postulats de la démocratie et étant seule à même d'individualiser les cas. Malgré cela, on ne pût se décider à prendre une décision qui, semblait-il, aurait équivalu à un pas fait en arrière. Les défenseurs d'alors de l'assistance volontaire éprouveraient aujourd'hui un sentiment de joie sans mélange, en constatant combien vigoureusement et librement, elle a pu s'épanouir à côté de l'assistance légale. Et lors même que, dans la suite des temps, tel domaine, cultivé par l'assistance privée, passerait à l'Etat ou à la Commune, elle n'en mourrait pas pour tout cela ; elle se chercherait de nouvelles tâches, viserait de nouveaux buts, mobiliserait de nouvelles forces ; le mobile qui la fait agir n'est pas de ceux qui passent : c'est l'amour pour l'humanité souffrante.

II.

Dispositions contenues dans la Constitution fédérale, dans les lois fédérales et dans les diverses législations cantonales concernant l'assistance par les sociétés de bienfaisance.

L'article 45, al. 3 de la Constitution fédérale dit : «L'établissement peut encore être retiré à ceux qui ont été à réitérées fois punis pour des délits graves, comme aussi à ceux qui tombent d'une manière permanente à la charge de la bienfaisance publique et auxquels leur commune, soit leur canton d'origine, refusent une assistance suffisante, après avoir été invités officiellement à l'accorder». — Quand la Constitution parle ici de bienfaisance publique, elle sous-entend naturellement l'assistance officielle, au lieu du domicile. Cette assistance existe bien, mais voilà ! elle ne s'occupe partout que de ses seuls ressortissants (dans quelques cantons, aussi des citoyens du canton) jamais des Suisses d'autres cantons, lorsque ceux-ci viennent à tomber dans le besoin. Pour eux il n'existe, en fait, pas d'autre instance d'assistance que la société de bienfaisance locale. Le Tribunal fédéral a décidé, nous le savons, en quelques cas, qu'une personne secourue par une association privée ne pouvait pas être expulsée, ce qui revient à dire que la bienfaisance des associations non officielles ne comptait pas comme assistance publique. Il a cependant fallu, bon gré mal gré, revenir sur cette interprétation, puisque, pour le citoyen suisse, résidant hors de son canton d'origine, il n'est pas d'autre assistance possible que celle que pourra lui accorder la bienfaisance privée organisée. C'est celle-ci et elle seule qui, de fait, est l'assistance publique ; seule elle viendra à l'aide d'un Suisse d'un autre canton.

Le paragraphe cité plus haut, bien que sans le vouloir, endosse donc à la bienfaisance privée locale l'assistance des citoyens suisses nécessiteux, tant que la commune d'origine n'est pas intervenue ou que le rapatriement n'a pu avoir lieu.

L'article 64 bis, al. 3 de la *Constitution fédérale*, dit que « la Confédération pourra accorder des subventions pour la construction de maisons de correction, de travail ou de relèvement etc. ; qu'elle pourra participer à la création d'institutions ayant pour but la protection de l'enfance malheureuse ». Le message du Conseil fédéral donnait à entendre que cette dernière disposition pourrait être appliquée à des établissements dus à l'initiative privée. Des associations volontaires, des maisons d'éducation fondées par des particuliers et qui se proposeraient la protection, l'éducation de l'enfance abandonnée, pourraient donc, sous certaines conditions, être mises au bénéfice de cette décision. Mais jusqu'à présent, cette décision, qui a sa très grande importance, n'a jamais passé dans la pratique, bien qu'actuellement il se fasse des efforts pour obtenir son application.

L'article 56 de la *Constitution fédérale* dit que « les citoyens ont le droit de former des associations, pourvu qu'il n'y ait dans le but de ces associations, ou dans les moyens qu'elles emploient, rien d'illicite ou de dangereux pour l'Etat. Les lois cantonales statuent les mesures nécessaires à la répression des abus, elles garantissent à hommes et femmes, ainsi qu'aux étrangers, le droit de fonder des sociétés de bienfaisance ou de secours. »

Signalons encore, à ce propos, l'article 60 du *Code civil suisse* : « Les associations politiques, religieuses, scientifiques, artistiques, de bienfaisance, de récréation ou autres qui n'ont pas un but économique, acquièrent la personnalité dès qu'elles expriment dans leurs statuts la volonté d'être organisées corporativement. — Les statuts sont rédigés par écrit et contiennent les dispositions nécessaires sur le but, les ressources et l'organisation de l'association. » Et plus loin, art. 61 al. 1 : « L'association dont les statuts ont été adoptés et qui a constitué sa direction peut se faire inscrire au registre du commerce.» Mais elle n'y est pas obligée : l'obligation n'existe que lorsque l'association, pour atteindre son but, exerce une industrie en la forme commerciale (comme ce serait le cas, par exemple, lorsqu'une association de bienfaisance organiserait un commerce de bois). Les statuts et l'état des membres de la direction sont alors à ajouter à la demande d'inscription (art. 61, al. 2 et 3). Une fois inscrite, l'Association est soumise à la loi sur les faillites et les lettres de change. — En tant que personnes morales, les associations peuvent acquérir tous les droits et assumer toutes les obligations qui ne sont pas inséparables des conditions naturelles de l'homme, telles que le sexe, l'âge ou la parenté (art 53). Les associations peuvent hériter, accepter des legs ou des dons et jouissent de tous les droits afférents aux personnes solvables et de bonne réputation.

La *nouvelle loi postale* entrée en vigueur le 1er janvier 1911 dispose, art. 60, relativement à l'assistance volontaire : «Le Conseil fédéral est autorisé à accorder, temporairement, la franchise de port pour l'expédition de dons destinés à secourir des sinistrés, ainsi que pour la correspondance échangée à cet effet. — Le Conseil fédéral est en outre autorisé, dans les limites d'un crédit qui doit être fixé chaque année par l'Assemblée fédérale, à remettre gratuitement des timbres pourvus d'un signe distinctif pour les envois de la poste aux lettres, à des établissements, sociétés ou associations qui s'occupent du secours des indigents, ou poursuivent un but analogue de bienfaisance.»

Relativement à la distribution de ces timbres spéciaux, pour la franchise postale, à l'usage des institutions de bienfaisance, l'article 150 du règlement postal fixe ce qui suit : 1. Le département des postes désigne les établissements, sociétés ou associations qui s'occupent du secours des indigents ou poursuivent un but analogue de bienfaisance et auxquels, conformément à l'article 60 de la loi sur les postes, il est remis des timbres pourvus d'un signe distinctif (timbres de franchise) pour les envois de la poste aux lettres. Les intéressés peuvent recourir au Conseil fédéral contre la décision du Département des postes. 2. Les établissements, sociétés et associations qui prétendent à la remise de timbres de franchise doivent, autant que faire se peut, justifier auprès de la Direction des postes d'arrondissement, pour la Direction générale des postes, de l'étendue de la correspondance entrant en ligne de compte, au moyen d'une statistique embrassant le trafic d'un mois. 3. Les établissements etc. ne peuvent employer les timbres de franchise que pour l'affranchissement des envois postaux qu'ils consignent. — Les établissements etc., à caractère mixte, c'est-à-dire ceux qui poursuivent à la fois un but de bienfaisance et d'utilité publique, n'ont droit à la remise de timbres de franchise que pour la correspondance concernant l'assistance des pauvres ou visant un but de bienfaisance analogue. 4. Les administrations qui ont la qualité d'établissements cantonaux de districts, de cercles ou de communes et qui, conformément à l'article 56 de la loi sur les postes, jouissent de la franchise de port pour les correspondances qu'elles expédient en affaires officielles (les établissements communaux, toutefois, seulement dans les relations entre eux et avec les autorités supérieures), n'ont pas droit à la remise du timbre de franchise. De même, les établissements à caractère mixte (par exemple les établissements d'éducation qui reçoivent non seulement des élèves pauvres, mais aussi des élèves dans l'aisance), dont le compte annuel accuse régulièrement un bénéfice, ne reçoivent pas ces timbres. 5. Il n'est pas remis pour plus de fr. 2000 de timbres de franchise par année à un seul et même établissement etc. — Les timbres de franchise ne doivent être utilisés que pour l'affranchissement de lettres non recommandées et sans remboursement, jusqu'à 250 grammes de poids, de cartes postales, d'échantillons et d'imprimés jusqu'à 500 grammes pour la Suisse. — Actuellement ces timbres de franchise ont été remis à environ 660 institutions de bienfaisance. Cela équivaut à une véritable subvention accordée par la Confédération à l'assistance volontaire, et cela prouve qu'en haut lieu on apprécie à sa juste valeur l'activité déployée par ces sociétés de secours.

Pour ce qui concerne le *transport des indigents de nationalité suisse par les chemins de fer suisses*, le règlement dit ce qui suit : « Les autorités compétentes pour délivrer des bons de recommandation sont désignées par l'Association des chemins de fer suisses, d'accord avec les gouvernements cantonaux. L'Association des chemins de fer suisses a seule le droit de décider les cas dans lesquels des établissements privés de bienfaisance doivent être admis à délivrer des recommandations. Des bons de recommandation émis par d'autres autorités et établissements ne peuvent être admis. »

Ont reçu le droit de délivrer des billets d'indigents les institutions de bienfaisance suivantes : le secrétariat de l'Assistance générale à Bâle, la Société de bienfaisance israëlite à Bâle, le Bureau vaudois de bienfaisance à Genève, le Bureau central de bienfaisance à Genève, les sociétés de secours et d'éducation pour pauvres du Bucheggberg, de Kriegstetten, du Gäu, d'Olten-Goesgen (Soleure), le Bureau Central d'assistance à Lausanne, la Société d'assistance aux habitants pauvres de la ville de Zurich, celle de la ville de Winterthour.

Quant à *l'encouragement accordé par la Confédération au service de placement*, *l'arrêté fédéral* du 29 octobre 1909 dit ce qui suit : La Confédération, en vue d'encourager le service de placement, alloue des subsides aux associations cantonales de secours en nature, en tant qu'elles participent au service public de placement et dans la mesure où elles y participent. Elles pratiqueront le placement d'accord avec le service public de placement ; les stations de secours en nature seront reliées organiquement avec l'office du travail le plus rapproché. Les stations participeront au service de renseignements sur le marché du travail, en adressant des rapports réguliers à l'office du travail auquel elles sont reliées. Les associations de secours en nature peuvent, en matière de placement, limiter leur activité aux personnes du sexe masculin. La Confédération alloue aux Associations cantonales de secours en nature un subside de cinquante centimes pour chaque placement.

On trouve dans presque toutes les *lois d'assistance cantonales* des décisions concernant l'assistance volontaire. La
loi d'assistance du canton de *Zurich* du 28 juin 1853 dit
à l'art. 22, al. 2 : le produit de ces collectes (faites à l'église),
là où les circonstances le permettent, peut être consacré
par les paroisses, avec l'autorisation du Conseil d'arrondissement, à l'assistance des personnes tombées sans leur
faute dans le besoin et sans qu'il s'ensuive leur inscription
au registre des assistés. Les sommes ainsi dépensées ne devront pas figurer sur le compte de l'assistance. Ces sommes
pourront également être employées en faveur de personnes
n'appartenant pas à la paroisse. C'est à l'assemblée des
paroissiens à décider si l'emploi de ces sommes sera remis
à l'Assistance publique officielle ou confié à une société de
bienfaisance aux réglements approuvés par cette autorité.

Les instructions qui accompagnent la loi ajoutent que
« dans ce dernier cas, les bureaux officiels d'assistance auront
à veiller à ce que les sociétés de bienfaisance n'assistent que
des personnes véritablement indigentes et dignes de secours
et à ce qu'elles proportionnent ces secours aux besoins. Il
faudra donc que les statuts de ces sociétés permettent aux
organes de l'Assistance officielle de se rendre un compte exact
de leur fonctionnement, ainsi que de leurs prestations et
prévoient la publication annuelle d'un rapport. Ces réserves
faites, l'intérêt bien entendu de l'Assistance publique exige
que l'autorité favorise la formation de sociétés de bienfaisance,
sous la direction de philanthropes éprouvés, lesquels y consacrent leur temps et leurs forces, accordant aux indigents aide
matérielle et morale et cherchant à procurer, aux enfants
principalement, une existence convenable ».

Au paragraphe 7 de ces mêmes instructions, il est dit que
« les autorités chargées de l'assistance publique orienteront
autant que possible la bienfaisance privée vers la fondation
d'œuvres d'une portée générale, visant à faire diminuer le
paupérisme, à l'aide de méthodes plus larges et plus
efficaces, de telle sorte qu'assistance légale et bienfaisance
volontaire, action officielle et charité privée se prêtent un

mutuel secours et se complètent. Les bureaux d'assistance officiels se mettront le plus possible en rapport avec les sociétés de bienfaisance, ainsi qu'avec les citoyens qui, dans leurs communes, exercent une action charitable, cela en vue d'un emploi judicieux des ressources dont ils disposent. »

La loi d'assistance *bernoise* du 29 novembre 1897 autorise les communes, sous réserve de l'approbation de la Direction de l'Assistance publique, à remettre le soin de toute l'administration de l'assistance aux malades nécessiteux à des associations de bienfaisance, à la condition que l'organisation de celles-ci offre toutes les garanties désirables. Les communes restent responsables de la manière dont les associations s'acquittent des obligations qu'elles auront assumées (art. 46. 3). La commission cantonale d'assistance publique doit vouer une sollicitude particulière au développement de l'assistance volontaire et recherche les moyens de recueillir les ressources dont on a besoin ; elle s'efforcera d'obtenir que la bienfaisance publique et la charité privée se complètent réciproquement (art. 72. 6). La même loi prévoit que ces sociétés de bienfaisance pourront être subventionnées par les communes (art. 46. 4).

La loi d'assistance du canton de *Lucerne* du 21 novembre 1889 prononce à son art. 1 que : l'assistance est la tâche à la foi des autorités constituées, telles que les offices d'assistance publics, et de la charité privée, par l'organe des sociétés volontaires de bienfaisance. En conséquence de quoi tout une partie de cette loi traite de l'assistance volontaire et des sociétés de bienfaisance. Art. 5 : Les sociétés de bienfaisance représentent l'assistance volontaire. Une société peut exercer son activité dans une ou plusieurs communes à la fois. Les autorités légales d'assistance encourageront la formation de ces sociétés. — Art. 6 : Les sociétés de bienfaisance s'organisent librement et règlent elles-mêmes leur activité conformément à leurs statuts. Ces derniers ne devront contenir aucune disposition contraire aux lois ; ils devront être soumis à l'approbation du gouvernement. — Art. 7 : Aux sociétés de bienfaisance qui tiennent des comptes réguliers et un registre nominal de leurs assistés, qui permettent aux autorités d'assistance, ainsi qu'à leurs propres membres d'en prendre connaissance, il sera attribué, entr'autres, le produit annuel du fonds des pauvres. — Art. 8 : L'action des sociétés de bienfaisance et celle de l'Assistance officielle doivent être combinées de telle façon que, par l'entremise de leurs comités, les premières demeurent en contact continuel avec les autorités compétentes et puissent se concerter avec elles, pour tout ce qui se rapporte à leur organisation et à leurs travaux.

La loi d'assistance du canton d'*Uri* du 2 mai 1897, art. 20, recommande aux offices d'assistance, lorsque se présentent des cas d'assistance, tels qu'éducation d'enfants pauvres, soins à procurer à des malades etc., de se mettre en relation avec des personnes compétentes ou des associations de bienfaisance. La création de sociétés de bienfaisance pour s'occuper de certaines catégories spéciales d'indigents est à favoriser dans la mesure du possible.

Dans les instructions données, en date du 5 avril 1851, par le canton de *Schwyz* aux offices d'assistance, il est conseillé à ces derniers de se mettre en rapport avec des sociétés de dames s'occupant de secourir les pauvres. Dans les localités où il s'en trouve, l'office d'assistance publique leur confiera celles de ses attributions qui sont plus spécialement du ressort du sexe féminin, comme la direction des asiles de charité, celle des cuisines populaires, l'achat et la confection de vêtements, le patronage des enfants, des malades, des impotents et des femmes dans le besoin. L'art. 12 du règlement d'assistance du 12 février 1851 ajoute «qu'un citoyen du canton, domicilié hors de sa commune, qui aurait été momentanément secouru par une société de bienfaisance de la commune de son domicile, ne sera pas considéré pour cela comme tombé à la charge de cette commune.

La loi d'assistance du canton de *Nidwald* du 28 avril 1912 prévoit, art. 50, que l'Etat subventionnera, dans la mesure des ressources disponibles, les œuvres, les sociétés et les efforts issus de la charité privée pour lutter contre la misère.

Dans le canton de *Glaris*, la loi d'assistance du 3 mai 1903 donne le droit aux communes d'accorder sur leur budget des subsides aux établissements charitables, institutions et associations dont l'objet essentiel est de venir en aide à l'Assistance publique (art. 16). — L'assistance officielle se mettra en rapport avec les sociétés qui luttent contre la misère, de sorte que charité officielle et charité publique se prêtent mutuellement secours et se complètent (art. 16 e). — Le Conseil d'Etat peut encore, lorsqu'il le juge à propos, accorder des subsides à des établissements d'utilité publique et à toute intitution venant efficacement en aide à l'Assistance officielle, dans ses efforts pour prévenir ou diminuer la misère.

La loi d'assistance du canton de *Zoug* du 8 novembre 1880 a prévu la collaboration éventuelle des sociétés de bienfaisance, avec l'Assistance publique et invite (art. 6) les Conseils municipaux à favoriser la création d'associations volontaires charitables, sur une base aussi large que possible, et à donner leur appui à l'activité de ces sociétés.

La loi d'assistance du canton de *Fribourg*, du 17 décembre 1869, laisse la liberté aux communes de pourvoir au soulagement de leurs nécessiteux, soit directement, soit par l'intermédiaire des sociétés de bienfaisance, soit en s'associant par paroisses. La sanction du Conseil d'Etat est réservée dans les deux dernières alternatives (art. 3). — Si la commune remet à une société de bienfaisance le soin de faire la distribution des secours, même officiels (art. 5 de la loi), aux nécessiteux de son ressort, les décisions, conventions ou règlements relatifs à cette assistance seront soumis à la ratification du Conseil d'Etat (art. 11).

A teneur de l'art. 8 de la loi *soleuroise* sur l'assistance, du 17 novembre 1912, lorsqu'il s'agit de protection de l'enfance, les communes peuvent, chaque fois que le cas se présente, en charger ses organes officiels, ou aussi des sociétés pour l'éducation d'enfants pauvres. Ces dernières sont responsables, vis-à-vis des communes et de l'Etat, de la surveillance des enfants confiés à leurs soins. Un changement ne sera ordonné que s'il peut avoir lieu sans nuire aux intérêts du ou des pupilles qui en seraient l'objet. En cas de contestation le Conseil d'Etat décide. — Les communes ou les sociétés d'éducation pour enfants pauvres sont tenues de conclure des contrats avec les parents adoptifs ou les établissements (art. 10.1). Lorsqu'une commune remet un enfant aux soins d'une société charitable d'éducation, le montant des frais à verser par les intéressés devra être fixé d'avance par accord. La société d'éducation a, en règle générale, à supporter au moins un tiers de ces frais (art. 11). Le 1er février de chaque année, les communes ainsi que les sociétés d'éducation charitables sont tenues de communiquer au Département de l'Assistance publique les noms des enfants dont elles prennent soin, en indiquant quels sont les parents adoptifs ou les établissements auxquels elles les ont confiés (art. 12,2). Chaque année le département répartit entre les sociétés d'éducation et les établissements voués principalement à l'éducation des enfants pauvres la part fixée par le Grand Conseil, à prendre sur le revenu du monopole de l'alcool, en tenant compte, pour cette répartition, des services rendus. Le Conseil d'Etat a le droit, en outre, d'accorder à ces mêmes sociétés et établissements des subventions imputées sur les crédits disponibles des œuvres d'assistance (art. 13. 2).

Chaque commune nomme une commission locale d'assistance. Cependant, une commune peut, en en avisant le Conseil d'Etat, charger de son assistance tout entière l'office bourgeoisial d'assistance ou une association volontaire organisée d'assistance, en tant que, soit l'office bourgeoisial, soit l'association désignée s'y sont déclarés consentants (art. 39). Le bureau d'assistance municipale est d'office l'intermédiaire entre les nécessiteux étrangers au canton et les autorités de secours de leurs communes respectives ; il doit leur donner les renseignements qu'ils demandent et faire parvenir à leurs destinataires les secours accordés (art. 41). Dans les communes plus considérables, où la population est fortement mélangée d'éléments non-bourgeois, il y aura lieu de provo-

quer la création d'une société de bienfaisance générale, dont
les ressources soient suffisantes pour lui permettre de venir
aussi en aide aux étrangers au canton et plus particulièrement aux pauvres honteux, et cela avec les ménagements
nécessaires. Les sociétés de bienfaisance, qui se mettront de
cette façon au service de l'Assistance générale, auront droit
aux subsides de l'Etat, proportionnellement aux services
qu'elles rendront et à la condition de faire parvenir chaque
année au gouvernement leurs comptes et leur rapport.

La loi sur l'assistance du canton de *Bâle-Ville* datant du
25 novembre 1897 a été revisée en 1904, puis en 1911. Elle
remet (art. 1) l'assistance aux communes bourgeoises et à
l'initiative privée, avec la collaboration et l'appui de l'Etat.
— L'assistance publique compte donc sur la générosité publique, aidée et subventionnée par l'Etat (art. 15). La société d'assistance publique générale doit venir en aide aux
habitants tombés dans le besoin, à la suite de maladie, de la
maladie du soutien de famille, de gains insuffisants ou de
manque de travail, sans qu'il y ait eu de leur faute. Elle doit
encore lutter contre la mendicité, soutenue en cela par le
département de police. Lorsqu'elle accorde des secours, c'est
en présupposant que l'autorité d'assistance du lieu d'origine
en prendra sa part (art. 16). Chacun peut devenir sociétaire
en payant une cotisation minimum annuelle de 3 fr. (art.
25). Il est pourvu aux dépenses au moyen des cotisations des
sociétaires et d'une subvention de l'Etat, dont le montant ne
peut dépasser le tiers des dépenses annuelles. L'Etat prend
éventuellement à sa charge les déficits lorsque le fonds de
réserve est insuffisant pour les couvrir (art. 21). Le Conseil d'Etat est autorisé à confier le soin de l'assistance générale à la société connue sous le nom de « Assistance volontaire » à la condition que cette société consacre à cette assistance le produit de sa fortune et ses autres ressources,
qu'elle s'engage à soumettre à l'approbation du Conseil d'Etat
ses statuts et ses règlements relatifs à la distribution des secours, à accorder, dans son comité, siège et droit de vote à
trois délégués du gouvernement et, enfin, à faire approuver

par le Conseil d'Etat son rapport annuel et ses comptes tels qu'ils ont été adoptés par son Assemblée générale (art. 30).

Dans le canton de *Bâle-Campagne*, à teneur de l'art. 15 de sa loi d'assistance du 7 novembre 1859, l'Etat subventionne des associations ayant pour tâche l'assistance ; cette subvention est proportionnée aux prestations réellement effectuées. Le décret de mise en vigueur de cette loi exhorte l'Assistance officielle à ne pas dédaigner de faire appel à la bienfaisance privée et à recourir à son aide ; elle doit, en tout état de cause, faire de son mieux pour la stimuler et favoriser son activité ; d'autre part, l'Assistance officielle aura à mettre la bienfaisance privée en garde contre les abus et à veiller à ce qu'on ne cherche pas à faire dévier son action dans des domaines où elle risquerait de contrecarrer l'activité officielle, tout en diminuant la valeur de la sienne.

La loi d'assistance du canton des *Grisons*, de 1857, s'exprime comme suit au sujet des « Commissions communales des pauvres » : Pour obtenir un bon emploi et une distribution judicieuse des dons dus à la charité, pour exercer une surveillance sur les assistés, la Commission communale des pauvres recourra, partout où la chose sera possible, au service de « patrons », c'est-à-dire d'hommes ou de femmes aptes à cette tâche, ou, éventuellement, à ceux de sociétés de bienfaisance (art. 10 i). Il rentre dans les attributions des autorités d'assistance d'arrondissement de prêter aide aux commissions communales d'assistance pour l'accomplissement de leur tâche, par exemple pour procurer du travail aux assistés, rechercher des ressources nouvelles afin d'accroître un fonds des pauvres ; elles leur donneront les directions nécessaires pour la tenue de leurs comptes, pour la formation de sociétés de bienfaisance, la création d'asiles d'indigents ou d'orphelinats et de tous autres établissements de ce genre (art. 13 a).

La loi d'assistance du canton de *Vaud* du 24 août 1888 dit, art. 14, que : l'Etat fonde ou soutient les institutions de bienfaisance. Il peut encourager, au moyen de subsides, les institutions privées qui, par la prévoyance ou la bien-

faisance, poursuivent le même but que l'assistance légale.
Il se met en rapport avec elles pour chercher à éviter les
abus.

Conformément à l'art. 12 de sa loi des pauvres, du
3 décembre 1898, le canton du *Valais* peut encourager des
établissements privés (orphelinats, asiles etc.) qui poursuivent le même but que l'assistance officielle.

La loi sur l'assistance publique, dans le canton de *Neuchâtel* du 23 mars 1889, permet aux communes de se décharger sur la bienfaisance privée de l'assistance due aux Suisses
non neuchâtelois, aux étrangers et aux indigents en passage.
De là l'article 83 : Pour l'assistance due aux indigents en passage et aux nécessiteux non neuchâtelois, les communes cher-
cheront à se mettre en rapport avec les entreprises et les associations charitables de la localité, qui s'imposent pour tâche
de fournir des secours et un abri aux indigents et elles les
seconderont autant que possible dans l'accomplissement de
cette tâche. Les frais de cette assistance seront mis à la
charge du budget de la police locale.

Les huit cantons d'*Obwald, Schaffhouse, Appenzell Rh.-I,
Saint-Gall, Argovie, Thurgovie, Tessin et Genève* n'ont in-
séré dans leurs lois sur l'assistance aucune prescription ayant
trait à l'assistance volontaire. Quant au canton d'*Appenzell
Rh.-Ext.*, il ne possède pas de loi sur l'assistance. De ce
fait encore que 16 cantons et demi-cantons, dans leurs lois sur
l'assistance, s'occupent plus ou moins longuement de l'assistance volontaire et recherchent sa coopération, on conclura à
l'importance du rôle que jouent les œuvres volontaires de charité. Etat et législateurs l'apprécient à sa juste valeur.

Les *lois cantonales d'introduction au Code Civil suisse*
mentionnent aussi l'assistance privée à de fréquentes reprises.

Celle du canton de *Fribourg* fait une obligation aux sociétés pour la protection de l'enfance, de même qu'aux sociétés de patronage pour apprentis ou jeunes filles, de dénoncer
les parents qui se soustrairaient à leurs devoirs vis-à-vis de
leurs enfants.

Celle du canton de *Soleure* prévoit que les comités des associations pour l'éducation des enfants pauvres pourront assister les autorités de tutelle dans l'accomplissement des devoirs que la loi leur confie (art. 85) ; de même celle du canton de *Berne* (art. 26 : De la collaboration des associations).

Dans leurs lois d'introduction, les cantons de *Bâle-Ville* (art. 48), *Bâle-Campagne* (art. 36) et *Soleure* (art. 87), pour couvrir les frais nécessités par la protection de l'enfance, comptent sur la collaboration des sociétés d'utilité publique, des fondations et institutions de bienfaisance, ainsi que des associations d'éducation pour enfants pauvres.

La loi d'introduction *lucernoise* mentionne des commissions spéciales, nommées par le Conseil d'Etat, pour la protection de l'enfance et dit que certaines de leurs compétences pourront être attribuées à des comités volontaires créés dans le même but (art. 38).

Les commissions officielles de protection de l'enfance prévues par la loi d'introduction du canton de *Saint-Gall* sont autorisées à remettre, dans certains cas spécifiés, le placement de leurs pupilles à des associations formées pour la protection de la jeunesse (art. 79).

La loi d'introduction du canton d'*Uri* décrète que : des corporations s'occupant de bienfaisance (sociétés pour pauvres etc.) peuvent être reconnues par le Conseil d'Etat comme personnalités juridiques. Aux requêtes pour obtenir cette personnalité sont à joindre les statuts et règlements de la corporation (art. 32). Mêmes dispositions dans les lois des cantons d'*Appenzell (Rh. I)* (art. 30), *Appenzell (Rh. Ext.)* (art. 27) et *Tessin* (art. 37).

III.

De l'Assistance privée générale

c. à d. s'intéressant à tous les nécessiteux quelles que soient leur religion ou leur nationalité.

A. Prescriptions générales contenues dans les règlements.

Nombreuses sont les sociétés de bienfaisance auxquelles peuvent s'adresser tous les pauvres d'une localité, quelles que soient la nature des secours qu'ils en réclament, leur religion ou leur nationalité. Leur *but* à toutes est de combattre la misère, de prévenir les abus dans la distribution des secours, d'empêcher la mendicité à domicile ou en rue, enfin d'exercer une influence moralisatrice sur les assistés là où cela paraît nécessaire. Presque partout elles recherchent le contact avec l'Assistance officielle ou d'autres organisations d'assistance volontaire et s'efforcent de travailler avec elles la main dans la main. Aucune différence essentielle ne se remarque entre les sociétés d'assistance volontaire de la Suisse allemande et celles de la Suisse française ; elles travaillent en vue du même but, sont animées d'un même esprit, agissent d'après des principes identiques et au moyen de ressources pareilles. Là où la différence existe, c'est dans le nombre de ces sociétés : la Suisse française en possède un moins grand nombre accordant, d'une façon générale, des secours à tous les habitants, que la Suisse allemande. En revanche, la bienfaisance individuelle y joue un rôle plus considérable, et, en premier lieu, l'assistance confessionnelle, celle des Eglises, laquelle, très fréquemment il est vrai, ne se laisse pas arrêter par des différences de religion, mais n'en est pas moins organisée plus spécialement en vue des adhérents d'une église déterminée.

Les sociétés volontaires d'assistance générale sont composées tantôt exclusivement d'hommes, tantôt seulement de dames, ou encore, d'hommes et de femmes. Cependant l'élément féminin s'y trouve plus fortement représenté que l'élément masculin, auquel seul cependant, aujourd'hui encore, sont dévolus la direction et le soin de l'assistance officielle. En tant que *volontaire*, cette assistance a le droit de faire un choix entre les nécessiteux qu'elle aura à secourir et dont elle veut s'occuper. Elle est parfaitement libre de décider à qui, de quelle manière et pour quelle durée elle accordera ses secours. Aucune prescription légale ne limite son activité ; elle n'est pas non plus servilement assujettie à la loi qu'elle-même s'est donnée, non plus qu'à ses statuts qu'elle est en mesure de modifier, sans formalités compliquées, quand elle veut les mettre en harmonie avec des besoins nouveaux ou des conceptions nouvelles. Si profonde que puisse être sa misère, aucun nécessiteux ne possède le *droit* d'exiger qu'une société de bienfaisance vienne à son aide. Malgré cette liberté absolue, nombreuses sont celles de ces associations qui déclarent ne repousser, par principe, aucune misère digne de secours, pour ne pas risquer de fournir ne fût-ce que le plus léger prétexte à la mendicité.

En thèse générale, l'assistance est *refusée* par les sociétés de bienfaisance aux ivrognes, aux professionnels de la mendicité, aux vagabonds notoires, à ceux qui se refusent à tout travail, aux débauchés, aux gens vicieux, aux personnes qui font des dépenses de luxe, surtout de vêtements, qui ont fait des déclarations reconnues fausses, aux faiseurs de dettes, à ceux qui ne remplissent pas leurs devoirs envers leur famille et sur qui l'on a obtenu de mauvais renseignements. Le secours est parfois refusé, lorsque les demandes se renouvellent trop souvent, ou que les solliciteurs sont déjà et suffisamment assistés par le bureau officiel. Quelques rares sociétés font dépendre l'octroi d'un secours d'une recommandation pastorale, ou encore d'un certificat médical. Un assez grand nombre de

règlements prescrivent *un certain temps de séjour préalable ;*
mais dans la pratique, il est souvent difficile d'observer cette
prescription : la misère et la compassion qu'elle provoque l'em-
portent sur les statuts. Et, à la réflexion, on est obligé
de reconnaître qu'en n'accordant le secours qu'après un temps
plus ou moins long, on fournit un prétexte à la mendicité
qu'il s'agit précisément de combattre. En revanche, c'est avec
raison que toutes les associations de bienfaisance se tiennent
sur leur garde, lorsqu'elles ont à faire avec des gens fraîchement arrivés dans la localité. Peu nombreuses sont les sociétés qui se bornent à renvoyer les solliciteurs étrangers aux
sociétés de secours de leurs patries respectives ; la plupart
les traitent comme les nationaux. Pour nombre de sociétés,
il est vrai, ce cas ne se présente pour ainsi dire jamais, le
territoire dans lequel s'exerce leur activité n'hébergeant aucun
étranger pauvre. Par contre, d'autres associations se plai-
gnent d'être fortement mises à contribution par les étrangers au pays, par des Italiens notamment.

Partout il se fait une *enquête préalable* sur la situation et
les moyens d'existence des candidats à l'assistance ; du résultat de cette enquête dépend le genre de secours à apporter.
Le service des renseignements est, comme de juste, plus dé-
veloppé dans les villes qu'à la campagne, où chacun se connaît plus ou moins. Le *patronage* n'est en usage qu'ici et là,
dans des villes ou des communes rurales d'une certaine
étendue, divisées en arrondissements de secours par les sociétés
d'assistance, dans lesquels des personnes désignées accueillent
les demandes, signalent à l'attention certaines misères, distribuent les secours accordés et se tiennent constamment en
rapport avec les assistés.

Il est dans la nature des choses que l'assistance par une
organisation volontaire ne puisse être que *momentanée*. Sitôt
démontré qu'elle sera de durée, c'est à l'assistance officielle
à intervenir ; tout au plus l'assistance volontaire pourra-t-elle
servir d'intermédiaire et veiller à ce que le secours serve bien
au but pour lequel il a été accordé. — Pour la plupart, les
sociétés consentent des *dons en espèces ou en nature,* plus sou-

vent sous cette dernière forme. Quelques-unes, mais elles sont rares, s'en tiennent aux dons en nature, probablement dans la crainte d'abus, sans se rendre compte que si un solliciteur souhaite de l'argent, il aura vite fait de s'en procurer, en transformant en espèce les dons reçus. Les bons pour aliments, bois etc. sont, dans la Suisse française surtout, très en usage.

Beaucoup d'offices volontaires d'assistance se chargent de correspondre avec les *autorités de secours compétentes* et en obtiennent pour leurs nécessiteux des secours suffisants. Aucun d'eux ne possède de *pouvoirs disciplinaires ou de police;* ce pouvoir est exclusivement du ressort de l'assistance officielle du lieu d'origine.

Les *ressources* nécessaires à l'assistance volontaire lui sont procurées par les cotisations de ses membres, par des legs, des dons et des quêtes. Quelques sociétés sont, en outre, subventionnées par l'Etat, d'autres par les communes, quelques-unes touchent une part de l'impôt ecclésiastique volontaire, bien que versé par les seuls adhérents des églises protestantes ; un très petit nombre sont subventionnées par des sociétés d'utilité publique ou de secours, ou encore par des entreprises industrielles. Mais toutes ces subventions, cantonales ou communales, paraissent, à quelques exceptions près, bien insignifiantes mises en regard des sommes considérables que, année après année, la générosité publique place à la disposition de ces associations.

La première conférence des directeurs d'assistance, tenue à Olten le 28 avril 1908, avait chargé la commission permanente de la conférence des secrétaires d'assistance suisses d'élaborer un mémoire sur les améliorations à introduire dans la pratique de l'assistance intercantonale et internationale. Ce mémoire vit le jour et la quatrième assemblée des secrétaires d'assistance, le 30 novembre 1908, en adopta les conclusions à l'unanimité. La première en était formulée ainsi que suit : Les directions cantonales d'assistance, ou les gouvernements cantonaux, sont priés de veiller à ce que, au moins dans les centres industriels les plus importants, il soit désigné une instance ayant à fonctionner comme secrétariat d'assistance pour les domiciliés pauvres, que ce soit la société de secours ou de bienfaisance locale, ou une autorité communale, le bureau d'assistance, la Commission d'hygiène, le Conseil municipal, par exemple, et que, le cas échéant, ces instances soient subventionnées par l'Etat et astreintes à publier leurs comptes et leurs rapports. Un *projet de règlement à l'usage des bureaux d'assistance* avait été élaboré, définissant en peu de mots la nature et les devoirs d'une organisation volontaire de secours ; ce projet pourrait servir de modèle ; en voici la teneur :

Buts et devoirs de la Société.

1. La Société de bienfaisance de la commune de . . . . a pour but de venir en aide à tous les habitants pauvres, bourgeois ou non bourgeois de la commune, et cela après enquête sur chaque cas particulier et préavis écrit.

Elle se charge, plus spécialement, des rapports entre les solliciteurs et leurs communes d'origine et accorde des secours proportionnés aux ressources dont elle dispose, en règle générale, seulement moyennant une coopération efficace de la part de la commune des solliciteurs.

Elle donne des conseils et des renseignements aux indigents, ainsi qu'à toute personne charitable, et entretient, avec les autres sociétés de la commune, poursuivant un but analogue au sien, des rapports suivis afin de couper court aux abus que provoquent les secours donnés à double et sans discernement.

Sociétaires.

2. Sont considérées comme membres de la Société de bienfaisance, les personnes, hommes et femmes, qui versent à la caisse de la société une cotisation annuelle au minimum de . . . . . .

Organes de la Société.

3. L'assemblée générale des membres se réunit en séance ordinaire, sous la présidence du président du comité, une fois par an et, en outre, sur convocation du président ou sur la demande d'au moins . . . sociétaires.

Elle a dans ses attributions :

a) la nomination du comité, celle de son président pour une durée de . . . ans, plus celle de deux contrôleurs des comptes, qui sont à réélir chaque année ;

b) l'approbation des comptes et de la gestion du comité ;

c) la revision des statuts lorsque cela est nécessaire, opération pour laquelle l'assentiment des deux tiers des membres présents est indispensable.

4. Un comité de trois à cinq membres, nommé par l'assemblée générale, pourvoit à l'expédition des affaires. Le président de ce comité est également nommé par l'assemblée; en revanche, le comité nomme lui-même les autres membres de son bureau.

Le comité se réunit chaque fois que cela est nécessaire; il est convoqué par le président. Il est autorisé à confier à l'un de ses membres les rapports directs avec les indigents, le soin de répondre aux demandes verbales ou écrites d'autorités et de particuliers; il lui est accordé une certaine compétance en matière de secours (secours en cas d'urgence).

Ressources de la Société.

5. En dehors des sommes versées pour l'assistance de leurs ressortissants pauvres par les communes d'origine, la Société dispose pour faire face à ses dépenses des ressources suivantes :

a) des cotisations des membres.

b) de subventions volontaires éventuelles, de collectes à l'église, de dons et de legs particuliers, des subventions officielles et d'autres subsides.

Dissolution de la Société.

6. En cas de dissolution de la Société, son actif sera attribué à . . .

B. L'Assistance privée générale dans les cantons et dans les villes.

I. Canton de Zurich.

(503 915 habitants, dont 131 976 Suisses d'autres cantons et 102 904 étrangers [1]).

L'assistance par des sociétés de bienfaisance a, dans le canton de Zurich, atteint un développement absolument remarquable, correspondant bien à l'esprit de dévouement à la chose publique de tradition chez les Zuricois, ainsi qu'aux nécessités créées par le fort contingent d'habitants étrangers au canton. Zurich a été le berceau de l'assistance volontaire aux pauvres non-bourgeois, c'est à Zurich que cette assistance a pris son essor le plus rapide, allant se perfectionnant, amé-

---

[1] Ces chiffres sont ceux du recensement du 1er décembre 1910. Le premier avait déjà été vérifié lors de la publication de l'édition allemande; les deux derniers ne l'étaient pas encore.

liorant sans cesse ses méthodes et formulant, par la même occasion, la théorie de l'assistance. C'est de Zurich encore que sont issues maintes impulsions fécondes en résultats, dont a profité non seulement l'assistance volontaire du reste de la Suisse, mais encore l'assistance officielle. Nous n'en mentionnerons qu'une : celle qui a abouti à l'institution de conférences de membres des bureaux de bienfaisance suisses, au cours desquelles se rencontrent les représentants des assistances volontaires et officielles et où sont discutées maintes questions importantes et toutes celles qui intéressent le perfectionnement de l'assistance en Suisse. La ville de Zurich n'est pas la seule de ce canton à posséder en propre une organisation volontaire d'assistance pour les pauvres habitants, il s'en trouve dans toutes les localités d'une certaine importante, telles les sociétés de bienfaisance de Altstetten, d'Oerlikon, de Richtersweil, de Staefa, de Tœss, de Wetzikon, de Wald, de Wülflingen, celle d'Uster, l'Association féminine à Horgen etc. ; et dans de plus petites communes il se rencontre fréquemment des associations d'hommes ou de femmes assistant les domiciliés nécessiteux. Ici et là, on trouve des sociétés ou des commissions de bien des pauvres. (Nous parlerons des biens des pauvres paroissiaux, à propos de l'Assistance confessionnelle.)

Toutes ces sociétés de secours ou d'assistance volontaire aux domiciliés indigents poursuivent, chacune dans sa commune, la même tâche : lutter énergiquement contre la misère sans aucune distinction de nationalité ou de religion, partout où l'assistance officielle n'intervient pas ou n'intervient que d'une manière insuffisante, afin d'empêcher si possible que des indigents se transforment en mendiants. Les solliciteurs entendus, leurs réponses notées dans un registre, après une enquête sérieuse, lorsque leur situation n'est pas connue, les secours sont accordés partie en espèces, partie en bons alimentaires. Souvent les offices de secours créés dans les localités d'une certaine importance parviennent à obtenir en faveur de leurs protégés des subsides de leurs communes ou patries respectives ; toujours ils s'efforcent d'agir d'accord avec l'assistance officielle ou avec les autres sociétés de bienfaisance de l'endroit. — Quant aux ressources nécessaires, l'assistance volontaire du canton de Zurich les tire des cotisations des membres, du revenu de fonds, de dons, legs, subventions cantonales ou communales, des versements de sociétés de secours ou d'utilité publique.

Ville de Zurich (191 169 habitants, dont 54 489 Suisses d'autres cantons et 64 573 étrangers). Trois associations sont à citer, parce que supportant la plus grande part de l'assistance volontaire.

1. *La Société d'assistance aux pauvres habitants de la ville de Zurich.* (Freiwillige und Einwohnerarmenpflege der Stadt Zürich), avec siège dans un bâtiment lui appartenant, Niederhofstrasse 29 et 31, Zurich I. Fondée en 1878 comme Société de bienfaisance de l'ancienne ville de Zurich, réorganisée en 1895, son activité a été étendue à tous les nouveaux quartiers de la ville, à l'exception de celui d'Enge. C'est la plus considérable des sociétés de bienfaisance de la Suisse ; elle a pour but : d'exercer directement la bienfaisance, sans acception de religion ou de nationalité et de ramener les indigents à l'indépendance économique, toutes les fois que la chose est possible, en les aidant de conseils ou par des secours à la fois prompts et efficaces, accordés après une enquête sérieuse dont les résultats sont conservés dans un dossier ; de renseigner les particuliers bienfaisants, lors même qu'ils ne font pas partie de la société ; d'entrer en relations fréquentes avec toutes les autres sociétés de bienfaisance, de manière à endiguer, dans la mesure possible, l'exploitation professionnelle de la charité publique ; la Société prend en mains l'exécution des mesures (relatives à l'assistance des ressortissants zuricois d'autres communes que celles de leur domicile, le cas échéant pour le compte de ces communes, jusqu'à ce qu'elles y aient pourvu), que l'art. 10 de la loi zurichoise d'assistance, la loi fédérale du 22 juin 1875, les traités d'établissement, enfin les ordonnances et arrêtés gouvernementaux sur l'assistance alimentaire, imposent aux offices des assistances

bourgeoisiale et municipale, et cela après arrangement avec ces deux administrations ; elle accorde enfin son appui à toutes les manifestations de la charité publique. — Sont admises comme sociétaires les personnes des deux sexes s'engageant à verser une cotisation annuelle de trois francs au moins.

A la tête de la société se trouve un Comité Central de 25 membres (parmi lesquels quatre délégués de l'Etat, les treize présidents de quartiers, plus huit membres élus par l'Assemblée générale). C'est à ce Comité qu'est dévolue l'administration supérieure, c'est lui qui fixe les principes généraux qui doivent servir de norme pour la distribution des secours, qui nomme les commissions de quartiers, les secrétaires et autres employés, fixe le montant de leurs traitements. Un Conseil de surveillance, actuellement de sept membres, choisis parmi ceux du Comité Central tient séance tous les quinze jours. Les secrétaires assistent à ces séances avec voix consultative et droit de proposition. C'est au Conseil de surveillance à provoquer, de la part des autorités compétentes, le retrait des permis de séjour à ceux qui sont tombés à la charge de l'assistance publique ou dont la mauvaise conduite est notoire ; à statuer sur les cas de rapatriement, préalablement soumis, pour préavis, à l'examen de la conférence des secrétaires, présidée par le premier secrétaire ; à décider en dernier ressort sur les cas d'assistance particulièrement compliqués, que les secrétaires ou les présidents de quartier lui demandent de trancher ; à prendre connaissance des communications qui lui sont régulièrement adressées par la conférence des secrétaires, relativement à l'interprétation et à l'application des règles posées en matière d'assistance. — Le Comité Central nomme des commissions de quartiers (au nombre de treize actuellement) d'au moins cinq membres choisis parmi les sociétaires. Ces commissions fonctionnent comme autorité d'assistance et de surveillance, lorsqu'il y a secours réguliers ; elles ont à statuer dans les cas d'assistance momentanée qui leur sont soumis par les présidents, les secrétaires, le Conseil de surveillance ou l'un de ses membres. Le président de la Commission de quartier, ou un remplaçant désigné par lui, liquide, d'accord avec le secrétaire, les cas urgents ou d'importance minime et, en général tous ceux qui ne comportent qu'une assistance momentanée. Les présidents de quartiers ne peuvent renvoyer au secrétariat que des nécessiteux habitant leur quartier, tous les autres devant être adressés au président du quartier de leur domicile. Les secrétaires ne sont tenus de donner communication de pièces ou de faire rapport sur des cas d'assistance qu'au président du quartier dans lequel réside l'assisté. — Pour faciliter aux sociétaires le signalement au secrétariat de personnes à secourir, il est mis à leur disposition des cartes de recommandation. — Le *secrétariat* se compose actuellement du premier secrétaire qui en a la direction, d'une inspectrice, de quatre enquêteurs et de cinq autres employés, dont deux attribués plus spécialement à l'assistance des domiciliés ; la caisse et la comptabilité occupent six employés. Au secrétariat incombent les obligations suivantes : la tenue des livres, celle de la caisse ; toute la correspondance, celle des commissions de quartier y comprise, la rédaction des rapports, ainsi que la mise à jour des comptes annuels ; le secrétariat se tient au service des commissions de quartiers et de leurs présidents pour leur fournir informations, rapports et propositions sur les cas d'assistance survenant dans leurs quartiers ; il lui est recommandé d'une manière pressante de donner au personnel enquêteur des *instructions* précises et de bien contrôler son activité ; il doit avoir des heures d'audience quotidiennes, pendant lesquelles il accueille des demandes de secours, les liquide séance tenante ou en renvoie la solution à plus tard ; il répond aux questions adressées par des autorités, d'autres bureaux de bienfaisance ou par des personnes charitables ; le bureau des dons en nature est sous sa direction immédiate ; il est enfin chargé de réunir et de classer les principales publications nationales et étrangères sur l'assistance ou la charité privée. Personnellement le premier secrétaire a plus particulièrement le devoir de contrôler deux fois par jour les écritures, de se rendre compte de la façon dont les secrétaires s'acquittent de leurs fonctions ; dans les cas ordinaires qui se présentent, il a le droit de donner lui-même les instructions nécessaires, dans les cas plus compliqués, il doit, en référer immédiatement au Président du Comité Central ; il procède de même pour les réclamations qui lui parviennent. Il réunit les secrétaires avec lesquels il examine les cas de rapatriement en instance ; aussi régulièrement que cela se peut, il les convoque en conférences, pendant lesquelles il est examiné jusqu'à quel point les solutions admises par les secrétaires ont été conformes aux principes fondamentaux de la Société. Un résumé de ces discussions doit toujours être transmis au Conseil de surveillance. L'assistance aux domiciliés (en conformité des prescriptions de la loi fédérale de 1875) est également du ressort du premier secrétaire, aidé pour cela d'un employé. Il a enfin à s'occuper des indigents de passage et des détenus libérés. Trois autres secrétaires ont chacun à s'occuper plus particulièrement d'un quartier de la ville et un quatrième a, comme occupation, les cas d'assistance régulière dans toute la ville. Le Bureau pour secours en nature et pour l'hospitalisation des sans-abri se trouve dans le bâtiment de l'auberge « Zur Heimat ».

Voici, résumés, les *principes directeurs de l'assistance*, tels qu'ils sont énumérés dans les statuts, avec les commentaires qui les accompagnent.

Pour qu'un secours puisse être accordé, un séjour préalable plus ou moins long n'est pas indispensable, pas non plus que la coopération assurée du pays d'origine ; le droit de provoquer l'expulsion de personnes ou de familles arrivées depuis peu, et se trouvant dans un état de misère tel qu'il nécessiterait, selon toutes probabilités, des secours réguliers étant toujours réservé. Cependant il paraît indiqué de donner un secours immédiat à des gens tombés dans le besoin, quelle que soit la durée de leur domicile, pour cette considération, qu'abandonnés par les offices d'assistance officiels, on courrait le risque de les voir s'adonner à la mendicité ou devenir des criminels, pour le plus grand dommage de la ville et de ses habitants. Il va sans dire que le premier personnage débarqué fraîchement en ville n'a pas à compter, sans autres, sur des secours importants et réguliers, au même titre que les nécessiteux domiciliés depuis de longues années, ou les ressortissants de la ville. Pour déterminer le montant des secours on prendra en considération : le caractère et la conduite, la capacité de travail, la durée présumable de l'assistance, la nationalité des solliciteurs, s'ils sont citoyens du canton, suisses ou étrangers, enfin le plus ou moins d'empressement que met la commune d'origine à prendre à sa charge une quote-part des secours. — Un refus pur et simple ne doit jamais être formulé quand le solliciteur, même par sa faute, se trouve dans un état de misère absolue, sans que l'on ait provoqué à son égard des mesures officielles. On ne refusera donc pas de venir en aide, par des avis ou des dons, à un solliciteur, lorsqu'il est démontré qu'abandonné à lui-même, il n'aurait d'autre ressource que la mendicité ; de sorte que les vagabonds, les gens sans aveu même, ne seront jamais simplement renvoyés, sans un secours, ou sans qu'on ait fait intervenir la police, ou quelquefois les deux choses l'une après l'autre. Dans des cas de ce genre, se borner à refuser ne constitue pas une solution, en fait, c'est une invite à aller mendier. En revanche, là où le refus pur et simple se justifie et paraît indiqué, c'est lorsque l'on a la preuve que l'insuffisance de ressource invoquée provient, non de l'insuffisance du gain, mais de son mauvais emploi et de l'inconduite du solliciteur ; on ne se laissera pas même arrêter par cette considération que de ce refus va résulter un état de gêne et de besoin pour le fautif et pour les siens. La famille d'un dissipateur ne doit pas être assistée ; cela encouragerait celui-ci à continuer, puisqu'il n'aurait pas à souffrir des conséquences de ses fautes. En pratique, il est, du reste, de toute impossibilité, tant qu'une famille vit sous le même toit, d'en assister quelques membres seulement, la femme et les enfants, par exemple, à l'exclusion du père. On ne pourrait le chasser de la table de famille, ni refuser de lui donner à manger. Si la misère noire survenait dans le ménage, l'assistance aurait à intervenir, mais il y aurait lieu, en même temps, de nantir l'autorité. — Le genre et le montant de l'assistance doivent toujours être judicieusement proportionnés aux besoins réels ; ils ne doivent ni les dépasser ni se montrer insuffisants. A cet égard les demandes et requêtes des intéressés ne peuvent être déterminantes ; seul doit l'être un examen sérieux de la situation ; il est d'absolue nécessité et le résultat devra en figurer au dossier. Les informations les plus certaines proviendront toujours des enquêtes faites, en premier lieu, dans les divers logements occupés par les solliciteurs et chez les patrons et, en second lieu, chez des voisins ou des colocataires. Il faudra toujours indiquer, sommairement, mais exactement, quand et chez qui les informations ont été prises et leur résultat ; elles devront figurer au procès-verbal de l'interrogatoire par le secrétaire, lequel interrogatoire devra toujours précéder toute autre démarche.

Il ne faudrait pas reculer, même devant un sacrifice un peu considérable, lorsque la situation et le caractère des solliciteurs permettent l'espoir de les voir un jour ou l'autre en mesure de suffire de nouveau à leur entretien. Dans des cas de ce genre, une investigation des plus minutieuses doit avoir lieu ; des secours exceptionnellement élevés ne seront justifiés que lors de situations exceptionnelles. Plus les circonstances seront compliquées, plus aussi les tentatives de relèvement risquent de tourner à l'état de simples expériences. Il ne paraît, par conséquent, pas opportun d'accorder des prêts à des gens établis, industriels ou commerçants, ou, tout au moins, faut-il n'en accorder que lorsque la situation, la valeur morale personnelle de l'industriel dans le besoin ne laissent aucun doute sur l'efficacité du secours accordé. — En cas de détresse toute momentanée, il convient d'agir avec promptitude et discrétion. Depuis que la solution de ces sortes de cas a été confiée au président de la Commission de quartier et à son secrétaire, la chose est devenue facile.

La Société d'assistance volontaire de la ville de Zurich a aussi à s'occuper de l'assistance régulière ; cela l'a amenée pour les raisons suivantes, à créer des Commissions de quartier et de patronage :

1. Il existe à Zurich un assez grand nombre de personnes

ou de familles régulièrement assistées ; ce sont des citoyens du canton, des Suisses ou des étrangers qui, pour les raisons les plus diverses, ne veulent pas rentrer dans leur pays d'origine, que l'on ne pourrait que très difficilement rapatrier, ou vis-à-vis desquels on ne désire pas recourir à des mesures de rigueur, ou n'y recourir qu'à la dernière extrémité. On s'imagine souvent, que des personnes ou des familles pauvres ressortissant à d'autres contrées peuvent être rapatriées sans autre forme par les autorités locales ; d'où l'opinion très répandue qu'à Zurich il ne serait pas nécessaire de s'embarrasser de cas de ce genre, pour peu qu'on ne le voulût pas. Depuis la mise en vigueur de la Constitution fédérale de 1874 (art. 45), et la conclusion d'une série de traités d'établissement avec des puissances étrangères, l'expulsion des non- ressortissants pour cause d'indigence est devenue une affaire compliquée, dont la solution appartient non aux autorités communales, mais au Conseil d'Etat.

L'expulsion ne peut avoir lieu que lorsque l'assisté est tombé d'une façon permanente à la charge de l'assistance publique et seulement après entente avec le gouvernement du canton ou du pays d'origine ; ces préliminaires durent parfois plusieurs semaines, pendant lesquelles il faut pourvoir aux besoins du, ou des individus, qui en sont l'objet. Ce n'est évidemment pas un état de choses très réjouissant, mais il convient de remarquer que dans d'autres cantons, ou à l'étranger, les mêmes formalités sont à observer vis-à-vis des Zuricois.

2. Il se présente de nombreux cas où l'expulsion, bien que possible en droit, ne peut cependant être demandée, parce que, en ce faisant, on se mettrait en flagrante contradiction avec la manière de voir de notre population. Tels les cas que nous allons citer :

Celui, par exemple, de citoyens du canton, résidant en ville depuis dix ans ou plus, dont le casier judiciaire est blanc, en état de gagner partiellement leur vie, et auxquels leur commune fait un secours, bien que pas tout-à-fait suffisant ; impossible, en fait, de les faire tout simplement rapatrier ;

le procédé aurait quelque chose de trop brutal ; il en pourrait aller de même pour un citoyen d'un autre canton, et, fréquemment aussi, sous certaines réserves cependant, pour des étrangers à la Suisse, surtout lorsque soit la femme, soit la veuve est originaire de la ville, du canton ou de la Suisse et que les enfants sont nés chez nous. Faire transporter des personnes ou des familles entières dans des endroits écartés de la Suisse, ou dans des pays lointains, dont elles ne comprendraient peut-être pas même la langue, où se pratique une autre religion et où elles ne trouveraient, ce qui peut arriver, aucune assistance régulièrement organisée, ce serait *possible légalement*, mais à peu près *impossible moralement*. On essaiera plutôt d'obtenir quelque secours du lieu d'origine, on s'en contentera, si petit soit-il, et l'on ne cherchera pas à provoquer l'expulsion, dès que ce secours viendrait à manquer.

C'est cette manière de voir qui prévaut dans notre population et, pour s'y conformer, il se fait des sacrifices parfois incroyables, de la part de particuliers, de tuteurs et d'associations.

L'assistance volontaire dépend trop de la confiance et de la bienveillance de la population, pour qu'elle puisse agir en opposition avec son sentiment, tant du moins qu'il n'existe pas pour cela de motifs sérieux, que le public ne peut pas toujours connaître, et qu'il n'est pas toujours possible de rendre publics.

C'est ce qui explique le fait, qu'à Zurich, se trouve un nombre assez considérable de personnes ou de familles assistées régulièrement et aux besoins desquelles il s'agit de pourvoir d'une manière ou d'une autre.

3. Ces cas d'assistance régulière demandent, de la part des bureaux d'assistance, un traitement spécial et plus particulièrement attentif. Un peu partout on en a confié la tâche à des organisations *ad hoc*; ainsi a procédé l'Assistance volontaire à Zurich-Ville, en créant, pour s'occuper des cas de ce genre, les commissions de quartiers et les patronages, dont les obligations sont décrites assez en détail dans le

règlement à leur usage, pour nous dispenser d'en parler plus longuement ici.

Lorsque se présente un nouveau cas d'assistance régulière, le président de la Commission de quartier, après entente avec le secrétariat, le soumet à la commission qui nomme un « patron ». Dans une séance suivante, la Commission, après proposition motivée du patron, fixe le genre et le montant du secours ; le secrétariat fait parvenir ce secours au patron qui est chargé de veiller à ce qu'il en soit fait un emploi conforme aux décisions de la Commission. Si, dans l'intervalle de deux séances, un secours extraordinaire se révèle nécessaire, le patron en avise le président de quartier, qui statue, après s'être entendu avec le secrétariat. Il est absolument nécessaire qu'un patron sache toujours ce que deviennent ses pauvres, s'ils travaillent et quelle est leur conduite ; il doit les visiter et vérifier l'exactitude de leurs allégations. Les circonstances, dans ces cas d'assistance régulière, se modifient fréquemment, l'expérience l'apprend ; c'est ce qui oblige à être constamment au courant, afin de pouvoir, à temps, proposer ou une *augmentation* ou une *diminution*, quelquefois faire *intervenir l'autorité. Le patron a toujours à prendre l'initiative de propositions de cet ordre.* Les secours, en cas d'assistance régulière, devront être limités au strict nécessaire. Les ressortissants de la ville de Zurich seront toujours renvoyés à l'assistance bourgeoisiale. Ils ne peuvent être secourus par l'Assistance volontaire, qu'ensuite d'une entente avec la bourgeoisie et tout à fait exceptionnellement.

Les recettes pour l'année 1912 se décomposent comme suit : 44768 fr. cotisations des membres ; 130 000 fr. subvention de la ville de Zurich ; 23 300 fr. subvention de l'Etat ; 10 456 fr. part des collectes faites à l'église ; 4200 francs contribution de la Société de bienfaisance d'Enge, de celle des Vieux-Catholiques et de la Société de secours de Zurich ; 58 087 fr. legs, dons, etc. ; 6231 fr. pour l'assistance en nature ; 24 770 fr. sommes remboursées ; 161 834 francs envoyés par les bureaux des pauvres des lieux d'origine ; 43 409 fr. remis par des bienfaiteurs ; 51 284 fr. fournis par la Caisse de l'Etat, pour secours aux domiciliés indigents. Total des recettes : 532 501 fr. — Pendant cette même année, les secours aux domiciliés se sont élevés à la somme de 123 892 fr. ; il a été dépensé pour le compte d'autorités, de bienfaiteurs et de la Caisse de l'Etat 258 709 fr. ; la population flottante a absorbé 24 387 fr. ; les secours en nature 26 562 fr. ; l'administration 73 461 fr. Total des dépenses : 542 431 fr. — Ont été assistés : 4073 domiciliés (1468 Suisses, 2917 étrangers), 4385 passants (1468 Suisses, 2917 étrangers), 8918 indigents ayant droit à l'assistance en nature et 3698 personnes sans abri ; pour le compte et aux frais exclusifs de la société : 2953 domiciliés (parmi lesquels 1005 étrangers)[1].

On le voit par les fortes subventions que lui accordent l'Etat et la Ville, et par ce fait que l'assistance aux domiciliés indigents, qui incombe légalement à la Ville, à teneur des lois fédérales, est confiée à la Société, ce n'est que dans la minorité des cas qu'elle intervient en qualité de société de bienfaisance.

2. *Société de bienfaisance d'Enge-Zurich II* (Hilfsverein Enge-Zürich II), fondée en 1877 ; s'intéresse à tous les habitants pauvres et s'efforce de prévenir la misère en la combattant dans ses causes. Son Comité se compose des deux pasteurs de la paroisse d'Enge-Leimbach et de sept autres membres. Les deux pasteurs sont de droit et alternativement président et vice-président, chacun pendant une année. Le secrétaire est chargé du procès-verbal et de la correspondance avec les offices d'assistance du dehors, après en avoir référé au président. Ce sont les deux pasteurs qui transmettent aux intéressés les secours accordés par ces offices et qui en tiennent registre. C'est également à eux que l'on a recours pour les demandes d'assistance ; ils peuvent, après enquête exacte sur les situations, et en cas d'urgence, accorder, à titre provisoire, des secours, de préférence en nature. Les demandes doivent être discutées en séance du bureau du Comité, qui y fait droit

---

[1]) Ces chiffres représentent des cas d'assistance.

dans la mesure des possibilités. Le bureau — composé des deux pasteurs et du secrétaire — se réunit chaque semaine, ou seulement tous les quinze jours. D'autres membres du Comité peuvent être invités à participer aux travaux du bureau. Lorsqu'une demande de secours menace de mettre fortement à contribution la caisse de la Société, le Comité tout entier doit être réuni. Sont exclus des secours : les gens qui vivent dans l'inconduite. Le patronage n'existe pas. Il n'est fait aucune distinction de religion ou de nationalité.

Recettes en 1912 : Intérêts des capitaux placés : 2424 francs ; cotisations : 1644 fr. ; part des collectes faites à l'église 484 fr. ; sommes remboursées 179 fr. ; legs 250 fr. ; dons divers 280 fr. Total des recettes 5261 fr. — Dépenses pour secours accordés 3171 fr. ; frais d'administration 567 francs ; subsides à diverses institutions d'utilité publique 1510 fr. — Il a été reçu, en outre, de quelques bureaux d'assistance du dehors 4086 fr. — Nombre des familles assistées 64 (48 Suisses et 16 étrangères).

3. *Société de bienfaisance de Zurich* (Hülfsgesellschaft in Zürich), fondée en octobre 1799. Société d'hommes et de femmes qui cherchent à soulager la misère quotidienne, et celle produite par des calamités publiques ; elle appuie et cherche à provoquer d'autres entreprises philanthropiques dans le canton de Zurich. Dans ce but, elle accorde des subventions grosses ou petites, entretient les établissements qu'elle a fondés, en fonde de nouveaux, ou vient en aide à des institutions nouvelles. Les membres sont admis au scrutin secret. Le président, et éventuellement le vice-président, ont à veiller à ce que la Société et les établissements qui dépendent d'elle ne s'écartent pas du but déterminé par ses statuts ; ils doivent tenir la main à la stricte observation des contrats conclus. La société se réunit, dans la règle, une fois par mois.

La Société de bienfaisance tient à réserver ses dons aux personnes dont le dénuement a été constaté et dont la bonne conduite est notoire. Dans la règle, une seule et même personne ne peut obtenir un secours *qu'une fois* dans le courant d'une année. Sont tenues pour plus particulièrement dignes d'être assistées, les personnes ou familles tombées dans la misère et la détresse à la suite de malheurs immérités, celles qui, pour des raisons spéciales, ne peùvent avoir recours à l'assistance publique. Lorsqu'une personne ou une famille a déjà été secourue à deux reprises différentes, elle ne peut. en règle générale, l'être de nouveau que si, entre temps, la commune d'origine ou une autre société de bienfaisance est intervenue. Les indigents habitant le canton de Zurich doivent être *recommandés* par les pasteurs des paroisses dans lesquelles ils habitent ou dont ils sont bourgeois, par des sociétés de bienfaisance ou encore par un membre de la Société. Les recommandations doivent toujours être données par écrit. Il n'est tenu aucun compte des requêtes provenant des intéressés eux-mêmes. Pour la ville de Zurich, il est pris des informations à la Société d'assistance. Chaque fois que la Société le juge nécessaire, elle peut demander un rapport circonstancié sur la situation du solliciteur ou sur les secours qu'il reçoit d'autre part. Il ne peut être donné suite à des demandes de secours dont le montant excéderait ·les ressources disponibles de la Société, non plus que celles qui concerneraient des associations spéciales.

Des demandes de secours pour la *réparation des dommages aux habitations*, causés par des phénomènes naturels, ne peuvent être prises en considération que s'il en est résulté une misère pressante. En cas *d'incendie*, peuvent seules participer aux dons les personnes qui ne reçoivent pas d'autre part un secours suffisant pour couvrir le dommage subi. Il n'est répondu aux demandes de *bourses d'apprentissage*, ou de secours pour frais de pension, que lorsqu'elles sont accompagnées du contrat d'apprentissage, lequel ne devra rien contenir qui soit en contradiction avec les prescriptions essentielles de la Société Industrielle suisse ; le solliciteur devra, en outre, exposer d'une manière satisfaisante, comment il compte subvenir, ou approximativement, aux frais nécessités par cet apprentissage. La Société de bienfaisance ne conclut, comme telle aucun contrat avec les patrons, mais elle nomme des *tuteurs* chargés de visiter les apprentis, de faire annuellement un rapport sur leur situation, et de faire subir, chaque année aussi, un examen aux jeunes gens qu'ils ont sous leur surveillance. Le paiement des bourses d'apprentissage a lieu en deux termes : le premier au commencement, le second à la fin seulement de l'apprentissage et sur le vu de témoignages satisfaisants. — Aux demandes de secours pour *cures de bains* et pour séjours de convalescence, doit être joint un certificat médical. — Il n'est payé de secours pour *traitements médicaux* que si la preuve peut être faite que les circonstances ne permettaient pas de s'adresser au médecin des pauvres. — Les Suisses d'autres cantons et les étrangers habitant le canton sont assistés quelle que soit leur religion ; comme on le voit, l'assistance de la Société ne s'arrête pas aux barrières de la ville de Zurich, ni aux limites de son district. — Toute demande de secours doit contenir les indications de nom et prénom, d'âge (date de naissance), de profession de la personne qui sollicite, son lieu d'origine et celui de son domicile. On y ajoutera encore des renseignements exacts sur sa conduite et sur les secours qui ont pu lui être accordés, soit par l'assistance bourgeoisiale, soit par une société de bienfaisance. Les personnes qui adressent des requêtes s'engagent par là même à rendre compte à la Société, pour peu qu'elle l'exige, de l'emploi qui a été fait des secours accordés et des résultats obtenus. — Il a été imprimé un formulaire mentionnant, en quelques lignes, les renseignements essentiels qu'il faut indiquer, lorsqu'il s'agit d'obtenir un secours.

En 1912, la Société de bienfaisance a encaissé pour intérêts de ses capitaux : 13 223 fr. ; en legs et en dons 8249 fr. Elle a dépensé, pour secours, en espèces : 7435 fr. ; en vêtements 2014 fr. ; elle a réparti entre quinze sociétés de bienfaisance et institutions charitables 6400 fr. Les frais d'administration se sont élevés à 1012 fr.

Ont été assistées : 289 personnes (dont 242 Suisses et 47 étrangers). Chaque assisté a donc reçu, en moyenne, 26 fr. Dans la règle, la Société ne distribue que des sommes ne dépassant pas 50 fr., exception faite, bien entendu, des bourses d'apprentissage.

Ville de Winterthour. (25 333 habitants, dont 7733 Suisses d'autres cantons et 4433 étrangers).

Deux sociétés à mentionner :

1. *La Société des amis des pauvres de Winterthour* (der freiwillige Armenverein Winterthur), fondée en 1869—70. But : la pratique de l'assistance dans l'esprit du Christianisme. Cette association unit ses efforts à ceux des sociétés de bienfaisance de la ville et des autorités d'assistance pour tendre une main secourable aux indigents domiciliés non-bourgeois de Winterthour ; elle s'efforce de leur venir en aide de ses conseils et de ses dons et de ne pas les perdre de vue. Son activité s'étend à tous ceux qui, dans la ville, ont besoin d'assistance. Exceptionnellement, elle secourt aussi les voyageurs pauvres. Il y a sept classes de cotisations payées par les membres, se montant de 3 à 120 fr. Tout membre a le droit de recommander des gens qu'il sait dans le besoin ; la Société examine les cas, prend la décision qu'ils comportent et en avise le protecteur. Les affaires courantes sont gérées par un comité de neuf à onze membres, qui se réunit une fois par semaine et statue sur les demandes de secours, dont le montant est remis au protecteur. Le comité correspond avec les autorités du lieu d'origine des indigents par l'intermédiaire de son secrétaire.

Pour mieux embrasser son champ d'activité et pour faciliter la surveillance individuelle des assistés, la ville a été partagée en arrondissements d'assistance. A la tête de chaque arrondissement, le comité nomme un visiteur (Armenvater) et une visiteuse (Armenmutter) choisis parmi les membres de la Société et qui ont plus spécialement à s'occuper des assistés. Les demandes doivent leur être adressées, ils interrogent les solliciteurs eux-mêmes, et cherchent, en les visitant eux et leurs familles, à se procurer de plus amples renseignements sur leur situation, celle des leurs, leur gain, leur conduite, pour en faire rapport au Comité. Les demandes qui paraissent insuffisamment motivées sont seules repoussées. Tout secours accordé est transmis par l'intermédiaire du visiteur ou de la visiteuse. Les dons consistent en denrées alimentaires, en vêtements, literie, combustibles, quelquefois aussi en espèces. Les malades indigents qui ne peuvent se rendre à la polyclinique reçoivent des bons pour le médecin et la pharmacie. — Dans la règle, ne sont assistées que les personnes et les familles domiciliées depuis trois mois au moins à Winterthour et qui peuvent prouver y avoir travaillé ; il est cependant difficile actuellement de tenir strictement à cette dernière condition. La même famille ne peut être de nouveau secourue avant trois mois révolus, les cas d'urgence réservés. ·

En 1912—13, les intérêts des capitaux de la Société se sont élevés à 2144 fr. ; les dons (contributions de maisons de commerce, part des collectes faites à l'église, don de la paroisse catholique) et les legs à fr. 7262 ; les cotisations à fr. 8'264. — Dans 479 cas il a été accordé des secours pour une somme totale de 22563 fr. Les frais d'administration ont été de 1737 fr.

Société de bienfaisance de Winterthour (Hülfsgesellschaft Winterthur), fondée en 1812. Association de personnes charitables, habitant la ville ou ses environs, dont le but est de soulager les misères imméritées, surtout lors de calamités publiques ; vient aussi en aide à des œuvres ou à des entreprises de bienfaisance. Son champ d'activité s'étend à toutes les communes du district de Winterthour, et, dans certains cas, mais exceptionnels, même au-delà. Pour ne pas risquer de doubles emplois avec la Société des Amis des pauvres, il n'est pas répondu aux requêtes provenant de la ville-même de Winterthour, si ce n'est lorsqu'elles émanent de jeunes gens ayant besoin d'aide pour achever leur éducation, ou lorsqu'il s'agit de faciliter une cure à un malade. Il est alors remis des dons en espèces d'une valeur plus ou moins grande. La Société cherche indirectement à atteindre les buts fixés par ses statuts en subventionnant les institutions fondées par elle, ou, le cas échéant, en décidant la création d'institutions nouvelles reconnues nécessaires. Elle a à sa tête un comité de treize à quinze membres parmi lesquels sont choisis ceux qui composent la direction.

La direction ne peut accorder des *secours* qu'à des personnes recommandées, du dénuement et de la bonne conduite desquelles elle a pu se convaincre. Ces secours seront plus spécialement attribués aux malheureux tombés dans la détresse, sans qu'il y ait eu de leur faute, et qui n'ont jamais été, jusque-là, à la charge de la bienfaisance publique, à des jeunes gens de bonne conduite, auxquels manqueraient les ressources nécessaires pour parachever leur instruction ou pour pouvoir embrasser une vocation répondant à des dispositions naturelles, à des malades ou à des déshérités de la fortune pour leur faciliter les moyens de faire une cure. Dans ce dernier cas et chaque fois que la chose sera possible, une partie au moins de ces frais devra être remboursée. Les nécessiteux peuvent se *faire recommander* par le pasteur de la paroisse de leur domicile ou de leur lieu d'origine, qui indiquera si l'assistance du lieu d'origine ou une société de bienfaisance s'est déjà occupée d'eux et comment ; ils peuvent user également de la recommandation de personnes honorablement connues de la direction, ou encore de celle d'un membre de la Société. En revanche, des requêtes adressées directement par les solliciteurs n'ont aucune chance d'être admises. Une même personne ne peut, en règle générale, être secourue *qu'une fois* dans le courant d'une même année ; et, de plus, on veillera à ce que les demandes d'un solliciteur ne viennent pas à se répéter année après année. Le président peut, en cas d'urgence, surtout lorsqu'il s'agit de malades, prendre les mesures nécessaires. La Société de bienfaisance envisage encore, comme faisant partie de sa tâche, l'organisation de collectes à Winterthour, lors d'inondations, d'incendies, de dommages causés par la grêle ou de telle autre calamité de ce genre. — Suisses et étrangers sont assistés et il n'est fait aucune distinction de culte.

Il est adressé un don global à certaines communes voisines de Winterthour, pour les mettre en mesure de répondre directement aux demandes de secours qui leur parviennent.

Recettes : Intérêts 9495 fr., cotisations 3326 fr. : dons de maisons de commerce 8100 fr. — Dépensé pour secours dans 76 cas, plus 10 secours globaux fr. 6861.

II. Canton de Berne.

(645 877 habitants, dont 67 805 citoyens suisses d'autres cantons et 36 087 étrangers.)

Dans le canton de Berne, l'assistance volontaire organisée ne se rencontre qu'exceptionnellement et le rôle qui lui est réservé est de peu d'importance. Différentes causes expliquent ce fait, surprenant au premier aspect. En premier lieu celle-ci que le nombre des étrangers au canton n'atteint pas, dans ce canton, à la moitié de celui de Zurich, tandis que celui des Bernois se monte encore à 543 691 ; ensuite que le canton est essentiellement agricole, l'industrie avec son accompagnement habituel de pauvreté et de maladies n'y prédominant pas encore, bien que toutefois le canton de Berne ne comptât, en 1911, pas moins de 41 069 ouvriers d'industries soumises à la loi fédérale des fabriques (Zurich en compte 65 981). Enfin la loi d'assistance de 1897 a institué l'assistance momentanée des indigents (Spendkasse) laquelle non seulement se doit à tous les Bernois, mais a le droit de venir en aide aux domiciliés dans le besoin sans distinction d'origine (art. 50 fin). Puis, dans le canton de Berne, grâce à l'initiative de la bienfaisance privée, certains services spéciaux, la protection de l'enfance malheureuse, l'entretien des incurables indigents, par exemple, ont été supérieurement organisés.

A teneur de l'art. 46, 3 de la loi d'assistance, les Sociétés de bienfaisance interviennent en faveur de malades pauvres, lorsqu'il n'y a à leur prêter qu'une assistance toute momentanée. Les secours sont accordés sous forme de bons pour soins médicaux, pour des denrées alimentaires les plus indispensables, de subsides pour cures de bains et séjours de convalescence, ainsi que pour acquérir des membres articulés ; il est aussi fait des dons en espèces aux familles qui ne sont

pas à la charge de l'Assistance publique et en nature aux
assistés malades soignés à domicile. Les sociétés de bienfaisance ne paient ni loyers, ni pensions, ni indemnités
pour soins reçus dans les infirmeries de district, les hôpitaux ou les asiles d'aliénés. Elles n'ont pas à assister les
étrangers, mais bien les ressortissants d'autres cantons, jusqu'à l'arrivée des secours demandés aux communes d'origine. Des commissions nommées par ces sociétés de bienfaisance ont à se rendre exactement compte de la situation dans
chacun des cas qui leur sont soumis. Chaque membre d'une
de ces commissions a le soin d'un district ; il doit entrer en
contact avec les pauvres de ce district, les conseiller, les encourager et s'efforcer d'exercer une influence moralisatrice.
Il a le droit d'accorder des bons ainsi que des secours en
espèces.

A mentionner encore, parmi les sociétés de bienfaisance, celles qui sont composées uniquement de dames.
Elles distribuent des secours en nature et en argent, sans
distinction de religion, aux étrangers comme aux Suisses ; aux
premiers seulement lorsqu'ils ne sont pas secourus d'autre
part. Les secours sont refusés quand le besoin d'assistance
n'est pas démontré, que les solliciteurs sont en bonne santé
et en état de gagner leur vie, qu'ils vivent dans l'inconduite.
Une de ces sociétés ne refuse pas son assistance, malgré le
droit qu'elle en aurait, à cause des enfants, lorsqu'un père
vicieux abandonne les siens et ne pourvoit à aucun de leurs
besoins. En général, la situation est préalablement examinée,
et l'on cherche à s'en faire une idée exacte par des visites
personnelles.

Ville de Berne (85 651 habitants, dont 20700 Suisses
d'autres cantons et 9279 étrangers).

Société de secours pour la ville de Berne (Hülfsverein für
die Stadt Bern), fondée en 1878. But de la Société : l'assistance des pauvres visés par la loi d'assistance, habitant la
ville ou le district de Berne, spécialement aux époques de
chômage et de misère générale ; assistance momentanée aux

nécessiteux ne se trouvant pas dans les conditions requises par la loi ; création de colonies de vacances et d'institutions analogues. Les membres de la société paient une cotisation annuelle de trois francs au moins. Un comité de neuf membres, qui se réunissent chaque fois que besoin en est, dirige toutes les affaires de la Société.

Pour faciliter le travail, ville et district ont été partagés en *quartiers*. A la tête de chaque quartier il y a un chef, nommé pour un temps indéterminé, assisté d'un comité de quartier, où doivent figurer, en tout premier lieu, des personnes remplissant quelque fonction dans l'Assistance officielle.

Extraits des *instructions* à l'usage des chefs et des comités de quartiers :

Principes généraux. — La Société s'intéresse non seulement à ceux qui lui demandent assistance, mais aussi aux pauvres honteux, dont la détresse vient à être connue de membres du Comité. Au soulagement de la misère matérielle ne doit pas se borner la mission des personnes chargées de l'assistance ; leurs efforts tendront à un relèvement à la fois moral et religieux. La Société a encore à intervenir lorsqu'il existe une probabilité quelconque que, par un secours accordé à temps, on empêchera une personne isolée ou une famille, de tomber à la charge de l'Assistance officielle. Sitôt avéré que ce but n'a aucune chance d'être atteint, ces personnes ou ces familles, doivent être adressées à la direction de l'Assistance légale. — La Société ne doit pas entraver l'action de la charité privée, elle ne doit pas non plus la remplacer. Elle cherchera plutôt à l'aiguillonner et à servir de lien entre les pauvres et les diverses institutions de bienfaisance de la ville. Elle travaille à faire disparaître la mendicité en rue comme à domicile. — Elle croit de son devoir d'empêcher que les secours qu'elle accorde attirent dans la capitales les pauvres d'autres cantons ou d'autres communes, venant ainsi aggraver les charges de l'assistance communale. Les fonctionnaires de la Société, et plus particulièrement les chefs de quartiers, ne devront donc jamais perdre de vue les lois sur les pauvres, ni celles qui règlent le droit d'établissement ; ils appuieront les autorités de police, dont ils sont, en revanche, autorisés à réclamer l'assistance. — La Société doit s'efforcer de demeurer en contact aussi intime que possible avec les organes de l'assistance officielle.

A quelle sorte d'indigents doivent aller les secours ? A tous ceux qui habitent la ville de Berne, sans distinction de culte ou d'origine et dans la mesure permise par les ressources de la Société. En doivent être cependant exclus :

1. Les indigents, sans exception, qui reçoivent d'autres sociétés des secours suffisants ou qui sont au bénéfice d'une loi d'assistance. Rentrent entre autres dans cette catégorie, les ressortissants de l'Empire d'Allemagne, de l'Autriche-Hongrie, ainsi que les Français aux besoins desquels il est pourvu par leurs sociétés de bienfaisance respectives. Il en est de même des Italiens auxquels, par principe, aucune assistance ne doit être accordée. — Les *étrangers au canton* et les ressortissants de celles des communes bernoises qui possèdent encore une assistance bourgeoisiale ne doivent, pour cette raison, pas avoir recours à l'assistance du lieu de domicile ; la Société de bienfaisance se charge cependant des démarches nécessaires auprès des communes d'origine et assiste provisoirement ces indigents, en attendant l'arrivée des secours.

2. Les indigents habitant la commune de Berne et inscrits sur la *liste des pauvres* dont l'assistance incombe à l'autorité communale.

3. Ceux qui sont hors d'état de prouver légalement que leur domicile réel est à Berne et surtout ceux *qui ne s'y trouvent que depuis moins de trois mois*. Si de nouveaux venus tombent à la charge de la bienfaisance publique, le chef de quartier doit immédiatement en aviser la direction de police. Ce n'est qu'en cas de misère noire, de maladies ou lorsque les enfants souffrent de la faim, qu'il peut être accordé quelque léger secours à titre tout provisoire.

4. Aux *émigrants*. Leurs demandes sont à renvoyer par le chef de quartier au Comité, lequel statuera.

5. Les pauvres qui *vivent dans l'inconduite*, les débau-

chés, les ivrognes, de même que les mendiants et les vagabonds de profession. Cependant l'indignité d'un des membres de la famille ne constitue pas un motif d'exclusion à l'égard des membres innocents de cette même famille ; mais il faut prendre des mesures pour que les secours profitent autant que possible à ces derniers seuls. Les personnes ayant subi des condamnations ne doivent pas non plus être exclues de l'assistance, aussi longtemps, du moins, que l'on est en droit d'escompter un relèvement.

6. Ceux qui *refusent* systématiquement de se conformer aux indications des membres du Comité ou se comportent impoliment à leur égard.

Enquête préalable. Toute demande de secours doit, en premier lieu, être l'objet d'une enquête exacte de la part du chef de quartier ou d'un membre du Comité, si cette enquête n'a pas été faite précédemment par le bureau d'assistance publique. Les *papiers* seront vérifiés, pour s'assurer que le solliciteur est au bénéfice du droit d'établissement et connaître la commune à laquelle il est en droit de réclamer assistance. Les papiers ne sont-ils pas en règle, ou s'il n'est pas certain qu'ils soient suffisants, l'enquête adressera l'indigent au bureau des permis de séjour de la police municipale. Tant que la position ne sera pas régularisée, il ne devra être accordé de secours qu'en cas d'absolue nécessité. L'enquête portera encore sur *l'état-civil, le métier, la durée du séjour dans la contrée, la moralité, les antécédents*, etc. ; puis sur la *situation présente* du solliciteur, *ses causes*, sur les *secours obtenus ailleurs* et notamment s'il est assisté par le Bureau de secours de la ville de Berne, et si non, pourquoi ; enfin sur le domicile, que l'enquêteur devra visiter.

Nature de l'assistance. — Elle s'accorde sous forme de bons pour denrées alimentaires, bois etc. Exceptionnellement, et uniquement quand aucun abus n'est à redouter, elle pourra être donnée en espèces ; autrement seulement au moyen de bons, cartes etc. Des secours de loyers ne sont accordés qu'exceptionnellement et jamais pour plus d'un mois. Dans ce dernier cas, les comités de quartiers cherchent à obtenir des propriétaires la plus forte réduction possible. Les enquêteurs s'emploient, autant que cela est en leur pouvoir, à intéresser à leurs pauvres les personnes et les autorités auprès desquelles elles ont accès.

Durée de l'assistance. L'assistance par la Société ne doit être que *momentanée,* jamais *régulière.* S'il est démontré que, soit une famille, soit un individu, doit être assisté d'une manière régulière et après avoir épuisé tous les autres moyens de secours, il est procédé comme suit : on distingue d'abord : 1o *les personnes ayant domicile légal dans la commune de Berne et auxquelles l'assistance est de droit;* celles-ci sont recommandées par le Comité de quartier au Bureau d'assistance officielle du district, avec la prière de fournir le secours nécessaire ; 2o *les autres citoyens bernois,* c'est-à-dire ceux qui sont originaires de l'ancien canton, résidant à Berne, en vertu d'un permis de séjour déposé à Berne, mais accordé par une autre commune ; les bourgeois de celles des communes de l'Ancien canton ayant encore une assistance purement bourgeoisiale ; les ressortissants du Nouveau canton (Jurassiens). Pour les premiers, les Comités de quartiers s'adressent aux Conseils communaux de la localité qui a délivré le permis de séjour et qui leur doit l'assistance ; pour les deux autres catégories, la demande de secours est à adresser aux autorités des localités d'origine. Si, au bout d'un certain temps, l'assistance n'est pas accordée ou qu'elle soit insuffisante, le président de la Société adresse à la Préfecture de Berne une demande de renvoi à la commune par laquelle l'assistance est due. 3o *Suisses d'autres cantons.* Il est procédé de la même façon que pour les indigents de la rubrique précédente. Lorsqu'il le faut, l'intervention de la Direction cantonale de l'Assistance est sollicitée. 4o *Etrangers à la Suisse.* Si les sociétés de bienfaisance intéressées ou les représentants diplomatiques accrédités en Suisse ne sont pas en mesure d'accorder l'assistance, ou ne peuvent l'accorder qu'insuffisante, le cas est porté à la connaissance de la police municipale, qui a à ordonner les mesures nécessaires. 5o Les *individus sans papiers,* qui sont simplement à signaler à la police municipale. — Lorsqu'il s'agit de personnes nées à Berne, ou qui y ont gagné honorablement leur vie pendant de longues années, l'expulsion n'est demandée qu'à la dernière extrémité. — Avant d'en appeler à l'intervention des autorités, le Comité de quartier usera de toute son influence pour persuader aux indigents de *retourner volontairement dans leur patrie*. Lorsqu'il y réussit, la Société prend à sa charge une partie des frais de voyage. Les rapatriements d'office ont lieu aux frais de la police.

Secours en cas de maladie. La Société de bienfaisance n'intervient que lorsque la guérison peut être présumée rapide et les soins donnés par la Polyclinique suffisants. Les cas de ce genre sont signalés par les présidents de quartiers aux sociétés féminines de secours aux malades. Si le cas est plus grave, la Société charge les autorités ou des établissements spéciaux d'y pourvoir. Ce sera, en particulier, le cas pour les galeux ou les syphilitiques. On adresse au *Bureau central d'assistance* de la ville de Berne les Bernois qui ont leur domicile légal en ville, les Suisses d'autres cantons et les ressortissants de l'Empire d'Allemagne, de l'Autriche-Hongrie, de l'Italie et de la Belgique ; il est procédé de la même façon à l'égard des aliénés. En cas de refus du Bureau central, la demande de secours est renvoyée à la *police municipale*, ainsi que tous les cas qui ne rentrent pas dans une des catégories citées et tous les malades de maladies contagieuses. Lorsqu'une personne admise dans un hôpital a de la famille, la bienfaisance de la Société est acquise à cette dernière jusqu'à ce qu'elle ait réussi à se tirer d'affaire autrement.

Administration. Le montant des crédits à répartir entre les différents comités de quartiers est fixé par la conférence des chefs de quartiers. Cependant, c'est au Comité central qu'est réservé le droit d'accorder, au courant de l'exercice, les crédits supplémentaires devenus indispensables à l'un ou à l'autre des comités de quartiers. C'est encore au Comité central à prendre les mesures nécessaires pour se procurer de nouvelles ressources financières. Tous les six mois (au 30 juin et au 31 décembre) chaque chef de quartier rend compte de son mouvement de caisse sur un formulaire *ad hoc*. Ces comptes, une fois examinés par le caissier central, sont incorporés au compte général, lequel est soumis, en première instance, à l'approbation du Comité central, puis à celle de l'Assemblée générale de la Société. — Tous les mois, les chefs de quartiers acquittent, sans autre délai, tous les bons émis pendant ce mois et paient toutes les dettes contractées par la Société. — S'il parvient à un chef de quartier des dons à destination spéciale, ces dons ne doivent figurer dans les comptes que pour mémoire. Dans les cas où cette distinction serait difficile à établir, les dons de cette nature devraient être portés simultanément aux recettes et aux dépenses.

En septembre 1894, le Comité central a formulé les vœux suivants, qui ont été portés à la connaissance des chefs de quartiers : I. *Organisation des Comités de quartiers.* 1. Les Comités sont invités à nommer, à côté du président, un vice-président dont l'adresse sera communiquée au président central. 2. Partout un des membres du Comité de quartier devrait être désigné pour tenir le procès-verbal des séances de ce Comité. II. *Assistance.* — 1. Les chefs de quartiers devraient tenir un registre des cas d'assistance sur le modèle de celui de l'Assistance officielle. 2. Les cas de double assistance doivent être évités et ceux qui rentrent dans les attributions de l'Assistance officielle devraient lui être immédiatement renvoyés. 3. Chaque fois que cela est possible, les secours devraient être accordés non pas par l'enquêteur seul, mais par son comité, au cours d'une séance. Les secours accordés dans l'intervalle et en cas d'urgence par l'enquêteur, (et jamais sans l'assentiment du chef de quartier) devraient être ratifiés lors de la plus prochaine séance du comité ; mention devrait en être faite, en outre, au procès-verbal et dans le registre. 4. Il faudrait éviter de donner des cartes isolées, parce que le secours qu'elles représentent n'est pas suffisant et que l'assistance accordée doit être suffisante pour enlever aux indigents tout prétexte d'aller frapper à d'autres portes.

Pendant l'année 1912, la Société a distribué des secours dans 18 quartiers, aux chefs desquels il a été remis 16 250 francs. La somme réellement dépensée a été de fr. 15 900. Le nombre des assistés et leur nationalité n'ont pas été enregistrés. Les recettes se sont élevées à 11 406 francs en cotisations, 7600 fr. en dons et 428 fr. pour intérêts perçus.

III. Canton de Lucerne.

(167 223 habitants, dont 30 013 Suisses d'autres cantons et 12 039 étrangers.)

Le canton de Lucerne compte des Sociétés de bienfaisance en grand nombre ; la loi d'assistance, du reste, en favorise la création (voir page 14) ; elles ont, en général, un cachet religieux, confessionnel, qui nous empêche d'en parler dans ce chapitre. Quant aux Sociétés de bienfaisance générale existant en dehors de la Société d'assistance générale de la ville de Lucerne, elles viennent au secours de tous les habitants de l'endroit, momentanément dans le besoin, lorsqu'ils ne sont pas déjà secourus par l'Assistance officielle ; les dons distribués le sont généralement en nature, exceptionnellement en espèces ; toutes cherchent à empêcher la mendicité. Elles n'admettent aucune distinction d'origine ou de culte. Cependant les indigents ne peuvent réclamer l'assistance comme un droit. Une de ces sociétés connaît l'institution des inspectrices (Armenmütter). La commune est divisée en quartiers, chacun desquels a à sa tête une inspectrice qui pourvoit à toutes les mesures d'assistance. C'est elle qui recherche et visite les pauvres à domicile, se rend compte de leur situation matérielle ou sanitaire ; elle voue une attention particulière à l'éducation physique et morale des enfants d'assistés, cherche à connaître les occupations de ses protégés, leur gagne-pain, leur conduite et, à l'occasion, les encourage, les console, les exhorte et les conseille. Elle signale à la direction les nécessiteux et indique le genre de secours qui lui semble convenir ; c'est elle enfin qui remet à leurs destinataires les dons accordés. Les ressources proviennent, en général, de cotisations et des intérêts de capitaux. Une de ces sociétés est au bénéfice d'une petite subvention cantonale.

Ville de Lucerne. (39 339 habitants, dont 12 927 Suisses d'autres cantons et 7046 étrangers).

Société d'assistance générale de la ville de Lucerne (Allgemeine freiwillige Armenpflege der Stadt Luzern). Administration : Sternenplatz 2 I ; fondée en 1882 par la Société d'utilité publique de la ville de Lucerne. Vient en aide, dans la mesure de ses ressources, aux personnes momentanément gênées ou dans le dénuement, s'enquiert des causes de leur situation présente et s'efforce de les relever en faisant, pour cela, appel à leur force de volonté ; elle cherche à empêcher la mendicité et, d'accord avec la police municipale, provoque l'éloignement des éléments qui fuient le travail et sont continuellement sans moyens d'existence connus. Aucun indigent ne peut exiger des secours. Peut être membre de la Société, toute personne résidant à Lucerne et s'engageant à payer une cotisation annuelle en nature ou en espèces. Les sociétaires prennent encore l'engagement de n'accorder aucune assistance aux professionnels de la mendicité. Ils exercent, en revanche, un droit de recommandation en faveur des pauvres qu'ils viennent à connaître. La direction de la Société doit faire une enquête sur la situation des indigents recommandés et prendre les mesures nécessaires ; celles-ci sont portées à la connaissance du protecteur. Un comité-directeur composé de sept membres est à la tête de la Société. Le secrétaire perçoit un traitement ; il est chargé de la correspondance en tant qu'elle ne rentre pas dans les attributions du «questeur» auquel incombent les relations verbales ou écrites avec le personnel de l'assistance et les pauvres eux-mêmes. Fin 1912, ce personnel se composait de 158 employés, hommes et femmes, qui répartissaient entre eux le travail dans les soixante et dix quartiers d'assistance. En 1911, les fonctions d'inspecteur général ont été supprimées, rendues inutiles par un personnel plus nombreux et mieux qualifié. Un comité restreint, composé du président de la Société, d'un membre de la direction, du «questeur» et du secrétaire, se rassemble chaque semaine et liquide les affaires pendantes inscrites sur le registre du «questeur». Les solliciteurs sont tenus de se présenter en personne devant ce comité.

Un *visiteur* ou une *visiteuse* ne doit pas avoir à s'occuper de plus de quatre à six familles ou personnes assistées. Ils ont à les voir à leurs domiciles aussi fréquemment que possible, à se rendre compte de leur situation matérielle et de celle de leurs familles, de leur conduite, de leurs occupations, de leur gagne-pain, à se tenir au courant des modifications dans le nombre des membres de la famille et à les signaler à la direction. Les bons doivent, autant que faire se peut, être apportés par les visiteurs eux-mêmes au domicile des assistés, auxquels ces visiteurs doivent conseils et encouragements. Chaque fois que cela leur est demandé, visiteurs et visiteuses assistent aux séances du comité pendant lesquelles sont discutées les demandes de secours de leur quartier. En général *l'assistance* n'est accordée qu'aux indigents habitant la ville depuis une année au moins. Avant tout, la Société cherche à procurer du travail et accorde, de préférence, des secours en nature, denrées alimentaires, étoffes, vêtements, combustibles etc. Il n'est donné de l'argent que dans les cas exceptionnels et urgents ; il n'est payé ni loyers, ni notes de médecin. Ce n'est encore qu'exceptionnellement et toujours en attendant que la Société s'occupe des cas dont l'assistance incombe légalement aux communes. Elle interrompt les secours lorsque des assistés s'adonnent à des dépenses de luxe, fuient le travail, vivent dans l'inconduite et ne font aucun effort pour se relever, négligeant l'éducation de leurs enfants ou ne les envoyant régulièrement ni à l'école ni au catéchisme.

Extraits du *Règlement* à l'usage des visiteurs et visiteuses : Les indigents qui ont recours à la Société doivent, dans la règle, s'annoncer au bureau, ou exceptionnellement aux visiteurs et visiteuses. Il leur est remis un questionnaire qu'ils doivent remplir séance tenante. Quand ces questionnaires ne sont pas remplis au bureau, ils lui sont transmis par la direction. Sitôt cette formalité remplie, la direction confie le solliciteur au visiteur de son quartier. Le visiteur doit se rendre immédiatement au domicile des indigents, où il vérifiera les réponses aux questionnaires, s'il y a lieu les complètera, après quoi il répondra lui-même aux questions suivantes : 1. Les réponses faites par le solliciteur étaient-elles exactes ? 2. Quelles sont vos observations quant au logement, à l'état d'ordre et de propreté dans lequel vous l'avez trouvé ? 3. Les enfants vous ont-ils paru bien élevés ? 4. Vous semblent-ils recevoir les soins physiques nécessaires et être convenablement nourris ? 5. Avez-vous découvert une raison quelconque de croire les solliciteurs indignes de l'assistance ? 6. Suivant toutes prévisions, quelle durée assignez-vous à l'assistance ? 6. Celle-ci consiste, dans la règle, en distribution mensuelle de bons de lait, de pain, en hiver de combustibles, quelquefois de vêtements, ou de literie. Lequel de ces secours vous paraît indiqué pour ce cas ? 8. Avez-vous autre chose à signaler ? 9. Propositions du visiteur ou de la visiteuse. La décision intervenue est à mentionner chaque fois au bas du questionnaire. — Lorsqu'un secours a été décidé, la nouvelle en est transmise aux intéressés par le visiteur ou la visiteuse du quartier, qui, au jour fixé pour cela, leur remettent les bons qui leur sont destinés ; ces bons peuvent être réalisés par leurs bénéficiaires dans les magasins désignés. Lorsqu'il y a lieu de craindre des abus, surtout au début, les secours pourront être distribués en plusieurs fois. Le genre et la date de l'assistance devront être inscrits par les visiteurs dans le carnet de compte annexé à leur livre-journal. — Les assistés, surtout au commencement, devront être fréquemment visités, de manière à être bien connus. Les visiteurs feront bien de prendre des informations chez les personnes qui leur sont venues en aide jusque-là, auprès des voisins, des curés, des instituteurs, des enfants ; en un mot, ils donneront à leur enquête toute l'extension nécessaire. Il existe des formulaires imprimés dont on se servira pour prendre des renseignements auprès des commissaires de police ou des patrons. Les renseignements ainsi obtenus, les observations et expériences personnelles seront au fur et à mesure consignés dans le livre-journal. Visiteurs et visiteuses s'efforceront d'avoir de l'influence sur les pauvres qu'ils visitent, ayant toujours bien en vue leur relèvement matériel et moral, ils les assisteront de leurs conseils, les encourageront à mener une vie honnête, à bien élever leurs enfants, à les envoyer régulièrement à l'école et au catéchisme. Tous les six mois, plus souvent s'ils le jugent nécessaire ou que la direction le leur demande, les visiteurs fournissent un rapport sur leurs protégés. — *L'assistance cesse* pour les causes suivantes : 1. Lorsque les intéressés eux-mêmes y renoncent. 2. Lorsque les visiteurs ou visiteuses ne la jugent plus nécessaire. 3. Lorsque les assistés s'en montrent indignes. Dans le premier cas, le visiteur ou la visiteuse en informe simplement la direction ; dans les deux autres, des propositions conformes sont faites à la direction également. Il est procédé de même lorsque des secours doivent changer de nature. Quand un visiteur ou une visiteuse estime nécessaire un secours extraordinaire ou une modification, il ou·elle en avertit le membre de la direction que cela concerne. Si, pour une raison ou pour une autre, l'*assistance* doit devenir *régulière*, des démarches seront faites, avec le consentement de l'assisté, auprès de la commune d'origine pour en obtenir un secours en argent.

En 1912, les recettes se décomposaient comme suit : Cotisations 11490 fr, dons 6938 fr. (y compris une subvention municipale de 500 fr.), legs 3100 fr., intérêts 1833 francs. Il a été dépensé en secours : 19 740 fr. (dont 680 francs en espèces) ; les frais d'administration se sont élevés à 3109 fr. Une somme totale de 20 000 fr. a été reçue, en outre, des offices d'assistance des lieux d'origine pour leurs pauvres domiciliés à Lucerne.

IV. Canton d'Uri.

(22 113 habitants, dont 3995 Suisses d'autres cantons et 1569 étrangers).

Dans ce petit canton montagnard, on ne rencontre aucune organisation ou société pratiquant l'assistance générale. Ce qui se fait en dehors de l'assistance officielle en faveur des déshérités est l'œuvre d'une assistance toute confessionnelle, on a généralement en vue les écoliers pauvres ; la charité individuelle fait le reste.

V. Canton de Schwytz.

(58 428 habitants, dont 10 246 Suisses d'autres cantons et 4031 étrangers).

Dans ce canton, l'assistance volontaire générale est tout entière entre les mains de sociétés féminines ; la loi d'assistance le reconnaît, du reste, formellement. Ces sociétés assistent Suisses et étrangers sans distinction de culte ; les dons se font, de préférence, en nature, assez rarement en argent. Aucun indigent vraiment digne de secours n'est repoussé. Les pauvres sont visités et leur situation fait l'objet d'une enquête. L'Etat, pas davantage que les communes, n'accorde de subventions ; l'assistance volontaire dépend donc entièrement de ressources qu'alimentent les cotisations de ses membres, des contributions volontaires et les intérêts de capitaux placés.

Einsiedeln. (8432 habitants, dont 1062 Suisses d'autres cantons et 503 étrangers.)

Association de femmes et de jeunes filles d'Einsiedeln (Frauen- und Töchterverein Einsiedeln), fondée en 1846. Se met au service des autorités locales pour tout ce qui concerne l'assistance et les écoles, chaque fois que son aide est réclamée et aussi longtemps que ses ressources le lui permettent. De sorte que la participation des membres de l'Association à la surveillance des établissements charitables, infirmeries et orphelinats, des écoles de travail manuel pour jeunes filles et des écoles enfantines est ainsi implicitement admise. L'Association fournit encore de linge etc. les infirmeries, asiles et orphelinats dans la mesure où le lui permettent les ressources à sa disposition pour ce but spécial. En dehors de toute coopération officielle, elle distribue des vêtements aux écoliers pauvres du district d'Einsiedeln ; elle pourvoit aux soins des malades et fait discrètement des distributions à domicile ; elle cherche à encourager les écoles de travaux manuels en les fournissant d'étoffes, de matériel de couture, lorsque ces objets ne leur sont pas délivrés par les autorités. Elle s'intéresse, à l'occasion, à d'autres œuvres de bienfaisance de caractère momentané. Une des sociétaires tient les comptes et le registre des distributions faites discrètement à domicile.

En 1912, les cotisations se sont élevées à fr. 1100.— ; divers fonds ont rapporté 1800 fr. Il a été dépensé 3500 francs en secours. 150 indigents et malades, plus 180 enfants des écoles ont eu part à l'assistance.

VI. Canton d'Obwald.

(17161 habitants, dont 3314 Suisses d'autres cantons et 839 étrangers.)

VII. Canton de Nidwald.

(13 788 habitants, dont 2614 Suisses d'autres cantons et 749 étrangers.)

Dans ces deux demi-cantons, c'est également une Association de femmes qui assiste les familles pauvres ; elle le fait sans distinction de culte ou d'origine ; les secours s'accordent surtout en nature. Toutes les autres institutions de bienfaisance sont confessionnelles.

VIII. Canton de Glaris.

(33 316 habitants, dont 6766 Suisses d'autres cantons et 2826 étrangers.)

Dans le canton de Glaris, l'assistance volontaire générale, tout comme l'assistance officielle, est parfaitement organisée et très habilement dirigée. — Sont assistés, sans aucune distinction de nationalité ou de religion, tous les indigents qui ne le sont pas déjà par l'Assistance officielle et en reçoivent des secours suffisants. Une enquête est toujours faite sur la situation des solliciteurs ; dans la plupart des cas, ils sont visités à domicile. — Une seule et unique société de bienfaisance est au bénéfice d'une subvention communale ; toutes les autres n'ont pour ressources que les cotisations de leurs membres, les dons ou legs qui leur sont faits et quelques fois les intérêts de capitaux.

Ville de Glaris. (5123 habitants, dont 1449 Suisses d'autres cantons et 652 étrangers.)

Société de secours de Glaris-Riedern (Hülfsverein Glarus-Riedern) fondée en 1872. Vient en aide à tous les habitants pauvres de la ville et combat la mendicité aux portes. Les *demandes de secours* doivent, *la première fois*, être adressées au président, les suivantes au visiteur (Pfleger). En cas d'urgence, le président peut, de sa propre initiative, accorder des secours jusqu'à concurrence de 10 francs à des indigents habitant Glaris, et aussi, mais seulement en cas de misère absolue, à des indigents de passage. Suivant les besoins du moment, en particulier lors de calamités publiques, la Société prend l'initiative des mesures indiquées après s'être entendue avec l'Assistance bourgeoisiale et la Société des dames. — La ville est divisée en six quartiers, à la tête de chacun desquels se trouvent un visiteur et une visiteuse ; ces derniers doivent entrer en relations personnelles et suivies avec les pauvres de leur quartier ; ils prennent note de leurs demandes, signalent au président les misères à soulager et transmettent les secours accordés.

L'assistance profite, en fait, presque exclusivement aux domiciliés et aux gens en séjour, les indigents bourgeois de la ville recevant d'elle des secours en suffisance. Les cas de misère extrême exceptés, les indigents ne doivent cependant pas être assistés dès les premiers temps de leur arrivée et ne peuvent l'être plus tard que si leur commune d'origine y contribue pour sa quote-part. Les secours aux domiciliés ne sont, en général, pas en espèces, mais *en nature* (bons de lait, pain, denrées alimentaires, pour des souliers et autres objets nécessaires, pour visites de médecin, notes de pharmacie, pour soins de la sage-femme). Les visiteurs sont autorisés à payer, le cas échéant, des secours pour loyers, pour pensions, pour du combustible etc. La Société prend quelques fois à sa charge les frais d'écolage d'enfants pauvres fréquentant les écoles enfantines. Elle fait admettre à ses frais des malades pauvres à l'hôpital, jusqu'à ce que leurs communes aient garanti le paiement. Lorsque des secours plus abondants sont nécessaires, la Société réclame la coopération de la Société des dames et celle de citoyens fortunés. Les passants pauvres, auxquels l'assistance officielle en nature est due, reçoivent, suivant les cas, de la chaussure, un secours pour continuer leur voyage, de quoi se faire soigner à l'hôpital. Peut être sociétaire, quiconque participe à la collecte ; il faut ajouter qu'aucune collecte n'a eu lieu depuis nombre d'années.

Les recettes pour 1912 provenaient des intérêts d'un fonds et de cotisations. Les dépenses pour secours se sont élevées à 2166 francs, les frais d'administration à 200 francs. Cinquante personnes ont reçu des secours, plus 873 passants.

IX. Canton de Zoug.

(28 156 habitants, dont 11 597 Suisses d'autres cantons et 3086 étrangers.)

Dans le canton de Zoug, l'assistance volontaire organisée est aussi confessionnelle, ou spécialisée en faveur de certaines catégories de pauvres. Une seule société de bienfaisance, celle de la ville de Zoug, peut être considérée comme pratiquant l'assistance générale.

Ville de Zoug. (8096 habitants, dont 3700 Suisses d'autres cantons et 1300 étrangers.)

Société féminine de bienfaisance de Zoug (Frauenhilfsverein Zug), fondée en 1842. Cherche à soulager la misère des indigents habitant la ville. Pour ne pas mériter le reproche d'attirer en ville les pauvres du dehors, la Société n'accorde de secours qu'après *un séjour de six mois,* les cas de maladie exceptés. L'assistance n'est accordée qu'aux pauvres de bonne conduite et après enquête. A chaque assemblée mensuelle, sont désignées, à tour de rôle, des sociétaires qui vont visiter les familles d'assistés, sur la conduite desquelles la Société ne posséderait pas de renseignements suffisants. Elles en profitent pour faire connaître aux intéressés le genre de secours qui leur a été accordé, et si ce secours est en espèces, elles ont à le leur transmettre. Les solliciteurs adonnés à la boisson, ceux qui négligent leurs devoirs envers leur famille n'ont pas droit à l'assistance. On est rarement dans le cas d'assister un étranger ; il n'est fait aucune distinction pour cause de religion. La Société s'occupe plus spécialement des personnes âgées ou infirmes, ainsi que des enfants pauvres, élèves des écoles et des apprentis. Lorsque les finances le permettent, on organise, pendant les mois d'hiver, des repas de midi pour les écoliers peu fortunés et de préférence pour ceux qui habitent loin. Les enfants des écoles, en faveur desquels des secours sont sollicités, ont à produire leur carnet scolaire. Suivant les cas, une sociétaire, désignée pour cela, se renseigne auprès du maître ou de la maîtresse d'école sur la conduite et l'application de l'élève. — Toute demande doit être adressée à la présidente de la Société.

En 1912, il a été collecté à domicile la somme de 2016 francs, les cotisations et les intérêts ont produit 1184 francs, le Conseil municipal a voté un subside de 1300 francs. Les dépenses pour secours accordés (généralement des denrées alimentaires) se sont élevées à 5189 francs. Trente familles ont reçu des secours.

X. Canton de Fribourg.

(139654 habitants, dont 19810 Suisses d'autres cantons et 7414 étrangers.)

L'assistance volontaire dans ce canton est toute confessionnelle. Cependant, dans une localité assez importante, il se trouve deux sociétés de dames qui accordent des secours en denrées alimentaires et en vêtements, sans faire de distinction de culte ou de nationalité.

XI. Canton de Soleure.

(117 040 habitants, dont 39 504 Suisses d'autres cantons et 7327 étrangers.)

Dans ce canton, très industriel, puisqu'il compte 20118 ouvriers de fabriques, et avec une très forte proportion d'étrangers au canton, Bernois surtout, l'assistance volontaire générale est fort bien organisée. Les sociétés de bienfaisance accordent généralement des secours en nature, rarement en espèces, sans faire de distinction de culte ou de nationalité, et seulement après une enquête. Elle est refusée aux individus qui ne veulent pas travailler. Les ressources de ces sociétés proviennent généralement des cotisations des membres, des intérêts des fonds placés, de subsides de l'Etat, quelques fois encore du produit de bazars de charité.

Ville de Soleure. (11688 habitants, dont 4924 Suisses d'autres cantons et 1122 étrangers.)

Société des amis des pauvres de Soleure (Armenverein Solothurn), fondée en 1849. Cette société, créée en vue de l'assistance générale, surveille en outre l'éducation d'enfants pauvres ou abandonnés de la ville et des environs. Est reçu membre quiconque paie une cotisation annuelle d'au moins quatre francs. A la tête de la Société, il y a un Comité de treize membres. C'est à lui à faire les démarches nécessaires, auprès des autorités, pour l'internement dans la maison de travail cantonale des pères de famille qui oublient leurs devoirs vis-à-vis des leurs, et qui, soit par paresse, soit pour cause d'ivrognerie, ne pourvoient pas à leurs besoins, les obligeant ainsi à recourir à l'assistance de la Société des amis des pauvres. — La ville a été divisée en six quartiers d'assistance, ayant chacun un inspecteur. La tâche de ces derniers consiste principalement à visiter fréquemment les pauvres et les malades de leur quartier, à écouter leurs plaintes, à découvrir les causes de leur misère et à s'ingénier pour les tirer d'affaire, pas uniquement par des dons, mais en usant de leur influence, en les suivant, en les encourageant. Lors des séances de Comité, toutes les deux ou trois semaines, ils présentent les demandes de secours motivées et suggèrent le mode d'assistance qui leur paraît convenir ; ils doivent aussi faire ratifier les dons accordés par eux dans l'intervalle, en cas de misère pressante. Ils entretiennent, avec les autres institutions charitables de Soleure, des relations assez fréquentes pour être toujours au courant des secours que les solliciteurs auraient pu en obtenir, de même que de leurs communes d'origine. — En distribuant des secours, la Société veut empêcher la mendicité à la rue comme aux portes ; elle cherche, également, à venir en aide aux personnes que l'âge, la misère ou la maladie obligent à recourir à la bienfaisance publique. A l'exception des bourgeois pauvres de Soleure, aux besoins desquels les ressources du fonds bourgeoisial des pauvres suffisent amplement, l'assistance est accessible à tous les indigents et malades habitant la ville et ses environs, sans distinction de culte, pourvu qu'ils aient deux années de résidence à Soleure. C'est une règle générale à laquelle il n'est fait exception qu'en cas d'absolue nécessité. Une mauvaise conduite exclut de l'assistance, qui peut encore être refusée lorsque la commune d'origine ne veut pas en prendre sa part.

En 1912, les cotisations se sont élevées à la somme de 2121 francs, les intérêts à 3488 fr., les dons à 1692 francs. Les dépenses, pour secours accordés, à 4766 fr., les frais d'administration à 307 fr. Cent douze familles ont eu part aux secours.

Ville d'Olten. (9337 habitants, dont 4498 Suisses d'autres cantons et 922 étrangers.)

Société de secours d'Olten (Hilfsverein Olten) tire son origine de la fusion survenue en 1891 de la Société de bienfaisance de dames et de celle pour la répression de la mendicité. Vient en aide aux indigents habitant Olten et environs, hospitalise les passants sans ressources et lutte contre la mendicité ; elle s'efforce de provoquer la fondation d'institutions pour la jeunesse scolaire, pour la population ouvrière (telles que « soupes scolaires », colonies de vacances, cuisines populaires), ainsi que d'autres œuvres d'utilité générale. La direction se compose de 17 membres, soit neuf hommes, parmi lesquels les trois curés, un représentant de la commission bourgeoisiale d'assistance, le chef à Olten de la police cantonale, et de huit déléguées de l'Association des dames. Le Bureau est formé par le président, le secrétaire et le caissier. La direction se réunit au complet une fois par mois, pour discuter et liquider les demandes de secours et les autres affaires courantes. — Pour apporter de l'unité dans l'exercice de l'assistance, et l'accorder avec plus de méthode, la ville a été divisée en cinq quartiers. Dans chaque quartier, deux sociétaires (un de chaque sexe) sont plus spécialement chargés, en qualité d'inspecteurs, de venir en aide aux indigents. La surveillance du bureau des secours en nature incombe à la direction tout entière ; les passants sont soumis au contrôle de la police. C'est l'économe (Hausvater) de l'hôpital bourgeois qui dirige le bureau des dons en nature. — C'est à la direction à statuer sur toutes les demandes d'assistance. En cas d'absolue nécessité, les inspecteurs peuvent prendre eux-mêmes les mesures imposées par les circonstances, mais sous réserve de ratification à la plus prochaine séance de la direction. Les secours sont généralement accordés sous forme de denrées alimentaires : lait et pain, ou de vêtements, ou de soins dans un hôpital et, exceptionnellement, en espèces. — Il n'est fait aucune distinction entre les adhérents des différents cultes, non plus qu'entre nationaux et étrangers. — A teneur de la nouvelle loi d'assistance, la Société de secours est désignée comme organe d'assistance pour les domiciliés ; le Conseil municipal délègue trois de ses membres à la direction.

En 1912, les intérêts des capitaux ont rapporté 882 francs ; les subsides de l'Etat 270 fr. ; ceux des communes 1820 fr., les cotisations des membres 3239 fr. ; le produit d'une tombola 1455 fr. ; les dons et legs 1867 fr. Des secours ont été accordés pour une somme de 7264 fr., à 400 assistés environ. Frais d'administration : 200 fr. — Le Bureau des secours en nature a fait des distributions à 2259 personnes et a absorbé la somme de 1517 fr.

XII. Canton de Bâle-Ville.

(135 918 habitants, dont 39 951 Suisses d'autres cantons et 52 025 étrangers.)

Dans ce demi-canton, entièrement urbain, il n'y a qu'une Société générale d'assistance à mentionner : *L'Assistance générale de la Ville de Bâle* (die allgemeine Armenpflege der Stadt Basel), fondée en 1870 et dont le siège administratif se trouve Heuberg 6, dans des locaux qui sont sa propriété. Elle est en grande partie institution officielle ; son organisation est réglée et sa tâche définie par la loi d'assistance du 25 octobre 1897, revisée en 1904 et en 1911. A teneur de cette loi, le gouvernement délègue à l'Assistance générale le soin des secours aux domiciliés du canton de Bâle-Ville ; en compensation, il se charge des deux tiers de ses dépenses ; le traitement des fonctionnaires de l'Assistance générale est fixé par la loi sur le traitement des employés de l'Etat. Comme ces derniers, ils ont droit à la pension. Mais l'Assistance générale ayant, en outre, recours à la libéralité publique, nous sommes obligés de la mentionner ici.

Elle *vient en aide* aux indigents principalement en leur procurant du travail dans un établissement ou ailleurs, par des distributions de bois, de pommes de terre, de soupe ou de vêtements et par des dons en espèces. Sur la recommandation du directeur de la Polyclinique, elle peut fournir aux malades soignés dans cette institution la nourriture de malades qui leur est prescrite ; par exception et sur le vu d'un certificat médical, elle pourra faire de même à l'égard d'autres malades ; elle facilitera aux convalescents qui lui sont recommandés des séjours à la campagne et des cures de bains ; le cas échéant, elle aidera à l'acquisition de membres articulés. Elle recommande les sans-travail, en état de travailler, aux directeurs de services exploités par l'Etat. Le salaire de cette catégorie de travailleurs est, dans ces cas, proportionné à la somme de travail réellement exécuté. S'ils ne font pas preuve de bonne volonté, s'ils introduisent dans l'exploitation un élément de trouble et de désordre, s'ils se font renvoyer, le cas est immédiatement communiqué à l'Assistance.

Les organes de l'Assistance générale sont :

1. Les *inspecteurs de quartiers*, qui ont à pourvoir, dans leur quartier, à l'assistance des indigents qui y habitent.

2. Les *commissions de districts*, composées des inspecteurs de quartiers de la ville et des communes rurales ; elles délibèrent en la présence d'un délégué du secrétariat central et se rassemblent à intervalles réguliers ; elles consentent les secours demandés, après rapport de l'un des inspecteurs ou du secrétariat, les prescriptions des art. 3 et 5 réservées.

Lorsque cela lui paraît nécessaire, la commission centrale peut décider la division d'un quartier en plusieurs districts.

3. La *Commission Centrale*, qui exerce la surveillance supérieure, élabore les règlements, rend annuellement comptes et rapport. Elle peut, si les circonstances l'exigent, nommer des sous-commissions. Les statuts déterminent les cas de secours rentrant dans la compétence de la Commission centrale ou dans celle d'un comité.

4. *L'Assemblée générale.* Elle vote les règlements, nomme les cinq membres de la Commission Centrale, statue sur les propositions qui lui sont faites, approuve le rapport et les comptes annuels, lesquels sont ensuite transmis au Conseil d'Etat.

5. Le *secrétariat*, qui remplit les fonctions de Bureau Central, avec les compétences suivantes :

a) Il reçoit et examine toutes les demandes de secours, renvoie aux commissions de districts les cas d'assistance régulière et, avec le concours d'un comité de trois membres de la Commission Centrale, statue sur les demandes de secours momentanés ;

b) il tient un registre des assistés et est chargé des enquêtes relatives à l'assistance ;

c) c'est par son entremise qu'ont lieu les rapports avec les autorités d'assistance des lieux d'origine, celles de police, ainsi qu'avec les associations, établissements ou citoyens qui s'occupent de bienfaisance ; il répond aux demandes de renseignements qu'on lui adresse ;

d) il est chargé de la tenue des livres de la Commission Centrale et de ses sous-commissions, prépare leurs travaux et exécute leurs décisions ;

e) il tient les comptes et la caisse et accomplit les divers genres de travaux que lui confie la Commission Centrale.

Le Secrétariat se compose d'un inspecteur qui en a la direction, de *deux ou trois secrétaires*, du *caissier* et du personnel auxiliaire nécessaire (actuellement deux secrétaires, une employée, deux enquêteurs, un commis et un garçon de bureau).

6. Il est chargé de *l'administration des établissements* et institutions dépendant de l'Assistance générale et dont les tâches et l'organisation sont définies par les statuts.

Les sociétaires de l'Assistance générale, ceux de la Commission Centrale et des sous-commissions, les inspecteurs des pauvres, l'inspecteur du Secrétariat et les secrétaires constituent l'Assemblée générale, dont les décisions sont prises à la majorité des voix.

La Commission Centrale se compose de neuf membres, dont quatre au choix du gouvernement et cinq nommés par l'Assemblée générale. Les inspecteurs des pauvres sont nommés par la Commission Centrale sur la proposition des commissions de district. Les fonctions d'inspecteur sont obligatoires pour tout habitant du canton, pendant une période d'au moins trois ans, jusqu'à l'âge de soixante ans, sauf motifs d'empêchement sérieux.

En cas de refus persistant, la Commission Centrale a le droit d'infliger une amende pouvant s'élever à 200 francs. Des personnes du sexe féminin peuvent être appelées à remplir cette fonction, mais pour elles l'obligation n'existe pas.

Douze *commissions de districts*, avec cent inspecteurs et

dix-huit inspectrices sont chargés de l'assistance régulière. Le nombre des cas soumis aux commissions de district comparé à celui du secrétariat est actuellement dans la proportion de un à deux ; en revanche, les dépenses des commissions de districts sont presque deux fois plus élevées que celles du secrétariat central. — Pour le district rural de Riehen, il est fait une exception, les demandes de secours pouvant être adressées par les indigents de cette localité à leur inspecteur directement et non pas au secrétariat central. — C'est au *secrétariat central* qu'incombe le soin : 1. des cas d'assistance pour lesquels le lieu d'origine n'accorde qu'un secours insuffisant ou pas de secours du tout ; 2. des cas exigeant des secours ou une surveillance de nature spéciale ; 3. des cas qui se présentent pour la première fois ; 4. de ceux où le secours n'est réclamé qu'en hiver ; 5. des solliciteurs de nationalités française ou italienne ; 6. de tous les assistés qui, se trouvant dans un état de dénuement complet, reçoivent de la Commission Centrale un secours complémentaire et de ceux que l'Etat a placés dans des familles. — Pour chaque cas, il est formé un *dossier*. Les enquêtes sont toujours faites très à fond.

En 1912, les ressources de l'Assistance générale ont été les suivantes : dons et legs 9084 fr. ; contributions des paroisses 1900 fr. ; cotisations des membres 17 845 fr. ; moitié du montant des collectes faites à l'issue des services divins 11 823 fr. ; intérêts des capitaux 9148 fr. ; subvention de l'Etat 89 761 fr. ; un dixième des droits perçus pour permissions de concerts, bals etc. 2572 fr. Les dépenses d'assistance se sont élevées à 74 112 fr. ; en outre, il a été reçu des communes d'origine et de l'étranger 185 305 fr. qui ont été transmis à leurs destinataires. Les frais d'administration se sont élevés à 44 929 francs. L'assistance a été accordée dans 1710 cas ; 60 % de ces cas concernaient des Suisses, 40 % des étrangers. Dans 1453 de ces cas, l'assisté est retombé complètement à la charge de l'Assistance générale.

La Commission Centrale d'assistance et de prévoyance sociale à Bâle. (Zentralcommission für Armenpflege und soziale Fürsorge in Basel) est née en Mai 1913. C'est une association dont font partie : l'Assistance générale, le Bureau d'assistance bourgeoisiale, la Société allemande de secours, la Société féminine pour le relèvement moral, l'Office des tutelles, la Société Pestalozzi, la Société pour la lutte contre la tuberculose et celle de Saint-Vincent. La Commission Centrale, par toutes les mesures qu'elle prend, tend à organiser les œuvres de secours et de prévoyance sociale d'après des règles uniformes, rigoureusement observées et pourvues d'un contrôle minutieux ; elle donne des consultations sur toutes les questions qui ont trait à l'assistance. Par leur adhésion à la Commission Centrale, les diverses sociétés de secours ne perdent en rien leur droit à se réglementer comme elles le jugent bon. Elles s'engagent simplement, dans l'intérêt bien compris de leur propre activité, à se conformer, suivant la mesure qui leur semblera juste, aux décisions de la Commission Centrale et, dans l'exercice de leur activité, à s'appuyer mutuellement. La Commission Centrale se réunit, dans la règle, une fois par mois pour prendre connaissance des vœux, des idées nouvelles et des communications de ses membres ; pour traiter de certains cas d'assistance, au courant desquels les délégués devront toujours être mis quelque temps avant la séance ; pour discuter sur des objets de portée générale à l'ordre du jour ou d'œuvres à entreprendre en commun. En cas d'urgence ou sur la demande d'un ou de plusieurs délégués, il peut être convoqué des séances extraordinaires. Les autorités et associations qui ont adhéré à la Commission Centrale s'y font généralement représenter par un seul délégué. Néanmoins les associations très nombreuses ont le droit d'en envoyer plusieurs. La Commission peut, en tout temps se compléter en admettant les délégués d'autres sociétés. Elle se constitue elle-même. Son bureau est composé du président, du vice-président et du secrétaire, qui est en même temps caissier. Les frais d'affranchissement, d'imprimés etc. sont répartis entre toutes les associations faisant partie de la Commission Centrale.

Nous n'avons donc pas là à faire avec un office de

secours ; le rôle de la Commission se borne à servir de trait d'union entre les diverses sociétés d'assistance et de prévoyance sociale de la ville, aux fins de réprimer plus efficacement la mendicité et l'exploitation de la charité publique en provoquant des mesures d'ensemble.

XIII. Canton de Bâle-Campagne.

(76 488 habitants, dont 19 765 Suisses d'autres cantons et 10 939 étrangers.)

A quelques exceptions près, l'assistance générale volontaire se trouve ici tout entière entre des mains féminines. Les secours sont accordés tantôt en nature seulement, tantôt en argent et en nature. Les solliciteurs inconnus sont l'objet d'une enquête et les indigents visités à domicile. Aucun cas de misère réelle n'est renvoyé à vide ; quelques sociétés, cependant, refusent leur aide aux familles de buveurs, ou à celles qui ne peuvent faire la preuve qu'elles règlent leur manière de vivre d'après les principes d'une stricte économie. Suisses et étrangers dans le besoin sont secourus quel que soit leur culte. Une société assiste de préférence les Suisses ; pour la plupart, du reste, ces sociétés n'ont guère à s'occuper d'étrangers. Leurs ressources proviennent des cotisations des sociétaires, de dons et quelquefois des intérêts de capitaux. L'Etat, pas davantage que les communes, ne participe aux frais de l'assistance volontaire.

Ville de Liestal. (6072 habitants, dont 1839 Suisses d'autres cantons et 652 étrangers.)

Société féminine de Liestal (Frauenverein Liestal) fondée en 1843. Assiste les indigents sans distinction de culte ou de nationalité, encourage les écoles de travaux manuels, les cours de cuisine, de tenue de ménage, s'occupe des soins à donner aux malades indigents de la ville, des écoles enfantines et d'autres œuvres d'utilité publique. Les secours se donnent en argent et en nature (lait, pain, bois, le cas échéant épicerie). Les demandes sont examinées en séance de la Société. Elles ne sont pas prises en considération lors-qu'elles proviennent de personnes récemment arrivées.

En 1912, les cotisations des membres se sont élevées à 1400 fr., les dons et les legs 'à 1055 fr., les intérêts de la fortune sociale à 1750 fr. Il a été dépensé 1139 fr. pour quarante-deux assistés.

Binningen. (6303 habitants, dont 2163 Suisses d'autres cantons et 2228 étrangers).

Société de secours aux indigents de Binningen (Freiwilliger Armenunterstützungsverein Binningen), fondée en 1872. S'est assigné comme tâche l'assistance des domiciliés indigents de toutes catégories. Elle l'accorde de préférence en nature, parfois aussi en espèces, mais seulement après enquête par les chefs de quartiers, au nombre de huit et par le secrétaire qui dirige les affaires de la Société. Le Secrétariat pourvoit encore au placement des enfants abandonnés et de ceux dont l'état de santé nécessite des soins spéciaux ; il en assume le patronage ; les familles assistées sont sous le patronage des chefs de quartiers. On ne fait pas dépendre l'assistance d'un temps de séjour déterminé dans la localité, et par principe on ne repousse aucun indigent, afin d'enlever tout prétexte à mendier, tant à Binningen que dans la ville toute rapprochée de Bâle. — Lorsque le secrétariat peut présumer une assistance de longue durée, il s'adresse aux autorités de la commune d'origine pour en obtenir des subsides. Lorsque ces derniers sont refusés et suivant les cas (durée plus ou moins longue du séjour, surtout en cas de mauvaise conduite persistante), le renvoi dans la commune d'origine peut être demandé à la police.

Les recettes pour 1912 se décomposaient ainsi que suit : Cotisations annuelles 2080 fr. ; intérêts des capitaux 1318 francs. — Des secours ont été accordés à 76 familles (41 Suisses et 35 étrangères) pour une somme de 1456 fr. Une somme de 5621 fr. a été obtenue de divers offices d'assistance suisses et allemands. Les frais d'administration se sont élevés à 314 fr.

XIV. Canton de Schaffhouse.

(46 097 habitants, dont 8985 Suisses d'autres cantons et 10 824 étrangers.)

Le canton de Schaffhouse possède encore une organisation confessionnelle d'assistance importante. Seules les villes de Schaffhouse et de Neuhausen ont recours à une société de bienfaisance générale, ainsi encore qu'une petite localité dans laquelle une Société de dames, subventionnée par la commune, assiste pauvres et malades sans distinction de nationalité ou de religion ; il se fait cependant, au préalable, une enquête par les soins de la présidente ou de l'une des membres du Comité ; les secours accordés le sont en espèces ou en nature.

Ville de Schaffhouse. (18 101 habitants, dont 4677 Suisses d'autres cantons et 6139 étrangers).

Société de secours de Schaffhouse (Hülfsgesellschaft in Schaffhausen), fondée en 1816. S'efforce de diminuer la misère en favorisant en première ligne les œuvres philanthropiques de la ville de Schaffhouse. Pour cela, elle fait des distributions aux indigents, pourvoit aux besoins des établissements qu'elle a fondés, accorde des contributions pour en fonder de nouveaux, appuie les entreprises charitables créées par d'autres.

Pour devenir sociétaire, il suffit de s'annoncer au président et de s'engager à payer une cotisation annuelle dont le montant n'est pas fixé.

La *répartition des secours* est l'affaire d'un comité de treize membres, qui détermine le mode du secours accordé. Le degré de dénuement et la moralité des solliciteurs doivent seuls peser dans la balance lorsqu'il s'agit de décider un secours. La Société subventionne diverses associations et institutions et met à la disposition de l'assistance confessionnelle de la ville une somme importante pour dons de combustible et secours de loyers. Son activité immédiate se borne à la distribution de secours alimentaires aux indigents malades, toujours sur la recommandation du médecin qui les soigne, exceptionnellement sur celle d'un ecclésiastique, d'une diaconesse ou d'une sage-femme au courant de la situation. Les bulletins de recommandation doivent être visés par le président de la Sociéeté.

En 1912/13, 128 bulletins ont été distribués, représentant une somme de 1900 fr. Les cotisations ont atteint le montant de 1185 fr., les intérêts 4400 fr. La Caisse d'épargne a accordé une subvention de 13·000 fr.

Société féminine de christianisme social à Schaffhouse (Frauenverein für praktisches Christentum in Schaffhausen), fondée en 1902. But : le relèvement matériel et moral des indigents. Pour cela, les sociétaires s'efforcent d'entretenir avec ces derniers des relations personnelles fréquentes et leur viennent en aide en cas de détresse ou de maladie. Il s'agit, avant tout, de les relever moralement, de refaire leur éducation et de les mettre en état de reconquérir leur indépendance économique. La Société cherche encore à réveiller et fortifier dans les diverses classes de la population le sentiment de la solidarité. Peuvent faire partie de la société les femmes et les jeunes filles qui s'engagent à payer une cotisation annuelle de trois francs au moins. Un comité de sept membres se rassemble chaque fois que cela est nécessaire pour liquider les affaires courantes. Les membres de ce comité répartissent entre eux, par quartiers, les travaux de la Société (encaissement des cotisations, distribution de secours, visites à domicile). Elles peuvent recourir à l'aide d'autres membres de la Société. Les sociétaires sont encouragées à former de petits groupes pour des travaux de couture et pour examiner les cas d'assistance qui se présentent. Le Comité tient une liste de dames qui se sont engagées à apporter à la Société leur concours pratique. Les sociétaires, de même que les groupes peuvent accueillir en tout temps les demandes de secours, qu'ils transmettent au Comité avec leur recommandation. Le Comité reçoit avec reconnaissance toute indication ou proposition de nature à faciliter sa tâche. — Les secours accordés le sont à des Suisses et à des étrangers, protestants en général, plus rarement catholiques. Ces secours consistent surtout en vêtements et objets de literie, en pain, lait, viande, en espèces quelquefois. On accorde à de pauvres femmes les moyens de faire des séjours de repos.

Les recettes (cotisations 677 fr., intérêts 152 fr., subsides du Conseil de bourgeoisie 100 fr., de la Société de secours 50 fr.) se sont élevées à la somme de 969 francs, les dépenses pour secours accordés à 1115 fr. en faveur d'une centaine d'assistés environ. Les frais d'administration ont été de 44 francs.

Neuhausen. (5224 habitants, dont 1827 Suisses d'autres cantons et 2175 étrangers).

Société de secours de Neuhausen (Hilfsgesellschaft von Neuhausen), fondée en 1867. Vient en aide, de ses conseils et de son appui matériel, aux indigents de Neuhausen, lors de circonstances extraordinaires telles qu'épidémies, renchérissement de la vie, guerre et d'une manière générale toutes les fois que le besoin s'en fait sentir ; elle prévoit l'avenir en créant un fonds de réserve. Elle cherche ainsi à contribuer au bien matériel et moral de la population. Tout habitant de la commune s'engageant à payer une cotisation mensuelle d'au moins quarante centimes peut faire partie de la Société. Peut être admise comme membre associée, toute personne du sexe féminin s'engageant à payer une cotisation et à prendre part aux travaux de la Société.

La Société demande, en premier lieu, à tous ses membres de se renseigner exactement sur les ménages et les individus indigents. Sont tout spécialement recommandés à leur sollicitude les familles qui, malgré leur dénuement, répugnent à recourir à l'aide d'autrui, ceux que l'on appelle les pauvres honteux, les veuves, les orphelins, les malades, l'enfance abandonnée ou malheureuse. Il existe un registre, constamment tenu à jour, dans lequel se trouvent indiquées les personnes recommandées pour des secours avec l'indication de ceux qui lui ont été accordés. Les différents sociétaires se répartissent entre eux les familles ou personnes isolées qui ont besoin d'aide, les visitent fréquemment et leur apportent à domicile l'assistance nécessaire ; ils profitent de ces occasions pour se rendre compte de l'état de propreté et d'ordre dans lequel ils vivent ; ils font un rapport et adressent leurs propositions au comité. L'assemblée générale a lieu, dans la règle, une fois par trimestre, et se réunit à l'extraordinaire aussi souvent que le comité ou un certain nombre de membres le trouve nécessaire. — Le comité de cinq membres doit : examiner les demandes de secours qui lui sont adressées par l'intermédiaire des sociétaires, ou aussi directement ; faire rentrer les subsides et décider de leur emploi ; vérifier, personnellement le cas échéant, le degré d'indigence des personnes assistées ; veiller à ce que les malades pauvres reçoivent en suffisance soins médicaux et autres, et, lorsqu'il le faut, leur procurer des gardes-malades. Il doit encore, dès que le besoin s'en fait sentir, créer des cuisines populaires, pour que les indigents puissent plus facilement se procurer une nourriture saine. Il doit aussi faire les démarches nécessaires en faveur de l'enfance malheureuse ; distribuer le travail entre les sociétaires, procurer aux malades certains meubles indispensables, tels que baignoires, lits etc. Il s'ingénie à trouver des ressources supplémentaires, en provoquant, par exemple, des collectes à l'église. — En règle générale, l'assistance doit s'accorder en nature ; là où la paresse et le manque d'activité sont les causes de la misère, les membres visiteurs doivent exhorter les intéressés à s'adonner à un travail régulier.

Les cotisations des membres, en 1912, se sont élevées à 501 fr., les intérêts produits par le fonds social à 988 fr., les dons et autres rentrées à 460 fr. Il a été dépensé, pour secours 2808 fr. en faveur de 87 assistés ; les frais d'administration ont été de 63 fr. A plusieurs reprises des autorités de communes d'origine ont été priées, avec plus ou moins de succès, d'accorder leur assistance.

XV. Canton d'Appenzell (Rhodes Extérieures).

(59 973 habitants, dont 16 102 Suisses d'autres cantons et 4050 étrangers).

Dans ce demi-canton, dix-huit de ses vingt communes possèdent des sociétés de bienfaisance bien organisées et disposant de ressources largement suffisantes, dont elles font un emploi judicieux. Elles luttent contre la misère partout où elle existe, cherchent à prévenir celle qui menace, en accordant des secours matériels et par l'influence morale personnelle que chacun de leurs membres s'efforce d'exercer. L'assistance est accordée sans distinction de culte ni d'origine. La plupart de ces sociétés estiment indispensable de visiter dans leurs demeures tous les nécessiteux qui s'adressent à elles, de les suivre, de manière à être constamment renseignées sur leur situation matérielle et morale, de même que sur les causes de leur position présente, en un mot d'exercer sur les indigents assistés une action empreinte à la fois de sérieux et d'affection. Presque partout les communes ont été divisées en quartiers à la tête desquels se trouvent des visiteurs qui sont autorisés à accorder, le cas échéant, de légers secours. Ceux-ci sont généralement donnés en nature : vivres, vêtements, combustible etc. ; on procure du travail et quelquefois une nourriture fortifiante à des malades. Il n'est remis de l'argent que lorsqu'il peut être présumé, avec une quasi-certitude, que cet argent sera consciencieusement employé et affecté uniquement au but pour lequel il a été donné. A peu près toutes ces associations cherchent à demeurer en contact avec les autres sociétés de bienfaisance de la localité (société de dames etc.) ainsi qu'avec l'assistance officielle, pour éviter ainsi, dans la mesure du possible, les doubles emplois. Quelques-unes d'entre elles, cependant, parce que guidées par l'amour chrétien, se réservent expressément le droit d'assister qui elles veulent, comment et aussi longtemps qu'elles le jugent convenable. Trois sociétés exigent un *séjour préalable* de trois mois dans la localité. — L'assistance est refusée lorsque la paresse ou l'inconduite sont les vraies raisons de la misère, quand les assistés continuent à se livrer à la mendicité ou se refusent à suivre les conseils qui leur sont donnés. Les statuts d'une société prévoient le refus temporaire ou définitif de tout secours lors de cas de mendicité prouvés, lorsque l'assisté se comporte insolemment ou lors d'abus bien constatés ; la même société n'accorde d'assistance régulière que lorsque la commune d'origine en prend sa quote-part. Il ne peut être fait d'exception à cette règle qu'en faveur des seuls ressortissants de la commune où cette société a son siège. Presque toutes autorisent les inspecteurs ou les comités à accorder sans autre formalité des secours dans des cas de misère extrême ou d'absolu dénuement. — Les ressources nécessaires proviennent de leurs membres, de bienfaiteurs (dons et legs), de diverses associations, d'intérêts de fonds placés et des collectes faites dans la paroisse.

Ville d'Hérisau. (15336 habitants, dont 6127 Suisses d'autres cantons et 1786 étrangers.)

Société des amis des pauvres d'Hérisau (Freiwilliger Armenverein Herisau), fondée en 1860. Cette société secourt, dans la mesure de ses ressources, personnes et familles que la maladie, des malheurs ou un chômage temporaire ont mises dans la gêne ; elle cherche à empêcher qu'elles tombent en proie à la misère complète ; elle vient en aide aux indigents respectables, que seul le déclin de leurs forces empêche de gagner de quoi vivre ; elle encourage de ses conseils les assistés à bien tenir leur ménage, à travailler, à vivre simplement, afin de reconquérir par leurs propres moyens, leur indépendance financière ; elle s'efforce, par l'emploi judicieux de tous les moyens dont elle dispose, de rendre impossible la mendicité de porte en porte ou à la rue.

La Société pose en *principe* que tout secours doit, avant d'être accordé, être précédé d'une *enquête exacte,* qui permette d'apprécier, en connaissance de cause, les raisons de l'état présent, économique et moral, des solliciteurs ; que les assistés doivent être visités à domicile de temps à autre, entendus sur l'état de leurs affaires et encouragés à travailler de manière à *ne plus dépendre que d'eux-mêmes ;* que les *secours* doivent être donnés en argent, en nature (aliments, vêtements, literie, combustible) et en cas de maladie grave, sous forme de subside pour une cure de bains ou pour obtenir l'admission dans l'infirmerie du district ; que tous les indigents habitant la commune participent aux secours *quelles que soient leur religion ou leur nationalité*, pourvu qu'ils soient domiciliés depuis *trois mois* et que les renseignements obtenus sur leur compte aient été favorables ; que dans les cas de grande misère, la participation de la *commune d'origine* doit être exigée ; que tout solliciteur dont la situation exigerait des sacrifices considérables et de longue durée, ainsi que ceux à l'égard desquels il faut abandonner tout espoir de relèvement matériel, doivent être adressés à l'Assistance officielle ; que les malades hors d'état d'être transportés et qui, à teneur de la loi fédérale du 22 Juin 1875, relèvent de l'assistance du lieu de domicile, doivent être signalés au Conseil municipal ; que sont à exclure de l'assistance les *paresseux*, les personnes *moralement déchues* et celles qui s'adonnent à la *mendicité*.

Le Comité se compose du président, du vice-président, des quinze inspecteurs, du secrétaire, du caissier et du gérant du dépôt. Le président de la Commission communale des pauvres et son secrétaire siègent au comité avec voix délibérative et consultative. Les membres du comité doivent se renseigner sur tous les cas de pauvreté qui surviendraient dans leurs quartiers ; c'est à eux à recevoir les demandes des indigents eux-mêmes ou celles qu'adressent en leur nom des personnes bienfaisantes. Ils doivent rechercher et signaler les pauvres honteux dignes d'être secourus. Ils font rapport au comité sur les demandes qui leur sont parvenues, sur le résultat de leurs visites et adressent les propositions nécessaires. Ils sont tenus de se conformer exactement aux décisions prises. En cas d'urgence, ils peuvent décider les mesures qui leur semblent indiquées et cela jusqu'à concurrence de la somme de 10 fr. S'il fallait davantage, l'approbation du président serait nécessaire. Toute dépense ainsi faite doit être ratifiée par le Comité. Sont tout particulièrement recommandés à ce dernier : les malades, les femmes en couche, les petits enfants. Le cas échéant, il peut être recouru, dans chaque quartier, à l'assistance d'une dame d'expérience

et de bon sens. Le Comité se réunit chaque mois une fois
au moins et, à l'extraordinaire, toutes les fois que le président
ou le bureau l'estiment nécessaire. Lorsque, suivant toute
prévision, un secours doit se répéter, le solliciteur qui en
est l'objet est inscrit sur une liste spéciale. Les personnes qui
ne sont secourues qu'une fois n'y figurent pas. Le comité
se tient en relations avec les sociétés de la ville qui poursuivent un but analogue, afin de coordonner leurs efforts. —
Dans la règle, il est ordonné, tous les deux ans, une visite
d'inspection chez les indigents assistés par la Société. A cet
effet, les membres se distribuent les quartiers et, accompagnés
de l'inspecteur, font une tournée dans celui qui leur est
assigné ; ils adressent ensuite au comité un rapport sur l'état
économique, sanitaire et moral des assistés, sur leur vie de
famille, la manière dont les enfants sont élevés, sur leur
alimentation et sur les causes probables de leur appauvrisse-
ment. — La Société entretient un dépôt de literie, de vêtements et d'autres objets faciles à conserver, qui sont remis à
la garde d'une gérante. Les assistés peuvent eux-mêmes se
faire délivrer les denrées alimentaires et le combustible contre
présentation d'un bon émis par l'un des membres du Comité.

Recettes en 1912—13 : Cotisations 3322 fr. ; collectes
à l'église 668 fr. ; don de la Communauté catholique 250
francs ; legs 1350 fr. ; dons divers 250 fr. ; intérêts des capitaux placés : 335 fr. Dépenses : Pour secours accordés
7110 fr. ; frais d'administration 410 fr. 182 personnes isolées
ou familles ont été secourues.

XVI. Canton d'Appenzell (Rhodes Intérieures).

(14 659 habitants, dont 1810 Suisses d'autres cantons,
et 464 étrangers.)

L'assistance volontaire de ce petit canton, quand elle
existe, est uniquement confessionnelle. — Une société de
dames vient en aide aux familles pauvres et aux femmes en
couche par des dons en argent ou en nature, après enquête,
et cela sans distinction d'origine ni de culte. Les ressources

de cette société proviennent des cotisations de ses membres, de collectes, de legs et des intérêts de certains fonds.

XVII. Canton de Saint-Gall.

(302 896 habitants, dont 76 537 Suisses d'autres cantons, et 52 208 étrangers.)

La forte proportion d'étrangers au canton et la nombreuse population ouvrière (on compte 31 480 ouvriers de fabriques) ont fait surgir dans le canton de Saint-Gall de nombreuses œuvres de bienfaisance, lesquelles s'imposent de lourds sacrifices en faveur des domiciliés indigents. Dans le Toggenbourg, de même que dans le district de Werdenberg, presque chaque commune possède sa société de bienfaisance. — L'assistance de ces sociétés, toutes volontaires, va indistinctement à tous les habitants pauvres de la commune, quelles que soient leur religion ou leur origine ; chaque fois que cela est possible, on en profite pour refaire leur éducation, pour les mettre à même de reconquérir une indépendance économique relative. On cherche à agir sur eux par des encouragements et des conseils. Les secours sont rarement accordés en argent, presque toujours en nature (vivres, combustibles, vêtements etc.) quelquefois des secours de loyer, pension, soins de malades ; on cherche à fournir du travail. Des enquêtes préalables sont prescrites par la plupart des sociétés. Quelques-unes ont divisé le territoire de leurs communes en quartiers confiés à des inspecteurs. Ceux-ci ont à accueillir les demandes de secours, à en faire l'objet d'un rapport au Comité, rapport basé sur une enquête aussi serrée que possible ; ils transmettent aux intéressés les secours qui leur ont été attribués. Sont à exclure de l'assistance : les ivrognes notoires, les personnes de moralité douteuse, celles dont les indications ont été reconnues fausses ou qui se livrent à la mendicité ; celles encore qui, par leur manière de vivre, contrecarrent les efforts de la société, les vagabonds, les personnes qui s'endettent à la légère, enfin celles qui, par un luxe déplacé dans leur tenue, aggravent leur misère. Quelques rares sociétés prescrivent un *séjour préalable* de trois à six mois et ne continuent des secours réguliers que si la commune d'origine, ou un particulier, consent à en prendre une quote-part convenable. On tient à rester en contact permanent avec l'Assistance légale et, le cas échéant, on entre en rapport avec les communes d'origine pour le compte des assistés. — Les ressources de toutes ces associations leur sont généralement fournies par des cotisations, des legs, des subsides de sociétés diverses, de communes et de l'Etat, puis du revenu de fonds placés, de collectes faites à l'église, ou encore du droit des pauvres lors de certaines représentations.

Ville de Saint-Gall. (37 869 habitants, dont 13 546 Suisses d'autres cantons et 11 764 étrangers.)

Société de secours de la ville de Saint-Gall (Hülfsgesellschaft der Stadt St.-Gallen), fondée en 1816. Elle cherche, dans les limites du possible, à prévenir la misère par l'appui qu'elle accorde aux institutions fondées dans ce but ; à guérir ou à soulager, en tant que ses ressources le lui permettent, toutes les misères réelles, en venant en aide aux indigents qui ne reçoivent pas de secours d'ailleurs ou n'en reçoivent que d'insuffisants. Les secours accordés consistent en dons d'argent, de vivres, et, tant que les forces des assistés le leur permettent, en travail procuré. Sauf cas tout-à-fait exceptionnels, l'activité de la Société est limitée à la ville de Saint-Gall.. Elle coopère à d'autres œuvres de bienfaisance ou d'utilité publique et cherche, en provoquant des mesures extraordinaires, à venir en aide à ceux qui souffrent pendant les époques de misère générale, de renchérissement ou de chômage. — Peuvent être sociétaires, tous ceux qui s'engagent à verser une cotisation annuelle ; la société, pour des raisons spéciales, peut aussi conférer la qualité de membres à d'autres personnes. Un comité de direction de trente-trois membres est à la tête de la Société.

La Commission générale d'assistance de la Société compte sept membres. La Caisse centrale lui livre les ressources dont elle a besoin. Trois sous-commissions lui sont subordonnées, une qui s'occupe de la ville proprement dite, une seconde pour le quartier de Linsebühl et la troisième pour celui de St-Léonhard. Les pasteurs protestants sont membres de droit de ces sous-commissions, qui se recrutent par co-optation, de préférence parmi les membres du Comité de direction. Pour obtenir des secours, il faut s'adresser aux présidents, aux pasteurs ou aussi au Secrétariat de l'Office d'Assistance de la ville de Saint-Gall (Armensekretariat). La Commission générale se réunit, dans la règle, tous les trois mois, pour entendre les rapports des sous-commissions sur le personnel et le nombre des secours distribués. Elle exerce un contrôle sur l'activité du médecin de la Société ; ce sont les présidents des sous-commissions qui sont chargés de la distribution des cartes pour visites médicales ; le bureau acquitte les notes de pharmacie. Les *sous-commissions* ont la charge de l'assistance morale et matérielle des pauvres du quartier. En cas de besoin, elles peuvent s'adjoindre des visiteurs ou des dames-visitantes. Elles se réunissent, dans la règle, une fois par mois. Les secours doivent, de préférence, être accordés *en nature*, en bons de pain surtout, plutôt qu'en argent. — C'est le secrétariat de l'Assistance municipale qui est chargé du *service des renseignements*.

Recettes de la Société de secours en 1912 : Produit de la collecte : 10 815 fr., subsides de la Ville, du gouvernement et de la Chambre de Commerce : 7900 fr. ; dons de diverses sociétés etc. 7765 fr., quêtes faites à l'église 600 fr. ; intérêts 498 fr. Dépenses d'assistance 20 254 francs.

Association pour la répression de la mendicité dans les rues et à domicile (Verein gegen Haus- und Gassenbettel in St-Gallen), fondée en 1855.

Travaille à faire disparaître la mendicité, en venant méthodiquement en aide aux indigents habitant les environs de Saint-Gall. Sont membres de l'Association toutes les personnes qui la soutiennent de leurs dons en nature ou en espèces. Un Comité-directeur de sept membres est à la tête de l'Association ; le bureau des secours (Almosenstube) a à sa tête un gérant ; c'est à lui que doivent s'adresser les solliciteurs, verbalement ou par écrit (St-Magnihalde, 19) ; le bureau est ouvert la semaine de une à quatre heures de l'après-midi. Lorsque les solliciteurs sont ressortissants d'une commune dans laquelle existe une société de bienfaisance, ils sont renvoyés à cette dernière. Autrement et lorsqu'ils habitent à l'intérieur du rayon d'assistance fixé par le Comité-directeur, il est pris note de leur requête et l'on cherche à se renseigner sur leur compte au lieu de leur domicile, par l'entremise de personnes de confiance. Suivant les cas, le Comité accorde un secours momentané ou une assistance régulière. Les dons sont toujours remis par l'intermédiaire du pasteur de la paroisse de domicile. L'Association ne s'occupe pas des pauvres individuellement dans les communes pourvues d'une société de bienfaisance, mais elle accorde un subside, dont le montant est annuellement fixé par le Comité-directeur, à celles de ces sociétés qui ne possèdent que des ressources limitées, ne sont pas par trop distantes de la ville de Saint-Gall et s'engagent à lui faire parvenir leur rapport annuel. Afin d'empêcher la mendicité autrefois tout particulièrement florissante à l'époque du Nouvel-An, l'Association répartit entre les Sociétés de bienfaisance d'un certain nombre de communes rurales des environs des dons proportionnés à leurs besoins. — Au Bureau des secours (Almosenstube), on accepte le don d'habits usagés, plus spécialement de souliers et aussi de literie, que, sur demande, le gérant fait enlever à domicile. C'est à ce bureau qu'ont lieu les distributions de dons en nature, tels que vêtements, objets de literie, denrées alimentaires, aux nécessiteux de la ville et des environs porteurs de lettres de recommandation ; mais il n'est pas remis d'argent.

Recettes en 1912 : Cotisations 6082 fr., dons et legs, intérêts 4169 fr. Secours accordés à environ 600 personnes pour une somme de 1598 fr. ; subsides à neuf sociétés de bienfaisance 6550 fr. Frais d'administration 1992 francs.

Société féminine de secours aux indigents et aux malades de la ville de Saint-Gall (Frauen- Armen- und Kranken-Verein der Stadt St-Gallen), fondée en 1885. Vient en aide, de ses dons et de son appui moral, aux pauvres de bonne conduite, ainsi qu'aux malades, sans faire de distinction de culte ou d'opinion religieuse. La Société tient à coopérer avec les organes existants de la bienfaisance privée, la Société de secours de la ville de Saint-Gall, celle pour la protection de l'enfance malheureuse etc. Elle a placé à sa tête un comité de quinze membres. — Pour se rendre un compte plus exact du caractère et de la situation des assistés, pour gagner leur confiance et exercer ainsi l'influence désirée, les sociétaires prennent l'engagement de les visiter, si possible, à intervalles réguliers, tant qu'ils sont assistés. Les assistés ne vont pas chercher eux-mêmes les secours ; ils doivent attendre qu'on les leur remette à la maison, cela pour ne pas les entraîner à la mendicité. Lorsque un assisté a été remis aux soins d'une diaconesse, les visites de sociétaires ne sont pas nécessaires. La Société demeure en rapport continuel avec le secrétariat municipal d'assistance *auprès duquel elle se renseigne* lors de cas nouveaux. Elle s'entend avec d'autres associations de bienfaisance de la ville et des communes de Straubenzell et de Tablatt pour une action commune dans certains cas spéciaux, ou, le cas échéant, pour refuser tout secours aux personnes qui en seraient indignes. L'assistance est accordée en première ligne aux pauvres et aux malades domiciliés à Saint-Gall ; elle l'est aussi à des nécessiteux de l'une des deux communes désignées plus haut, mais seulement dans des cas pressants de maladies ou autres, lorsque ces indigents sont recommandés et déjà secourus par la Société de bienfaisance de leur domicile. Les personnes habitant Saint-Gall ou son voisinage immédiat depuis moins de *six mois* ne reçoivent des secours que tout à fait exceptionnellement. Quand il s'agit de maladies graves, l'assistance est accordée immédiatement et sans conditions. — La Société a divisé la ville en *huit quartiers*, à la tête de chacun desquels est placée une présidente. Les sociétaires s'agrégent à l'un de ces quartiers suivant leurs préférences ou les besoins. Toute demande doit être adressée à la présidente du quartier. Celle-ci se renseigne par écrit ou verbalement auprès du Secrétariat de l'Assistance, à moins que le solliciteur ne soit recommandé par quelqu'un de sûr. En cas de renseignements favorables, la présidente visite le plus tôt possible le solliciteur ou en charge l'une des sociétaires du quartier. Dans ses visites, la dame-visitante utilise comme guide un *questionnaire* imprimé auquel elle doit ensuite répondre. Il vaut cependant mieux qu'elle se renseigne au cours d'une conversation qu'en procédant à un interrogatoire qui pourrait intimider les solliciteurs. Le questionnaire n'en doit pas moins être rempli chose très importante pour faciliter la tenue du *registre des assistés*. La dame-visitante peut, lorsqu'elle le juge nécessaire et suivant les circonstances, remettre un don qui ne doit pas dépasser la valeur de trois francs pour une personne seule et quatre francs pour une famille. Ce don consiste en bons pour denrées alimentaires, pain, combustible ou vêtements. Dans les cas graves ou pressants, la dame-visitante en réfère à la présidente du quartier et, d'accord avec elle, peut accorder un secours d'une dizaine de francs. Il n'est fait aucun don sans une visite ou sans renseignements préalables. Chaque mois les sociétaires se réunissent chez leur présidente de quartier. Chacune d'elles rend compte des visites qu'elle a faites, remet les questionnaires dûment remplis, ainsi que la liste des secours qu'elle a distribués. C'est à *l'assemblée de quartier* à décider, sur la proposition de la dame-visitante, si les secours seront continués. Lorsqu'ils se prolongent, ils s'élèvent généralement à la somme de trois à quatre francs par mois, de quatre à huit francs en cas de maladie. Il peut aussi être décidé des dons faits en une fois, d'une valeur de cinq à quinze francs. Lorsque des secours encore plus considérables sont jugés utiles, mensuels ou une fois pour toutes, la demande doit être renvoyée au comité de la Société. Il n'est jamais accordé de bons que pour des denrées alimentaires simples et vraiment nutritives, pour de la chaussure, des pièces d'habillement, du combustible, du savon etc., éventuellement pour des médicaments. Des bons pour du vin ne sont donnés que sur le vu d'une ordonnance médicale, ceux de viande seulement à des malades. Autant que possible, les denrées alimentaires doivent être achetées à la Société coopérative de consommation ou dans ses succursales ; les médicaments dans les pharmacies Rehsteiner et Haussmann, les objets de literie

au dépôt de la Société de couture « Caritas », les vêtements
à la Société de travail pour femmes. Des secours en espèces
ne doivent être accordés que tout-à-fait exceptionnellement
et pour un but précis, tel que paiement de loyer arriéré, séjour de convalescence, de bains etc. On s'efforcera de restreindre les secours de longue durée aux cas qui l'exigent absolument :
vieillesse, maladie, insuffisance de gains etc. En règle générale, pendant les mois d'été, les dons doivent être interrompus ou sensiblement réduits. — La *présidente de quartier*
tient registre de tous les assistés de son quartier, avec des
annotations relatives à leur situation matérielle et morale,
et aux secours qu'ils ont reçus. Elle remet aux dames-visitantes le questionnaire ainsi que des bons revêtus de sa signature pour du pain et du bois. Elle a la garde des questionnaires rentrés, tient les comptes de son quartier, paie les
bons distribués pendant le mois, et transmet à la caissière,
son relevé de compte mensuel, deux ou trois jours après
l'assemblée du quartier. Elle préside celle-ci, représente son
quartier aux réunions mensuelles du Comité central, auquel
elle donne un court aperçu de tous les secours accordés par elle,
surtout lorsqu'il s'agit de cas nouveaux et fait les propositions nécessaires quand il lui semble à propos de voter des
secours plus élevés. Lors de cas pressants, alors qu'il n'est
pas possible d'attendre la séance du Comité, la présidente
de la Société, sur le préavis de la présidente de quartier,
est autorisée à accorder un secours pouvant s'élever à la
somme de 25 francs au maximum. Une diaconesse nommée
par le Comité est chargée du soin gratuit des malades pauvres. Les *médecins de la Société de secours* soignent également gratuitement les malades habitant la ville, lorsqu'ils lui
sont adressés par une présidente de quartier. Une dame-
médecin donne en outre des soins gratuits aux patientes qui
lui sont recommandées. Il n'est pas adressé de malades à
d'autres médecins ; lorsque cela arrive, ce ne peut être que
sur l'intervention personnelle d'une présidente de quartier et
les *formulaires habituels* ne doivent pas être utilisés. —
Chaque mois le *Comité de la Société* se réunit pour liqui-

der les affaires courantes. Il entend le rapport des présidentes de quartiers, celui de la caissière, délibère et statue sur les propositions qui lui parviennent des quartiers ou des membres. A chacune de ses séances, les présidentes de quartiers remettent une liste des secours qu'elles ont distribués pendant le mois écoulé, ainsi que les questionnaires relatifs aux nouveaux cas, afin de les reporter sur le *registre central*. Cette liste est, en tout temps, à la disposition des sociétaires. — Un assisté vient-il à changer de domicile, le questionnaire, avec les renseignements qui le concernent, surtout ceux qui ont trait aux secours à lui accordés, sont transmis à la présidente du quartier de son nouveau domicile. Les pauvres auxquels des secours auraient été *refusés*, ceux auxquels on aurait *cessé d'en donner* sont signalés au comité avec indication des motifs. Les *pauvres honteux*, que l'idée de recourir à la charité publique effraie, peuvent, le cas échéant, sur la recommandation de deux personnes de confiance, par décision du Comité, être secourus directement, sans passer par le Comité de quartier. Dans ce cas, les visites ne sont pas nécessaires et il n'est pas répondu au questionnaire.

Pendant l'exercice 1912—13, la Société féminine de secours a encaissé : cotisations des membres, 4253 fr., dons et legs 6313 fr., intérêts et dividendes 3394 fr. Les dépenses pour secours se sont élevées à 11 778 fr., le nombre des assistés à 359, parmi lesquels 278 Suisses et 81 étrangers. Les frais d'administration ont été de 379 fr.

Commission Centrale d'Assistance de la ville de Saint-Gall (Zentralcommission städtischer Armenfürsorge in der Stadt St-Gallen), fondée en 1911. L'Office des tutelles et d'assistance de la ville de Saint-Gall, la Société de secours de la ville de Saint-Gall, la Société protestante (Evangelische Gesellschaft), les Sociétés d'Othmar et de Saint-Vincent, la Société de dames de l'Eglise catholique-chrétienne, la loge Concordia, la Société de secours allemande, la Société féminine de secours aux indigents et aux malades, la Société de secours aux malades des dames protestantes, celle de secours aux femmes en couche, l'Association protectrice des enfants et des femmes, l'Office de secours aux malades de la poitrine, la Crèche, la Société de secours aux aveugles, le Bureau du travail et des logements de la ville de Saint-Gall, la Société catholique pour la protection de la jeune fille, la Société d'utilité publique de la ville de Saint-Gall, les bureaux d'assistance des communes de Straubenzell et de Tablatt, les Sociétés de bienfaisance de ces deux localités, ont formé une Union et nommé une commission centrale composée des délégués de ces différentes sociétés, présidée par la direction de l'Office des tutelles et d'assistance. Cette commission doit travailler à établir une pratique de l'assistance à la fois plus uniforme et mieux contrôlée lui permettant d'atteindre plus sûrement le but proposé. Assistent aux séances de cette commission, de par leurs fonctions, les membres de la Commission des pauvres du Conseil municipal, le secrétaire du Bureau d'assistance et le gérant de l'Office communal du travail et des logements. — Les associations charitables affiliées à la Commission conservent leur pleine et entière indépendance ; néanmoins, dans l'intérêt bien entendu de leur propre activité, elles s'efforcent de se conformer le plus possible aux décisions prises en Commission Centrale et de s'entr'aider mutuellement chaque fois que l'occasion s'en présente. La Commission Centrale se réunit, dans la règle, une fois tous les trois mois, pour entendre les communications du Bureau d'assistance et délibérer sur des sujets d'intérêt général, ainsi que sur des propositions ou des vœux émis par l'un ou l'autre des membres. Sur le désir d'une ou de plusieurs des sociétés affiliées, il peut être, en cas d'urgence, convoqué des séances extraordinaires. — La délégation de chaque société se compose de deux membres au moins. Les séances ont lieu à l'Hôtel de Ville, et les convocations sont adressées par le secrétariat du Bureau de l'Assistance, chargé du procès-verbal. Le même secrétariat, fonctionnant comme office central de la Commission, tient registre des individus et des familles assistés régulièrement par l'une ou l'autre des sociétés ; il a à répondre aux demandes de renseignements, et, le cas échéant, à se procurer ces renseignements. Le registre vient-il à révéler que des assistés mettent à contribution la bienfaisance publique en s'adressant à plusieurs sociétés à la fois sans raison suffisante, cet abus est aussitôt signalé par circulaire ; de même les sociétés doivent recevoir, par circulaire aussi, avis des raisons qui ont pu motiver un refus ou une diminution de secours, ou rendre nécessaires des mesures plus sévères encore. Le secrétariat dresse une liste des individus malfamés ou connus pour s'adonner à la mendicité d'après des indications qui lui sont parvenues directement ou par l'intermédiaire de l'une des sociétés affiliées. Des copies de cette liste sont périodiquement adressées à ces dernières. De leur côté les sociétés font connaître au secrétariat les nouveaux cas d'assistance, régulière ou autre, survenus, en utilisant pour cela un formulaire *ad hoc*. Le secrétariat sera, en outre, informé chaque fois que la séparation des membres d'une famille, le renvoi à la commune d'origine ou l'expulsion devront être envisagés comme la seule solution possible. L'enfance malheureuse est l'objet d'une sollicitude toute particulière. C'est encore le même secrétariat qui a à sa charge la correspondance avec les autorités d'assistance ou de police.

Les membres de la Commission Centrale ou les Sociétés qu'ils représentent renvoient au secrétariat de l'assistance tous les cas qu'ils ne peuvent résoudre par leurs propres moyens. Le secrétariat les examine et avise aux mesures à prendre pour obtenir une solution satisfaisante et mettre terme aux inconvénients que l'examen de ces cas aurait révélés ; la société qui les a signalés est éventuellement chargée de l'exécution des mesures adoptées. Le nom des indigents assistés en ville et qui transfèrent leur domicile soit à Tablatt, soit à Straubenzell sont communiqués aux Comités des Sociétés de bienfaisance de ces deux localités. Un service analogue est attendu de la part de ces sociétés lorsque le cas inverse se produit.

Cette Commission Centrale, on le voit par ce qui précède, est une organisation toute volontaire, mais qui a déjà réussi à améliorer considérablement la pratique de l'assistance, principalement dans sa lutte contre la mendicité et dans ses efforts pour obtenir les ressources nécessaires en faveur d'œuvres exigeant des moyens d'action plus considérables.

Rorschach. (12 207 habitants, dont 3902 Suisses d'autres cantons et 5268 étrangers.)

Bureau Central de bienfaisance de Rorschach (Zentralstelle für die freiwillige Armenfürsorge in Rorschach), fondé en mai 1912, avec siège à l'Hôtel de Ville, salle 1ª.

Le Conseil communal fonctionne en cette qualité et choisit le secrétaire du Bureau Central parmi les fonctionnaires municipaux. — La Société catholique de bienfaisance, celles de secours aux aveugles et aux tuberculeux, la Caisse de secours de l'atelier de broderie «Feldmühle», la Bourse communale des pauvres, la Société protestante de bienfaisance et celle d'utilité publique ont constitué une association *volontaire*, avec siège à Rorschach, pour lutter dans les meilleures conditions possibles contre le paupérisme et la misère. Pour cela, cette association accorde des subsides et son concours actif aux sociétés qui les réclament ; elle a organisé un service de renseignements mutuels sur les cas d'assistance qui se présentent, des conférences en commun, créé un office central d'assistance locale ; elle étudie les projets faisant prévoir des efforts plus considérables que d'habitude. Les sociétés adhérentes conservent à tous égards leur pleine liberté et la plus complète indépendance, tant vis-à-vis des indigents que relativement aux voies et moyens qu'elles jugent à propos d'adopter. Il est cependant admis en principe qu'un indigent ne peut tirer des secours que d'une seule société, exception faite pour les cas où l'intervention d'une société à but spécial (pour la lutte contre la tuberculose, par exemple), serait nécessaire à côté d'une autre société. Toutes les demandes de secours sont signalées au Bureau Central sur un formulaire identique et accompagnées de renseignements, lorsque le cas le comporte. Au Bureau Central incombent les tâches suivantes : 1. Centralisation des documents ; 2. *Sur la demande d'une société:* enquêtes sur la situation, la réputation, les mœurs et le degré de misère des solliciteurs ; 3. Communication aux Sociétés des cas constatés de double assistance ou de conduite immorale de la part d'un assisté ; 4. les démarches nécessaires pour obtenir des soins médicaux, gratuits si possible, à domicile, ou un lit gratuit à l'hôpital lorsqu'une société le demande ; la transmission aux communes d'origine ou aux autorités des demandes de secours, les démarches pour obtenir le rapatriement, les enquêtes lors de plainte pour abandon de famille, les plaintes à adresser à la Commission de protection des mineurs et aux Offices de tutelle ; obtention de consultations juridiques gratuites ; intervention auprès de l'Office du travail et démarches pour l'internement de personnes de mauvaises mœurs et des ivrognes. — Les *frais* du Bureau Central sont supportés par la Caisse municipale. Deux fois par an au moins, une conférence réunit les délégués des diverses sociétés pour débattre des questions relatives au paupérisme dans la contrée et pour étudier celles qui pourraient être soulevées à cette occasion. A cette conférence peuvent être convoquées toutes personnes connues pour leur dévouement à la cause de l'assistance. Les membres de l'association peuvent s'en retirer en tout temps. — Peut s'adresser au Bureau Central pour en obtenir un avis, quiconque reçoit des lettres demandant secours ou emprunt de la part de personnes inconnues ; de même que toute personne qui connaîtrait des malades abandonnés ou des misères non secourues peut les lui signaler. Le Bureau Central fonctionne donc à la fois comme bureau de renseignements et comme régulateur de l'assistance publique ou privée.

XVIII. Canton des Grisons.

(117 069 habitants, dont 13 614 Suisses d'autres cantons et 22 531 étrangers.)

Le canton des Grisons ne possède pas une surabondance d'associations volontaires se consacrant à l'assistance générale. A peu d'exceptions près, ce sont partout des Sociétés féminines qui monopolisent l'activité charitable. La situation générale de ce canton 'est, il faut le reconnaître, telle que le besoin d'organisations volontaires fortement constituées s'y fait à peine sentir. Une grande partie de la population (40 000 habitants environ) s'occupe d'agriculture et d'élevage, tandis qu'une autre partie, considérable aussi, est absorbée par les hôtels et les industries connexes. Dans les communes généralement petites, la bienfaisance individuelle suffit à combattre la misère ; quelques localités, plus peuplées, possèdent une modeste organisation volontaire d'assistance ; les grandes et réputées stations d'étrangers, surtout lorsqu'elles sont en même temps lieux de sport et lieux de cure pour tuberculeux, possèdent de nombreuses associations destinées à venir en aide aux malades de la poitrine sans ressources, associations dont nous aurons à parler dans un autre chapitre.

Les sociétés féminines de secours accordent, après enquête préalable, aux pauvres et aux malades des dons en argent ou en nature. Elles ne font pas de différence entre Suisses et étrangers (une de ces sociétés compte parmi ses assistés un tiers de Suisses pour deux tiers de Tyroliens ou d'Italiens) ; il n'en est pas fait non plus quant à la religion. Aucune misère véritable n'est repoussée ; néanmoins les gens bien portants et capables de travail ne sont pas assistés. Toute sociétaire peut (dans l'une de ces sociétés *doit*) recommander au Comité 'des personnes à secourir.

Les ressources de ces diverses associations sont constituées par les 'cotisations de leurs membres, des dons, les intérêts de certains 'fonds, le produit de loteries, de bazars de charité, de fêtes de fleurs etc.

Ville de Coire. (14 639 habitants, dont 3944 Suisses d'autres cantons et 2597 étrangers.)

Société des Amis des pauvres à Coire (Freiwilliger Armenverein in Chur), fondée en 1855. Secourt, dans la mesure de ses ressources, sans distinction d'origine ou de religion, les pauvres habitant depuis au moins trois mois

la ville et son territoire, y compris le village de Meiersboden ; elle lutte contre le paupérisme, la mendicité à la
rue et à domicile. Est admis comme membre tout habitant
de la ville de Coire s'engageant à participer aux travaux
de la Société ou à lui verser une cotisation annuelle d'au moins
deux francs. *L'assistance* est toujours proportionnée aux
besoins et appropriée à la situation du solliciteur ; on cherche également à procurer du travail et l'on s'efforce d'exercer sur les assistés une action à la fois religieuse et morale,
de manière à les réhabituer au travail, à l'économie, à la
sobriété, à l'ordre et à la propreté, ainsi qu'à bien tenir
leur ménage, à donner une bonne éducation à leurs enfants ;
on espère, de cette manière, tarir à leur source la misère
et le dénuement. Les dons ne peuvent être qu'*exceptionnellement* accordés *en espèces ;* ils consistent généralement en
combustible, denrées alimentaires, vêtements, literie, secours
aux malades, quelquefois, mais plus rarement, en secours
de loyer. Seuls doivent être assistés les pauvres incapables
d'aucun travail ou empêchés momentanément, par des circonstances spéciales, de gagner suffisamment pour s'entretenir, eux et leurs familles. On se procure les renseignements positifs indispensables sur la situation et le caractère
des pauvres qui habitent la ville, en les faisant fréquemment
visiter par les visiteurs ou les dames-visitantes du quartier ; les secours ne sont remis qu'après une enquête minutieuse ; ils peuvent être éventuellement augmentés, diminués
ou totalement interrompus. Lorsqu'une personne a été assistée à plusieurs reprises par la Société, celle-ci intervient,
ou directement, ou par l'entremise de la direction de police
municipale, auprès de la commune d'origine, ou aussi, lorsque les circonstances le permettent, auprès de sa parenté.
Les pauvres qui s'adonnent à la mendicité, qui se conduisent en paresseux, sont intempérants, de mauvaise conduite, ceux qui refusent de se conformer aux décisions de
la Société ne sont pas assistés, mais signalés à la police
pour être, suivant le cas, punis ou expulsés. L'assistance
n'est pas l'unique but de la Société : elle s'ingénie à re-

médier à certains abus, comme l'utilisation de logements malsains, elle signale aux autorités compétentes les cas où la police est en défaut, surtout celle des permis de séjour. Chacun des membres doit, suivant ses forces, contribuer pour sa part à la lutte contre la misère. A teneur du règlement du Bureau d'assistance municipal, les mendiants étrangers et les passants peuvent être renvoyés à la direction de police, qui leur délivre un secours momentané. — La ville a été divisée en huit districts, ayant chacun à sa tête un visiteur ou une dame-visitante auxquels les indigents peuvent s'adresser ou être renvoyés. Le Comité, dont font partie visiteurs et dames-visitantes, se réunit chaque fois que les circonstances l'exigent, dans la règle une fois, en hiver deux fois par mois. Visiteurs et visiteuses sont autorisés, dans des cas simples, à prendre eux-mêmes les mesures nécessaires, sauf à en faire un rapport exact à la plus prochaine séance du comité. — La Société des Amis des pauvres n'entend nullement substituer son activité propre à celle de la charité privée ; elle vise simplement à la guider et à la défendre, dans la mesure du possible, contre des méprises. Son action ne rend pas inutile celle des associations fondées en vue d'œuvres d'assistance spéciales ; bien au contraire, la Société des Amis des pauvres s'efforce de travailler en contact continu et dans le plus parfait accord avec toutes ces associations.

Recettes en 1912 : Dons 3190 fr., subsides de communes 3299 fr., intérêts 1046 fr., collectes à l'église 965 fr. Secours accordés 9899 fr., familles assistées : 178 ; frais d'administration 280 fr.

Association du Sou charitable à Coire (Fünfrappenverein Chur), fondée en 1855.

Cette association, composée surtout de dames, se propose les tâches suivantes : pourvoir à l'éducation d'enfants pauvres ou négligés, soit en les laissant à leurs parents, soit en les confiant à un asile ; assister des personnes âgées, malades, et, pour ces raisons, incapables de travail ; accorder des subsides pour cures de bains ou autres, pour séjour dans

un hôpital etc. ; apporter aide et secours à certaines détresses et à des personnes qui n'ont pas l'habitude de recourir à la charité publique. — Les membres de l'association
s'engagent à verser une cotisation hebdomadaire de cinq centimes, encaissée toutes les dix semaines par des collectrices.
Chaque collectrice encaisse chez dix membres ; une rece-
veuse perçoit les cotisations encaissées par dix collectrices
et les remet à son tour à la caissière de l'Association.

Le Comité se réunit aussi souvent que nécessaire pour
délibérer sur les demandes, sur l'emploi des subsides et pour
entendre des communications sur l'activité de l'Association.
La présidente et la caissière ont, en matière de secours et
lors de cas pressants, une compétence s'élevant jusqu'à dix
francs. Les sociétaires ont le droit de signaler et de recommander au comité des personnes dans le besoin. La
situation des solliciteurs est examinée et eux-mêmes visités. Seuls les individus de mauvaise conduite sont renvoyés.
L'assistance est accordée aux Suisses et aux étrangers, aux
protestants comme aux catholiques.

Le montant des cotisations s'est élevé, en 1912, à la
somme de 1018 fr., à laquelle sont venus s'ajouter les intérêts d'un petit capital. Des secours ont été accordés dans
52 cas pour un total de 1305 fr.

XIX. Canton d'Argovie.

(230 634 habitants, dont 35 289 Suisses d'autres cantons
et 18367 étrangers.)

L'Assistance volontaire dans ce canton est en grande
partie entre les mains de sociétés de dames. Elles s'acquittent
de cette tâche d'une manière assez satisfaisante pour que
le gouvernement, reconnaissant les bienfaits de leur activité
sociale et économique, les ait toutes placées au bénéfice de
subventions cantonales, encore peu élevées, il est vrai. —
Avant tout, la bienfaisance, dans le canton d'Argovie, s'occupe des pauvres honteux, des malades, des vieillards et des
enfants, cela sans distinction de nationalité ou de religion.

Les secours sont, en général, remis discrètement par l'une des sociétaires habitant le quartier de l'indigent. Le comité n'a qu'une compétence restreinte en matière de secours. Sont exclus de toute assistance : les indigents qui se livrent à la mendicité, à la débauche, à l'ivrognerie, les paresseux et les importuns, ceux dont la situation ne paraît pas nécessiter l'assistance, ceux enfin qui simulent la pauvreté. Les sociétaires ont presque toujours le droit, quelquefois même le devoir, d'attirer l'attention du comité sur les personnes qui se trouveraient dans le besoin. — Les ressources de ces sociétés leur sont fournies par les cotisations, par des dons, par les intérêts de capitaux, des subventions cantonales et communales et par une part dans les collectes faites à l'église.

Ville d'Aarau. (9593 habitants, dont 2565 Suisses d'autres cantons et 1607 étrangers.)

Société de secours d'Aarau (Hülfsgesellschaft Aarau), fondée en 1811. Assiste, dans la mesure des ressources dont elle dispose, les indigents et les personnes momentanément dans le besoin, habitant Aarau, et travaille à leur relèvement moral. Son activité ne s'étend pas au-delà du district d'Aarau, mais elle l'y exerce sans se préoccuper de la nationalité ou du culte de ceux qui lui font appel. Lorsqu'un secours régulier ou plus considérable que d'habitude paraît indiqué, le comité réclame aux *communes d'origine* une allocation proportionnée. On assiste de préférence les malades, les femmes pauvres pendant leurs couches, les personnes âgées et incapables de travail, les enfants de familles indigentes, les victimes de malheurs immérités, ceux qui, faute de pouvoir trouver du travail et en temps de chômage, sont hors d'état de suffire à l'entretien de leurs familles. Généralement, pour avoir droit aux secours, il faut avoir résidé à Aarau depuis *une année* au moins. — Aux *malades*, on procure des bons pour des fortifiants, surtout pour du lait, des bons de pharmacie et pendant quelque temps les soins dont ils ont besoin. Suivant les cas, la Société peut prendre à sa charge une partie des frais d'une cure de bains, d'un séjour à l'hôpital etc. ; aux personnes *âgées* et *incapables de travail*, elle fournit du lait, du pain, des pommes de terre et du bois ; aux enfants de parents pauvres fréquentant les écoles, des souliers, en hiver des soupes gratuites et, en été, facilite à des enfants débiles, un séjour dans une colonie de vacances. Des secours en argent ne sont accordés que tout-à-fait exceptionnellement. — Les *demandes* sont à adresser au président, soit encore à l'un des neuf membres du comité ; elles sont transmises pour enquête et rapport à ceux des membres qui ont la surveillance du quartier où réside le solliciteur. En cas d'urgence, les surveillants peuvent accorder un secours jusqu'à concurrence de dix francs. Un secours de ce genre ne doit, cependant, avoir lieu qu'une seule fois, en une même année, à une même personne ou à une même famille ; chaque fois le comité doit être prévenu à la première occasion. — Pour faciliter la *surveillance des assistés* et pour mieux apprendre à les connaître, la ville a été divisée en neuf quartiers, confiés chacun aux soins de l'un des membres du comité. Une liste des personnes et des familles secourues a été établie et est tenue à jour d'après les indications des chefs de quartiers. Chacun des membres du comité possède un exemplaire de la liste complète, plus celle des assistés de son quartier ; ils ont à tenir compte des changements qui surviennent dans leur quartier et à en aviser le président. Les membres du Comité doivent employer pour leurs enquêtes et pour formuler leur préavis, des formulaires *ad hoc*, contenant les nom, prénom, âge, domicile, origine, état-civil, ainsi que les raisons qui justifient l'assistance. Les demandes de secours sont à adresser au chef de quartier ou aussi au président. Dans le premier cas, le chef du quartier procède à une enquête préalable, accorde un secours provisoire ou renvoie le formulaire au président avec son préavis ; le comité statue à sa plus prochaine séance. Lorsqu'on s'est adressé directement au président, celui-ci remplit lui-même le formulaire et le fait parvenir au chef du quartier pour préavis ou pour qu'il liquide le cas. Les différents chefs de quartier ne doivent, en règle générale, pas empiéter sur le territoire les uns des autres ; ils doivent renvoyer au chef qu'elles concernent toutes les demandes provenant d'un autre quartier que du leur. Le président a le droit, lorsqu'un chef de quartier ne peut ou ne veut pas donner à un cas la solution qu'il semble comporter, d'accorder de sa propre initiative un secours qui peut s'élever à vingt francs. Il doit en aviser le chef de quartier et le comité lors de la plus prochaine séance. Les requêtes écrites doivent être jointes au dossier et conservées pour le cas où une intervention officielle deviendrait nécessaire. Quand il y aura lieu de douter de la véracité du solliciteur, on lui demandera de signer sa déclaration. Les membres du Comité devront considérer comme de leur devoir strict de soumettre toute demande à un examen attentif, en prenant dans le voisinage des renseignements aussi complets que possible sur le solliciteur, ou, ce qui est préférable, en se rendant eux-mêmes à son domicile et en procédant eux-mêmes à l'enquête prescrite. Ces visites sont à répéter quand l'assistance menace de durer. Un exemplaire de la liste des assistés est remis à la direction de police locale avec prière de communiquer au président les changements de domicile et autres, ainsi que les expulsions qui pourraient avoir eu lieu. Un chef de quartier ne peut être transféré à la tête d'un autre quartier qu'après une réélection du comité ou, avant cette réélection du comité sur sa demande motivée ; lorsqu'un chef ne désire pas permuter, il doit en être tenu compte. Toutes les fois qu'un changement aura eu lieu, il faudra procéder à une revision de la liste générale des assistés et de celles des quartiers. — Un employé rétribué est chargé de la transmission des dons, secours etc. — Chaque sociétaire s'engage au payement d'une cotisation annuelle de deux francs au moins.

Recettes en 1912 : Cotisations 1274 fr. ; intérêts 1198 francs, subvention de l'Etat 400 fr., dons et legs 1436 fr. Secours accordés : 4131 fr. à 246 assistés. Frais d'administration 463 fr.

Société pour prévenir les abus de la mendicité à Aarau

(Verein gegen Hausbettel in Aarau), fondée en 1881. Combat, dans la ville d'Aarau, la mendicité de porte en porte, à la fois importune et génératrice de nombreux abus, en s'efforçant de secourir judicieusement les nécessiteux honorables de la contrée, ainsi que les pauvres en passage. Peut devenir membre de la société quiconque s'engage à ne faire aucune aumône, en argent ou en nature, aux mendiants domiciliés ou en passage, mais en revanche à verser tous les six mois à la caisse centrale de la société une cotisation de fr. 2,50 au moins. Les membres reçoivent une petite affiche avec ces mots : «Membre de la Société contre la mendicité». Les cotisations plus élevées, ainsi que des dons en vêtements sont les bienvenus.

A la caisse de la Société, on distribue des secours aux pauvres honnêtes des communes suburbaines et aux passants sans ressources. Dans les communes avoisinantes, il a été nommé des *comités locaux* de trois membres au moins, dont l'un peut n'être pas bourgeois de la localité. La Caisse centrale remet à ces comités des subsides proportionnés, de l'emploi desquels il doit être rendu compte au comité de la Société le 1er octobre de chaque année. Seuls les indigents domiciliés ont, dans la règle, droit à l'assistance. Les passants pauvres sont adressés au Bureau des secours en nature (Passantenbureau). En cas de nécessité bien démontrée et sur le vu d'une recommandation de ce bureau, le président peut donner des souliers ou des vêtements.

Sont *exclus* de l'assistance : ceux que l'on a surpris vendant à d'autres les dons reçus, ceux qui mendient chez les membres de la société ou ailleurs, ceux qui s'en montrent indignes en refusant du travail ou en menant une conduite immorale. — Les dons se font habituellement en aliments ou en vêtements, que les solliciteurs peuvent toucher en présentant un bon signé soit par le caissier central, soit par l'un des comités locaux. Il n'est donné de l'argent qu'exceptionnellement. La transmission réciproque des demandes de secours est réglée par un accord intervenu entre la caisse centrale et les comités locaux. C'est au président du Comité

de la Société (composé de cinq membres), à examiner les
requêtes et à signer les bons nécessaires. Il correspond avec les
comités locaux et d'autres sociétés. Lorsqu'il s'agit de secours
plus considérables, il est statué en séance de comité. La caisse
paie les bons délivrés.

Recettes en 1912 : Cotisations 1065 fr. ; subsides de
l'Etat : 82 fr., de la ville d'Aarau : 300 fr. ; intérêts
431 fr. Dépenses pour secours accordés soit par la station centrale, soit par les onze stations communales : 1526
francs à 371 solliciteurs. Frais d'administration : 230 fr. Les
secours ont consisté en aliments, vêtements, souliers, en
repas et en hospitalisation, en remèdes, en fournitures de
colportage, en outils, en billets de chemin de fer et en argent.
Quelques solliciteurs ont obtenu leur admission dans la « Mar-
thahaus ». La société a coopéré à l'œuvre des Samaritains.

Ville de Baden. (8239 habitants, dont 2938 Suisses
d'autres cantons et 1768 étrangers.)

*Assistance volontaire aux habitants pauvres de la ville
de Baden* (Freiwillige Einwohner-Armenpflege Baden), fondée en 1911. Pratique l'assistance des domiciliés indigents
de la ville de Baden. N'a pas pour but de faire concurrence
aux sociétés de bienfaisance déjà existantes, mais de leur
servir de lien et de leur prêter main-forte. Est organisée
d'après le système dit d'Elberfeld et tire ses ressources de
contributions volontaires, tout le monde pouvant faire partie
de l'Assistance en s'engageant au paiement d'une cotisation
annuelle, ainsi que d'une subvention communale proportionnée aux besoins, inscrite année après année au budget de la
ville de Baden par son Conseil, l'autorité municipale prenant encore à sa charge le traitement du secrétaire de
l'Assistance volontaire. — L'Assistance volontaire a pour
organes : un comité de sept membres, le secrétaire de l'Assistance, les visiteurs et dames-visitantes. Le territoire de
la ville est partagé en trois arrondissements. Les membres
du *comité* sont nommés par le Conseil municipal, pour une
période de quatre ans. Ce comité a la direction supérieure

et la surveillance de l'Assistance volontaire tout entière ; avec le secrétaire il établit la liste des assistés ; il fixe le montant des secours momentanés, nomme le secrétaire, les visiteurs et les dames-visitantes et élabore les instructions auxquelles ils devront se conformer ; il examine et approuve en première instance 'les comptes annuels et le budget ; il étudie les questions d'une certaine importance intéressant l'assistance en général et, éventuellement, adresse ses propositions à l'autorité supérieure.

Le *secrétaire* a dans ses attributions les rapports avec les autorités municipales et cantonales, l'étude des affaires à soumettre au Comité et l'exécution des mesures prises par le Comité ; l'élaboration du budget annuel, l'encaissement des cotisations et des remboursements ; il se tient en rapports suivis avec les sociétés de bienfaisance de Baden pour le contrôle des secours accordés ; il doit visiter aussi fréquemment que possible les pauvres assistés et faire son rapport ; il est encore chargé de la correspondance, de la tenue des registres et du contrôle des assistés, ainsi que de la comptabilité et de la caisse.

Visiteurs ou *dames-visitantes* ont, sitôt qu'une demande de secours leur parvient, en premier lieu à visiter la personne ou la famille requérante et à aviser le secrétaire. Si celui-ci juge aussi un secours indiqué, il ordonne les premières mesures nécessaires, en prend note sur son registre pour en référer au comité à sa plus prochaine séance. Pour déterminer le montant des secours, il sera tenu compte du nombre des membres d'une famille et de leur capacité de travail. Les *secours* consistent en bons d'aliments, combustibles et quelquefois en vêtements. Il n'est pas accordé de dons en argent et la société ne se charge du paiement d'aucune dette, quelle qu'elle soit. Sur l'indication du secrétaire, les visiteurs et les dames-visitantes vont voir les personnes sur lesquelles il est demandé des rapports d'une nature spéciale. Les dames-visitantes doivent avoir tout particulièrement l'œil sur la tenue du ménage, l'éducation des enfants et les soins donnés aux malades. Visiteurs et dames-visitantes, ainsi que le secrétaire exercent une *surveillance* sur tous les indigents de leurs quartiers, tâchent de se rendre compte de leur position, leur prêtent aide et conseil. Ils relèvent ce qui, dans leur manière de vivre, laisserait à désirer, les exhortant à la propreté, à l'ordre et, le cas se présentant, n'hésitent pas à adresser un blâme quand il est mérité. Ils vouent une sérieuse attention à la manière dont les enfants sont nourris et élevés, veillent à ce qu'ils fréquentent régulièrement l'école. Lorsque les circonstances semblent demander un changement dans l'assistance ou une interruption des secours, les visiteurs en informent le secrétaire. De même, lorsqu'une intervention de l'autorité paraît nécessaire (pour refus de travailler, indiscipline, désordre ou conduite offensant la morale) il doit en être immédiatement donné connaissance au secrétaire et au comité. Tout changement de domicile est signalé sans retard au secrétaire par les visiteurs pour éviter les cas de double-assistance. De légers secours peuvent être accordés, sans l'assentiment préalable du secrétaire, mais une fois seulement et uniquement en cas d'absolue nécessité. — Le Comité se réunit dans la règle tous les mois pour s'occeper des objets à l'ordre du jour ; le secrétaire assiste aux séances avec voix consultative. Visiteurs et dames-visitantes sont convoqués tous les trois mois par le secrétaire, en assemblée ordinaire. Le traitement de début du secrétaire est de 800 fr. par an. Les fonctions de membre du Comité, celles de visiteur ou de dame-visitante sont gratuites. Les sociétaires de l'Assistance volontaire se réunissent une fois annuellement sous la présidence du président du comité ; à cette occasion, chaque sociétaire peut présenter ses observations, ses vœux, le cas échéant, émettre des propositions.

En cas d'urgence, l'Assistance volontaire procure des *soins médicaux*, des remèdes, et pourvoit au *traitement* des malades par des diaconesses ou des gardes-malades ; lorsqu'un cas de ce genre se présente, le secrétaire en informe immédiatement l'autorité ou l'institution responsable du paiement des frais, et assure le remboursement de ces derniers.

Les malades peuvent choisir parmi les praticiens de Baden le médecin qu'ils préfèrent. Les médecins doivent, pour le traitement, se conformer aux règles adoptées par l'Assistance ; ils sont indemnisés au taux du tarif de l'Assistance Publique ; lors de cas spéciaux, le Comité statue. Les frais d'hôpitaux sont acquittés sur le vu d'un certificat médical, présenté au secrétaire avant l'admission, ou d'un certificat constatant l'urgence. — Pour les soins médicaux à domicile, il faut demander au secrétaire une carte de malade ; celle-ci n'est valable que pendant une seule maladie et un mois seulement. Aucune note ne peut être payée à laquelle cette carte n'est pas jointe. — Avec l'agrément préalable du comité, il est aussi payé des notes de sages-femmes, au taux du tarif officiel.

Recettes en 1912 : Subvention de la ville de Baden 2500 francs ; produit d'une quête 1277 francs. Intérêts de fonds divers 350 fr. Secours accordés 6864 fr. à 89 assistés. Une somme de 800 fr. environ a été remboursée par les communes d'origine. Frais d'administration 1075 fr.

XX. Canton de Thurgovie.

(134917 habitants, dont 37774 Suisses d'autres cantons et 25969 étrangers.)

L'assistance volontaire générale a aussi pris racine dans ce canton, en très grande partie agricole, et s'y est beaucoup développée, l'assistance légale y étant encore administrée par les Eglises.

Indigents, malades, femmes en couche, veuves et orphelins reçoivent des secours, surtout en nature, tels que vivres, vêtements etc. ; quelquefois, mais plus rarement, en espèces. Une enquête préalable a lieu et les secours sont remis à domicile. On les refuse à ceux sur lesquels on reçoit de mauvais renseignements, dont la misère a pour cause la paresse, le manque d'économie et l'oubli du devoir.

Les recettes sont généralement constituées par des cotisations, des intérêts de capitaux, des dons et des legs.

Ville de Frauenfeld. (8459 habitants, dont 2880 Suisses d'autres cantons et 1331 étrangers.)

Société des Amis des pauvres de Frauenfeld (Freiwilliger Armenverein Frauenfeld), fondée en 1857. A comme but l'assistance régulière ou momentanée des domiciliés indigents habitant Frauenfeld, en leur accordant des dons d'aliments, principalement de pain ; suivant les circonstances, il est aussi donné de l'argent et en hiver du bois. En hiver, la Société organise une cuisine populaire. Elle a à sa tête un comité de neuf membres. La ville est divisée en huit arrondissements, remis chacun aux soins d'un contrôleur ou d'une contrôleuse. Les présidentes des sociétés féminines de bienfaisance de la ville assistent aux séances avec voix consultative. — La Société vient en aide à toutes les misères sans aucune distinction de culte ou de nationalité, et l'article du règlement qui prescrit un séjour d'un an à Frauenfeld pour être assisté souffre de fréquentes exceptions. On ne renvoie guère à vide que ceux qui se présentent avec insolence. Les demandes doivent être adressées au président de la Société, à l'un des contrôleurs ou à l'une des contrôleuses.

Recettes en 1912 : Cotisations 1970 fr., intérêts 1232 francs, legs et dons 475 fr. Dépenses d'assistance 3084 fr. en faveur de 62 indigents. Frais d'administration 105 fr.

Société des Amies des pauvres à Frauenfeld (Frauenarmenverein Frauenfeld), fondée en 1840. Cherche à venir en aide aux pauvres, aux malades, aux femmes en couche etc., principalement par des distributions de linge, de vêtements, d'argent ou de dons en nature ; aussi en fournissant du travail (tricotage ou couture). Les membres actifs se réunissent tous les quinze jours pour travailler pour les pauvres, discuter et statuer sur les demandes de secours. Le comité se compose de quatre ou cinq membres. La présidente doit visiter personnellement les pauvres aussi souvent que possible. Elle tient le compte des secours accordés. En cas de besoin pressant, elle est autorisée à accorder, de sa propre initiative, un secours qui ne dépassera pas la somme de cinq francs ; elle le fera ratifier lors de la plus prochaine séance du comité. Les sociétaires ont le droit de proposition ; elles doivent à la présidente aide et secours dans toutes les branches de son activité, ainsi que pour les visites aux indigents. Seuls les solliciteurs qui reviennent trop souvent sont renvoyés ; Suisses et étrangers sont secourus, les premiers cependant de préférence aux autres. Il n'est fait aucune distinction pour cause de religion.

Les recettes se composent des cotisations, des intérêts, de subsides accordés par les bourses bourgeoisiales protestantes et catholiques, ainsi que par l'Office communal des pauvres. Les dépenses pour secours se sont élevées, en 1912, à 1500 francs. 113 familles y ont eu part.

Ville d'Arbon. (10299 habitants, dont 3318 Suisses d'autres cantons et 4747 étrangers.)

Société de bienfaisance d'Arbon (Freiwilliger Armenverein Arbon), fondée en 1889. Pourvoit à l'assistance de familles et de personnes notoirement dans le besoin et de bonne conduite. Ses membres, par leurs rapports personnels avec les indigents, cherchent à découvrir les causes de leur misère, à exercer sur ceux que la Société assiste, une influence moralisatrice ; la Société fait dépendre la continuation des secours de leur bonne conduite ; l'assistance ne doit pas, cependant, être de trop longue durée. Lorsqu'elle doit, néanmoins, se prolonger pendant quelque temps, elle n'est accordée que si les autorités des communes d'origine consentent à en prendre leur quote-part. Peut être membre de la Société quiconque s'engage à verser une cotisation mensuelle d'au moins vingt centimes ou à faire parvenir des dons en nature équivalents. Font également partie de la Société les dames membres de la Société de couture pour pauvres. Un comité de cinq membres la dirige, en contact permanent avec les deux sociétés de dames d'Arbon ; il se réunit réglementairement une fois par mois. — Les dons sont accordés en espèces et en nature, sans distinction de culte ou de nationalité.

Recettes en 1912 : Cotisations 1354 fr., dons 500 fr.,

intérêts 826 fr. Dépenses pour secours 1428 fr. pour 47 cas d'assistance.

XXI. Canton du Tessin.

(156 166 habitants, dont 5582 Suisses d'autres cantons et 44543 étrangers.)

A côté de l'Assistance officielle, il n'existe dans le canton du Tessin qu'une assistance confessionnelle peu considérable, plus quelques sociétés de secours pour les très nombreux étrangers (Italiens en grande majorité) qui résident dans ce canton. L'assistance générale volontaire y est encore inconnue.

XXII. Canton de Vaud.

(317 487 habitants, dont 74746 Suisses d'autres cantons et 50 303 étrangers.)

Dans ce canton, ainsi que nous le verrons, l'assistance par les Eglises joue encore un rôle des plus importants. Malgré cela, nous y rencontrons de nombreuses sociétés et institutions de bienfaisance, solidement organisées et pourvues d'abondantes ressources, et cela non pas uniquement dans les villes de quelque importance, mais un peu partout.

Ces sociétés, absolument volontaires, accordent leur aide à tous les pauvres de l'endroit, sans distinction de nationalité ou de religion. Dans certaines localités, elles refusent, ou à peu près, toute assistance aux bourgeois de la commune. Une de ces sociétés assiste ceux que leurs communes ne secourent que d'une manière insuffisante. Les secours consistent généralement en bons pour aliments, rarement en espèces, jamais même par certaines sociétés. Quelquefois un temps de *séjour préalable* dans la commune, un à cinq ans, est prescrit pour être mis au bénéfice de l'assistance. Il est toujours fait une enquête sur la situation des solliciteurs : Dans les villes divisées en plusieurs arrondissements d'assistance, ce sont des dames membres de la société qui sont chargées des visites. Une société fait visiter ses assistés une fois tous les mois. Les secours sont refusés à quiconque se livre à la mendicité, en cas d'inconduite, ou encore lorsque les communes d'origine refusent leur concours. — Les ressources sont constituées par les cotisations des membres, les quêtes annuelles, des intérêts, par une part des collectes faites à l'église, des subventions communales, par le produit de bazars de charité, de concerts, tombola etc. etc.

Ville de Lausanne. (64 446 habitants, dont 18 784 Suisses d'autres cantons et 15 799 étrangers.)

Bureau Central d'assistance de Lausanne, fondé en 1910. Local : St-Martin 2. A pour but de réprimer les abus de la mendicité et de contribuer au soulagement et au relèvement des nécessiteux par une judicieuse organisation de la charité publique et privée. Il s'intéresse à tous les malheureux en passage ou domiciliés à Lausanne sans distinction de confession ou de nationalité. Pour les pauvres domiciliés à Lausanne, le Bureau s'efforce de réunir discrètement des renseignements sur leur situation ; de collaborer étroitement avec les Eglises ou sociétés charitables qui sont à l'œuvre dans la ville, afin d'obtenir que le même assisté ne soit plus secouru par plusieurs associations s'ignorant les unes les autres, mais que chaque assisté reçoive, *d'une seule* source, des secours suffisants ; de secourir directement les pauvres dont personne ne prend soin ; d'assurer à chaque assisté un visiteur ou une visiteuse qui, non seulement lui transmettra, autant que possible en nature, les secours accordés, mais veillera de près à son bien-être matériel et moral et, dans certains cas, cherchera à l'amener à reconquérir sa dignité en subvenant, par son travail, à ses besoins. La même personne ne pourra, comme visiteuse, prendre sous son *patronage* plus de cinq foyers.

Le Bureau Central cherche, de la manière suivante, à accomplir les différentes tâches qu'il s'est posées : il fournit aux autorités, comme aux particuliers, des *renseignements* sur les 800 et quelques familles et personnes assistées dans la ville de Lausanne. Toute personne, auprès de laquelle on vient sans cesse mendier ou qui reçoit des demandes de secours de n'importe où, n'a qu'à s'adresser au Bureau Central pour être rapidement et complètement renseignée. Lorsqu'un solliciteur se présente pour la première fois au Bureau Central, il est interrogé dans un bureau spécial de manière à pouvoir se rendre compte de sa situation. Les renseignements que le Bureau se procure sont confidentiels. Le Directeur du Bureau fait lui-même une enquête au domicile des solliciteurs et emploie à cela son temps disponible entre ses heures de bureau (11 h'. à midi et 5 à 6 heures). Chaque solliciteur a son dossier et chaque cas est consigné dans un registre qui compte actuellement 1137 noms. Les personnes et familles ayant reçu des secours y sont portées par ordre alphabétique de noms avec indication du domicile, du visiteur, des secours régulièrement accordés, du numéro de son dossier etc.

Toute personne ou famille assistée est placée sous la *surveillance* d'un visiteur ou d'une dame-visitante qui se sont déjà occupés précédemment d'assistance (soit à la diaconie, soit aux « Amies des pauvres », soit au Bureau Lochmann). Lorsqu'un assisté récent se présente au Bureau Central, il est entendu, puis renvoyé au visiteur ou à la visiteuse qui connaissent sa situation et sauront mieux que personne quel est le secours à apporter. Chaque fois qu'un nouveau cas survient, on le confie à un visiteur, pour le choix duquel on tient compte de la langue, de l'origine, du culte du solliciteur. Le nombre des visiteurs et visiteuses s'élève aujourd'hui à 141, dont 84 font partie d'une des œuvres d'assistance confessionnelle et 59 des « Amies des Pauvres » ou du Bureau Lochmann, les deux sociétés qui ont fusionné avec le Bureau Central. Les secours s'accordent presque exclusivement en nature (bons pour denrées alimentaires etc.).

La Direction cantonale d'assistance bernoise fait passer par le Bureau Central d'Assistance tous les secours (9000 francs environ) qu'elle accorde aux Bernois domiciliés à Lausanne. En outre, de nombreux bureaux d'assistance du canton de Vaud se servent de son intermédiaire pour obtenir des renseignements et distribuer des secours. Le Bureau Central distribue, pendant l'hiver et pour le compte de la Société de secours aux Suisses-allemands, des bons, de même que pour les diaconies de la ville de Lausanne.

Un Conseil de surveillance de 20 à 25 membres et un Comité de sept à onze membres, pris dans le sein du Conseil de surveillance, dirigent les affaires du Bureau Central. Un directeur rétribué, nommé par le Conseil de surveillance sur présentation du Comité, et aidé par un ou plusieurs employés est chargé du soin des assistés et du travail administratif, sous le contrôle et avec l'appui du Comité. Le directeur siège au Comité avec voix consultative ; il peut être chargé des fonctions de secrétaire.

Recettes en 1912—13 : Cotisations des membres et dons des Eglises, sociétés et associations : 22 127 fr. ; subventions de diverses communes vaudoises : 365 fr. ; de la commune de Lausanne : 1000 fr. ; du canton de Berne : 300 fr. ; intérêts : 1241 fr. ; legs et dons : 4690 fr. Dépenses d'assistance directe : 3891 fr. ; pour le compte des Amies des Pauvres : 5773 fr. ; pour celui des Diaconies : 9110 fr. ; pour celui du canton de Berne, de diverses communes, sociétés et celui de particuliers : 12 010 fr. Pendant cet exercice, 450 familles et 5627 passants ont reçu des secours. Frais d'administration : 5623 fr.

Chambre des pauvres habitants de Lausanne, fondée en 1766. Cherche à abolir la mendicité, dans la mesure du possible, en fournissant aux indigents de Lausanne des secours en argent et en nature. Elle ne s'occupe pas des bourgeois de Lausanne. Les secours consistent en dons mensuels réguliers, ou en dons remis au fur et à mesure des besoins du solliciteur. Pour être admis à recevoir des secours, il faut que l'indigence du requérant ait été constatée par la Direction, qu'il soit domicilié sur le territoire de la ville de Lausanne depuis *deux ans* et recommandable par sa conduite. Toute demande de secours doit être accompagnée d'un engagement par la ou les communes d'origine du requérant de rembourser une quote-part d'assistance. L'Etat ou des particuliers peuvent se substituer aux communes pour le remboursement exigé. La Direction statue sur les demandes de secours. Elle a toujours le droit de retirer les secours accordés. Les assistances se paient à la fin de chaque mois par le caissier sur présentation d'un bon. La direction peut en tout temps, lors de situations exceptionnelles, accorder des secours temporaires en argent ou en nature. Les pasteurs qui correspondent avec les communes d'origine des pauvres ou avec l'Etat, relativement à l'assistance des pauvres résidant dans leurs paroisses, adressent généralement les demandes de secours à la Direction. Tous les sociétaires ont, du reste, le droit de lui recommander des indigents. — Le *secrétaire* tient un registre des pauvres assistés avec l'indication des secours qu'ils reçoivent de leurs communes et celle du subside de la Direction. Il fait la correspondance. Chaque fin de mois il établit le bordereau des assistances et le transmet au caissier. Le secrétaire, le caissier et le contrôleur sont rétribués. Ce dernier est chargé des enquêtes sur toutes les demandes de secours qui parviennent à la Direction. Il présente un préavis écrit et c'est le comité qui statue.

Recettes en 1912 : Collecte annuelle : 5000 fr. ; intérêts des capitaux : 6000 fr. Secours accordés directement pour le compte de la Chambre : 10 000 fr. Frais d'administration : 950 fr. Il y a eu 150 assistés. Secours adressés par les communes : 24 500 fr. environ.

Ville de Montreux. (18 800 habitants, dont 6805 Suisses d'autres cantons et 5779 étrangers.)

Bureau Central d'assistance du Cercle de Montreux, fondé en 1904. Le Bureau Central a pour but de réprimer les abus de la mendicité et de contribuer au soulagement et au relèvement des nécessiteux, par une judicieuse organisation de la bienfaisance. Il s'intéresse à tous les malheureux domiciliés ou en passage à Montreux, sans distinction de confession ou de nationalité. Toute personne qui paie une cotisation annuelle de cinq francs au minimum est membre de la Société. A sa tête se trouve un comité de quinze membres au moins, représentant autant que possible les diverses régions, églises et associations charitables du Cercle. Le bureau du Comité (composé de trois membres), dirige la Société. Un agent rétribué, nommé par le Comité, est chargé, sous le contrôle et avec l'appui du bureau, du soin des assistés et du travail administratif. Il est tenu de consacrer chaque jour à la société un minimum d'heures fixé par le bureau. Il puise ses informations, au sujet des familles à assister, auprès des pasteurs et des curés, des membres de la société et plus habituellement auprès des diaconesses de paroisse. Les assistés sont visités aussi souvent que possible. Les dons consistent en bons pour vivres, combustibles, vêtements, chaussures, médicaments et aussi en secours de loyers. — Des enfants et des femmes de buveurs ont reçu aussi des secours. — Tout sociétaire reçoit une affiche à clouer à la porte de sa demeure avec ces mots : «On ne fait pas l'aumône». L'adresse du Bureau y est également indiquée. Là les nécessiteux reçoivent un bon pour l'admission à l'Asile de nuit, pour des aliments, ou pour tout autre objet dont ils peuvent avoir absolument besoin au moment même. Le Bureau accepte souliers et vêtements usagés pour les distribuer.

Recettes en 1911—12 : Cotisations : 4661 fr. ; dons : 567 fr. ; subventions d'Eglises et de sociétés : 4154 fr. ; du Cercle de Montreux : 3000 fr. ; produit d'un bazar de charité : 150 fr. ; intérêts : 472 fr. Dépenses pour secours : 7997 fr., pour 144 familles assistées, dont 58 régulièrement ; 103 étaient suisses et 41 étrangères.

Ville de Vevey. (13 664 habitants, dont 4957 Suisses d'autres cantons et 3798 étrangers.)

Administration des secours publics de Vevey, fondée en 1765. S'occupe du soulagement des pauvres de la commune de Vevey et de tout ce qui peut contribuer à en diminuer le nombre. Elle correspond, pour les affaires des pauvres, avec les municipalités dont elle réclame la coopération, avec les autres autorités constituées, ainsi qu'avec les pasteurs.

Elle se met en rapport avec les sociétés de bienfaisance qui existent soit dans la commune, soit dans la Confédération ou dans les Etats voisins. L'Administration se compose de dix-neuf membres. Le président, le vice-président, le caissier et le secrétaire en forment le bureau. Elle nomme en outre huit administrateurs, avec chacun un suppléant pour les huit quartiers administratifs, plus huit dames de quartier avec leurs suppléantes.

Les *secours* donnés sont réservés aux pauvres non-bourgeois habitant Vevey. Ils sont délivrés autant qu'il est possible en nature et sont de deux sortes : les secours fixes ou pensions, les secours momentanés. Les *pensions* sont assignées aux pauvres infirmes ou âgés, ainsi qu'aux pères et mères de famille chargés de plusieurs enfants en bas-âge. Personne ne peut obtenir de pension s'il n'est établi légalement à Vevey depuis cinq ans consécutifs. Les pensions ne sont accordées que moyennant la coopération efficace des communes d'origine ou, à défaut des communes, que moyennant la coopération de l'Etat ou de personnes agréées par l'Administration. Les pauvres infirmes ou âgés, qui sollicitent ou qui ont obtenu une pension sont tenus de déployer toute l'activité dont ils sont encore capables. L'Administration surveille, par le moyen des comités de quartiers, l'emploi qu'ils font de leur temps et de leurs forces. Elle peut aussi se faire rendre compte de l'usage qu'ils font de leur pension. Les pères et mères chargés de famille doivent, pour obtenir des secours fixes, être connus avantageusement par leur économie et par la régularité de leur conduite ; prouver que leur travail assidu ne peut suffire à l'entretien de leurs enfants. Les pensions sont accordées par l'Administration sur le préavis du comité de quartier. Chaque année, à une époque fixe, il est procédé à la revision d'un tiers des pensions accordées, de telle sorte que toutes les pensions soient soumises à la revision dans le terme de trois ans. On observe, pour la revision des pensions, les mêmes formalités que pour leur octroi primitif.

Les assistances, dites *secours momentanés*, sont données

dans des cas extraordinaires et pressants, tels que maladies, malheurs subits etc. La compétence du comité de quartier est de six francs au maximum pour chaque cas. Les secours délivrés ne sont inscrits dans le livre de l'administrateur que lorsqu'ils ont été ratifiés par l'Administration. La coopération des communes peut aussi, dans les cas extraordinaires, être demandée pour les secours momentanés. Les personnes ayant obtenu une pension, ou un secours momentané, ne pourront continuer à être assistées qu'en justifiant du bon emploi qu'elles ont fait des secours qui leur ont été accordés. Ces secours peuvent leur être refusés ou retranchés si elles s'adonnent à la paresse, à l'ivrognerie, à l'inconduite ou à la mendicité. Dans les cas de maladie, les remèdes sont fournis par un ou deux pharmaciens nommés par l'administration pour un an. Leurs comptes sont réglés chaque année et l'Administration ne reconnaît que les remèdes fournis, d'après les ordonnances signées par un médecin, et contre-signées par l'administrateur du quartier.

La commune de Vevey est divisée, pour la distribution des assistances et la surveillance des pauvres, en *huit quartiers*. Il y a dans chaque quartier un comité composé de l'administrateur, de son suppléant, de la dame du quartier et de sa suppléante. Le comité est présidé par l'administrateur, le suppléant est appelé à remplir les fonctions de vice-président et de secrétaire. Le comité est autorisé à s'adjoindre des aides sous sa responsabilité. Le président de l'Administration a droit de séance dans tous les comités de quartiers. Ces comités ont au moins une séance chaque mois avant l'assemblée de l'Administration. Les quatre membres de chaque comité de quartier se répartissent entre eux la surveillance des pauvres de leur ressort, de telle sorte que chaque pauvre isolé et chaque famille assistée soient placés, autant que possible, sous le patronage spécial d'un des membres du comité. Chacun des membres du comité de quartier visite les pauvres qui lui sont confiés au moins une fois par mois, avant la réunion du comité. Dans ses visites, il s'informe soigneusement des besoins, de la conduite et, en général, des circonstances des pauvres qu'il administre ; il leur donne les conseils et leur adresse les exhortations que leur position réclame. Il fait rapport au comité du résultat de ces visites. Il remet, au nom de l'Administration, les secours qu'elle a alloués aux pauvres placés sous son patronage. Lorsqu'un individu se présente chez l'un des membres du comité, pour solliciter des secours, ou qu'il lui est indiqué par quelque personne charitable, ce membre se transporte au domicile du pauvre pour examiner quels sont ses besoins et sa situation. Il fait ensuite rapport au comité. Le comité, sur ce rapport, peut accorder un secours momentané. Si ce secours est insuffisant, le comité présente un préavis à l'Administration, soit pour obtenir un secours momentané qui dépasse sa compétence, soit pour demander une pension. Les administrateurs correspondent avec les communes auxquelles ressortissent les pauvres assistés par leurs quartiers respectifs. Les comités de quartiers communiquent avec l'Administration par l'intermédiaire de l'administrateur ou de son suppléant. Chaque administrateur rend compte à l'Administration des opérations du comité depuis la précédente assemblée. Chaque administrateur a un livre dans lequel tous les pauvres de son quartier sont inscrits, avec l'indication de leurs circonstances, du secours qu'ils reçoivent et de la part pour laquelle les communes contribuent à leurs pensions. Il consigne dans ce livre les autres renseignements que le comité décide d'y transcrire. Toutes les sommes distribuées aux pauvres du quartier, en vertu d'une décision de l'Administration, sont aussi inscrites dans ce livre. Dans la première assemblée mensuelle de l'Administration, l'administrateur présente son compte. Le secrétaire en fait inscription et lui délivre un bon sur le caissier. Les administrateurs font connaître, en séance de l'Administration, les pauvres qui passent d'un quartier dans un autre, ceux qui quittent la commune ou sont décédés. — Lors de la séance mensuelle de l'Administration, l'administrateur fait rapport de ce qui s'est passé dans son comité et justifie des secours que celui-ci a accordés dans sa compétence. Il présente le préavis de son comité sur les pensions à accorder, à continuer, à modifier ou à supprimer, ainsi que sur les secours momentanés dont la quotité excède la somme de six francs. Si l'Administration, sur le préavis d'un comité de quartier, décide qu'un pauvre est dans le cas de recevoir une pension, elle en fixe éventuellement la quotité pour le cas où la commune d'origine y contribuerait pour une part déterminée. A cet effet, l'administrateur est chargé d'écrire à la commune. Si celle-ci refuse toute coopération, ou si elle ne peut ou ne veut pas accorder une coopération suffisante, l'Administration décide s'il y a lieu de recourir à l'autorité supérieure et, dans ce cas, elle en charge son président. Ce dernier fait les diligences nécessaires pour la rentrée des secours accordés par les communes ; il convient avec elles des termes de leurs paiements et tient à cet effet un registre où chacune de ces communes a un compte ouvert. Il verse dans la caisse de l'Administration les sommes qu'il reçoit des communes.

Extrait des instructions pour les docteurs et pharmaciens. Les malades pauvres, non-bourgeois, qui désirent être soignés aux frais de l'Administration, doivent nécessairement prendre des remèdes chez les pharmaciens qu'elle a nommés pour l'année. Les ordonnances doivent être visées par l'administrateur du quartier qu'habite ce malade. Les médecins sont priés de mettre par écrit et de signer leurs ordonnances, quelques minimes qu'elles soient. Lorsqu'un malade pauvre doit être soumis à un régime particulier et recevoir des aliments qu'il est hors d'état de se procurer, le médecin s'adresse pour cela au comité du quartier. Le ou les pharmaciens qui doivent fournir les remèdes sont nommés chaque année au mois de novembre. Ils commencent leurs fonctions dès le 1er janvier. Ils ne délivrent quoi que ce soit pour le compte de l'Administration que sur une ordonnance signée par un médecin et visée par un administrateur du quartier. Ils conservent ces ordonnances et les inscrivent dans un livre particulier. A la fin de chaque année, les pharmaciens remettent à l'Administration un compte détaillé et y joignent les ordonnances comme pièces justificatives.

Ce compte est examiné et visé par un homme de l'art et deux membres de l'Administration et, une fois reconnu juste, payé par le caissier. Les médecins sont priés d'éviter dans leurs ordonnances les remèdes trop coûteux, lorsqu'ils ne sont pas absolument nécessaires.

Recettes en 1912 : Collectes de printemps et d'automne : 3596 francs. Intérêts : 814 fr. ; dons : 735 fr. ; legs : 201 fr. Dépensé pour secours : 7110 fr. pour 276 assistés. Des communes d'origine sont rentrés : 9629 fr. Frais d'administration : 377 francs.

Ville d'Yverdon. (8634 habitants, dont 2984 Suisses d'autres cantons et 946 étrangers.)

Société centrale de bienfaisance d'Yverdon, fondée en 1893. Elle a pour but de réprimer les abus de la mendicité et de contribuer au soulagement et au relèvement moral des nécessiteux habitant Yverdon. Un comité de 21 membres est à sa tête. Personne ne peut être assisté s'il n'est domicilié depuis *deux ans* au moins dans la commune. Il n'est pas accordé de secours de loyer. Les secours accordés par la Société ne peuvent être que momentanés. *Sont assistées* les personnes à la fois pauvres et incapables de travail, puis celles qui, bien que travaillant, ne peuvent, sans qu'il y ait de leur faute, gagner suffisamment pendant une partie de l'année pour s'entretenir, eux et leurs familles. Le Comité distribue des bons de bois, de pain, de soupe, de denrées alimentaires et pour des souliers. Lorsque cela est nécessaire, il donne des vêtements. Avant tout, il cherche à procurer du travail aux indigents. Aux passants pauvres, il n'est donné que des bons de soupe ou de pain. Le comité peut accorder trois bons au maximum par semaine à un seul et même assisté, et seulement en cas d'absolue nécessité. La Société exige tout d'abord que la commune d'origine accorde des secours à ses ressortissants. Aucun secours n'est accordé à ceux dont le gain journalier est considéré comme suffisant. Le placement des enfants pauvres et abandonnés, la lutte contre la mendicité et le vagabondage sont laissés à l'Assistance officielle qui en est chargée à teneur de la loi sur l'assistance. Des ivrognes, on exige avant tout un engagement d'abstinence. Les mendiants de profession qui se trouvent sans moyen d'existence sont signalés au préfet pour être rapatriés. Pendant les hivers particulièrement durs ou lors de chômages prolongés, il est organisé des soupes populaires. Les fournitures nécessaires en sont mises en adjudication.

Le Comité désigne dans son sein une *commission d'enquête* de quatre membres qui se partagent la ville. Leur président tient un registre des assistés avec leurs noms, prénoms, âge, profession, lieu d'origine, domicile, état-civil, le montant de leurs gains et celui des secours reçus ainsi que tout autre renseignement utile à connaître. Ces indications figurent également sur un questionnaire, auquel il doit être répondu lors de tout nouveau cas d'assistance.

Le Comité se rassemble, dans la règle, une fois par semaine en hiver, et une fois par mois en été, pour statuer sur les affaires courantes. Il délègue chaque semaine, à tour de rôle, un de ses membres pour la distribution des bons aux assistés. Un *agent* est chargé d'exécuter les décisions prises par le comité.

La cotisation des membres est de six francs au moins.

Recettes en 1912 : Cotisations : 1625 fr ; dons et legs : 2950 fr. ; intérêts : 3110 fr. Dépenses d'assistance : 5131 francs pour 104 assistés. Frais d'administration : 848 fr.

XXIII. Canton du Valais.

(128 381 habitants, dont 5628 Suisses d'autres cantons et 14 597 étrangers.)

Il n'existe dans ce canton, à côté de l'Assistance officielle, qu'une assistance volontaire confessionnelle. L'assistance volontaire générale manque et n'a pas été nécessaire jusqu'à présent.

XXIV. Canton de Neuchâtel.

(133 061 habitants, dont 56 769 Suisses d'autres cantons et 14 649 étrangers.)

Dans le canton de Neuchâtel, l'assistance par les Eglises joue également un rôle important et l'assistance volontaire générale ne se rencontre guère que dans les grandes localités. — L'assistance est accordée sans distinction de nationalité ou de religion, généralement en nature, rarement en espèces. La situation des solliciteurs fait l'objet d'une enquête ; les indignes sont renvoyés. Des quêtes, des legs, dons, des intérêts et des subsides communaux fournissent les ressources nécessaires.

Ville de Neuchâtel. (23 741 habitants, dont 10 500 Suisses d'autres cantons et 3983 étrangers.)

Bureau Central de bienfaisance et de renseignements de Neuchâtel, fondé le 1er avril 1913. Cherche, par une organisation méthodique de la bienfaisance publique et privée, à contribuer au soulagement et au relèvement des indigents, à faire disparaître la mendicité, à servir de trait d'union entre les diverses Eglises et sociétés de bienfaisance de la ville en centralisant les résultats des enquêtes afin d'empêcher l'exploitation de la charité, et à veiller au bon emploi des sommes destinées à la lutte contre la misère ; il accorde des secours aux pauvres dont aucune autre société ne s'occupe. Le Bureau prête son concours aux différentes Eglises et organisations de bienfaisance lorsqu'il est réclamé. Il s'occupe des indigents domiciliés dans la commune de Neuchâtel, sans distinction de nationalité ou de culte. Les membres s'engagent à payer une cotisation minimum de cinq francs par an. La Commission de surveillance compte de quinze à vingt-cinq membres, lesquels doivent, autant que possible, représenter les diverses Eglises ou Sociétés de bienfaisance de la ville. Un comité de cinq à sept membres faisant partie de la Commission de surveillance statue sur les affaires courantes. Le *directeur* du Bureau est nommé par la Commission de surveillance, sur la présentation du comité. Il dirige, sous le contrôle et avec l'appui de ce dernier, tous les travaux du Bureau. Il le représente dans ses relations avec les autorités, le public et les assistés. Il est rétribué.

Ville de La Chaux-de-Fonds. (37 751 habitants, dont 18 887 Suisses d'autres cantons et 4533 étrangers.)

Société des Amis des pauvres de La Chaux-de-Fonds, fondée en 1859. Cette société assiste, au moyen de dons en nature, les indigents non-neuchâtelois habitant La Chaux-de-Fonds. Un agent salarié préside à la distribution des secours. Les nécessiteux peuvent s'adresser à lui. Un comité de sept membres est à la tête de la Société. Le président, dans certains cas, visite les assistés.

Recettes en 1912 : Produit de la quête annuelle à La Chaux-de-Fonds, legs, dons, subvention communale (500 fr.). Dépenses pour secours : 3436 fr. Personnes secourues : 115, soit 102 Suisses et 13 étrangères.

Cercle du Sapin de La Chaux-de-Fonds, fondé en 1857. Quoique formant une association politique, le Cercle du Sapin, dès son origine, s'est occupé de bienfaisance. Il assiste momentanément des personnes ou des familles que des circonstances indépendantes de leur volonté ont jetées dans le malheur ; il n'est fait aucune distinction de parti politique, de religion ou d'origine. Les secours sont donnés en nature, quelquefois en argent, toujours après enquête. On repousse les demandes non justifiées ou provenant de personnes malfamées.

Recettes en 1912 : Contributions volontaires des membres, dons et intérêts d'un legs. Dépenses d'assistance : 741 fr., en faveur de 38 assistés, en grande majorité des veuves.

Ville du Locle. (12 722 habitants, dont 4905 Suisses d'autres cantons et 1164 étrangers.)

Comité de bienfaisance du Locle, fondé en 1879. Met à la disposition des indigents qu'il assiste, de ceux qui sont assistés par d'autres sociétés, ainsi qu'à celle des passants pauvres des soupes fortifiantes ; secourt les familles dans le besoin, cela sans distinction de confession et d'origine. Une enquête a lieu sur les solliciteurs et il peut arriver que l'assistance soit refusée. Les familles assistées par le Comité sont visitées par des membres, chargés de leur accorder des dons en nature (pain, lait, denrées coloniales, combustibles et chaussures). Il n'est jamais donné d'argent.

Recettes en 1912 : Cotisations et subvention communale. Dépensé pour secours : 1088 fr. en faveur de quinze familles.

XXV. Canton de Genève.

(154 906 habitants, dont 43 277 Suisses d'autres cantons et 63 866 étrangers.)

Dans le canton urbain de Genève aussi, l'assistance confessionnelle a une importance toute spéciale ; nombreuses y sont également les sociétés de secours en faveur de tel ou tel groupement d'étrangers au canton. Néanmoins l'assistance volontaire générale y joue un rôle considérable et se trouve représentée par les institutions suivantes :

Ville de Genève. (58 337 habitants, dont 17 635 Suisses d'autres cantons et 24 274 étrangers. L'agglomération genevoise compte 123 153 habitants, dont 35 536 Suisses d'autres cantons et 51 740 étrangers.)

Bureau Central de bienfaisance à Genève, fondé en 1867, occupe un bâtiment lui appartenant, place de la Taconnerie 1. Cherche à venir en aide d'une manière efficace aux pauvres que la nécessité contraint à demander des secours et cela comme intermédiaire des sociétaires du Bureau Central, avec ses propres ressources, ou enfin en coopération avec d'autres institutions ou sociétés de bienfaisance. Il travaille avec la collaboration de particuliers et des œuvres charitables à l'organisation méthodique et efficace de la bienfaisance à Genève. Il centralise, dans la mesure la plus vaste possible, les renseignements sur tout ce qui se fait en Suisse en général et à Genève plus spécialement en matière de bienfaisance. — On en devient membre en payant une cotisation annuelle de trois francs au moins. A sa tête se trouve un comité de douze membres qui nomme et révoque les employés. Un directeur, un sous-directeur et un secrétaire, avec un certain nombre d'employés sous leurs ordres, sont chargés du travail administratif.

Le Bureau Central de bienfaisance est, en première ligne, un *organe d'information*. Avant d'accorder un secours à l'indigent qui vient les solliciter, à domicile ou par lettre, les sociétaires sont priés de consulter le Bureau verbalement ou par écrit.

En présence de cas nécessitant une solution immédiate, ils remettront, au lieu d'argent, une carte spéciale assurant au pauvre la subsistance nécessaire, jusqu'au moment où toutes les informations auront été recueillies. Une fois l'enquête terminée, le Bureau s'efforce de procurer à l'indigent le genre de secours dont il a besoin et qui sera, suivant les cas : l'offre de rapatriement, l'appel à la commune d'origine ou à une autre institution d'assistance, l'offre de travail quand c'est possible, le patronage par un sociétaire du Bureau. Dans les cas graves, le Bureau accorde l'appui de ses propres ressources. Le Bureau informe les sociétaires lorsqu'il y a lieu de refuser tout secours, comme il se réserve de faire appel à leur aide pour soulager les indigents dans des cas de misère extrême. Un certain nombre de dames (quinze actuellement) membres de la Société, se sont mises à la disposition du Bureau pour visiter et patronner une ou plusieurs familles indigentes.

Le Bureau Central accorde des *secours* en nature et en argent ; ces secours sont remis à domicile ou au guichet du Bureau. Il consent à venir en aide pour le paiement de loyers, pour des déménagements, pour l'achat de meubles, d'instruments orthopédiques, pour des cures dans des sanatoriums, des asiles ou à la campagne. Certains parents reçoivent des subsides pendant l'apprentissage de leurs enfants, des sans-travail l'indication de travail. Le Bureau s'occupe des pauvres voyageurs et contribue au rapatriement de Suisses et d'étrangers. Il signale les malades aux médecins et aux sociétés de secours en cas de maladie, à la police les habitations malsaines, ainsi que les enfants abandonnés, les étrangers à leurs sociétés respectives, les ivrognes, les filles tombées etc. aux sociétés et institutions créées en leur faveur. Le Bureau s'occupe d'une façon plus particulière des tuberculeux et a provoqué, en 1912, la création d'une ligue genevoise contre la tuberculose. — Trois avocats se tiennent gratuitement à la disposition des assistés pour des consultations juridiques.

Recettes en 1912 : Cotisations des membres : 33 979 francs ; dons de sociétaires : 6405 fr. ; legs et dons divers : 13 300 fr. ; intérêts : 3788 fr. Dépenses : Secours accordés directement par le Bureau : 35 544 fr. ; pour le compte de communes, de sociétés de bienfaisance etc. : 71 861 fr. Le nombre des assistés s'est élevé à 2686 (1444 Suisses et 1242 étrangers). Frais d'administration : 28 416 fr.

Le Bureau possède 12 439 *fiches* et *dossiers* (dont 7755 se rapportant à des Suisses et 4864 à des étrangers). Le *service central des renseignements* a reçu environ 3400 nouvelles fiches ; mais les demandes de renseignements ont fléchi.

Bureau des familles de Genève, fondé en 1843 ; Grand Mézel 10. Accorde à des personnes dans le besoin, sur la demande de pasteurs ou de personnes connues, des mensualités de 5, 10, 15 et 20 fr. suivant le cas ; ses ressources proviennent des intérêts de fonds placés et de sommes mises à sa disposition. Les Suisses, sans distinction de culte, sont assistés en premier lieu, en second lieu les étrangers.

Recettes en 1912. Intérêts : 19894 fr. ; dons de particuliers : 28 872 fr. Secours accordés pour une somme de 48 766 fr. à 238 personnes.

Aperçu de l'activité déployée en Suisse, en 1912, par les œuvres d'assistance volontaire générale.

Cantons.	Nombre des sociétés.	Nombre des assistés.	Montant des secours accordés.	Frais d'administration.
1. Zurich........	62	12,074	Fr. 249,577	Fr. 80,848
2. Berne	19	1,664	» 31,955	» 828
3. Lucerne.......	4	488	» 22,548	» 3,213
4. Schwytz	5	716	» 8,140	» 45
5. Nidwald	1	40	» 500	» —
6. Glaris	9	729	» 11,239	» 382
7. Zoug.........	1	30	» 5,189	» —
Report	101	15,741	Fr. 329,148	Fr. 85,916

Cantons.	Nombre des sociétés.	Nombre des assistés.	Montant des secours accordés.	Frais d'administration
Report	101	15,741	Fr. 329,148	Fr. 85,316
8. Fribourg......	3	36	» 1.130	» —
9. Soleure.......	8	775	» 19,267	» 747
10. Bâle-Ville.....	1	1,453	» 74,112	» 44,929
11. Bâle-Campagne	29	582	» 9,157	» 490
12. Schaffhouse...	4	375	» 6,766	» 107
13. Appenzell Rh.-E.	22	1,476	» 27,685	» 644
14. Appenzell Rh.-I.	1	32	» 634	» —
15. St-Gall.......	38	3,756	» 76,369	» 2,664
16. Grisons.......	16	397	» 15,097	» 312
17. Argovie.......	43	4,075	» 36,269	» 2,110
18. Thurgovie.....	12	840	» 11,036	» 105
19. Vaud.........	24	1,705	» 64,890	» 10,436
20. Neuchâtel.....	6	224	» 6,796	» 720
21. Genève.......	2	3,124	» 55,438	» 28,416
	310	34,591	Fr. 733,794	Fr. 176,996

Si nous embrassons d'un même regard l'ensemble des œuvres d'assistance générale organisée, nous découvrons partout l'influence du système dit d'Elberfeld, qui cherche à provoquer le secours direct, d'homme à homme et emploie des visiteurs et des visiteuses volontaires et non salariés. Ce système trouve son application la plus complète dans les villes de Berne et de Vevey et, à des degrés divers, dans le canton d'Appenzell (Rh.-Ext.), dans les villes de Saint-Gall, de Lucerne, de Glaris, de Frauenfeld et enfin dans le canton de Soleure. Dans des localités de peu d'importance, ce système rend, à présent encore, des services excellents ; mais dans les grandes villes il n'en va plus de même ; du moins ne peut-il plus être appliqué dans toute son intégrité, ni sans subir des modifications. Il est trop souvent fort difficile de recruter le nombre nécessaire de visiteurs et de visiteuses. Le simple bon sens, un cœur chaud et compatissant ne suffisent plus pour se tirer d'affaire, vu la multiplicité et la variété des cas et il peut, en mainte occurrence, résulter plus de mal que de bien de l'emploi de fonctionnaires inexpérimentés. Le système d'Elberfeld, et le terme ne paraît pas trop fort, peut être appelé le système du dilettantisme en matière d'as-

sistance. Son insuffisance a été dûment constatée en regard
des circonstances modernes et de la manière de voir actuelle.
On a essayé de le modifier, de le compléter, en recourant aux
services de personnes stylées que l'on rétribuait. C'est ainsi
qu'a surgi le système dit de Strasbourg, parce que dans cette
ville, il y a quelques années, pour la première fois, on a
réussi à mettre sur pied une organisation qui était en progrès
sur la méthode préconisée par le système d'Elberfeld.

Il est à propos de remarquer, cependant, que cette nouvelle
manière est connue et pratiquée en Suisse depuis des années,
des dizaines d'années même. L'assistance, en Suisse, à côté
de difficultés d'un autre ordre, offre cet inconvénient d'être
infiniment diverse et compliquée, tellement qu'il n'y a réellement que peu de personnes qui puissent se vanter de
la connaître à fond ; d'où la nécessité déjà ancienne de
former des visiteurs, des contrôleurs de profession et de
leur remettre toute l'assistance avec la collaboration de forces
volontaires. Zurich est, dans la Suisse allemande, la première
ville qui ait essayé de ce système. Bâle s'en tint mordicus
au système d'Elberfeld, jusqu'au moment où il cessa de
jouer. A l'heure qu'il est, Bâle fait comme Zurich et s'en
trouve bien. Lausanne et Neuchâtel de même. Mais ces deux
villes ont également suivi l'exemple donné par Genève, dont
le Bureau Central de bienfaisance est antérieur à la fondation de la Société d'assistance zuricoise et a toujours été
dirigé par un professeur de profession. Si Montreux et
Yverdon, si une société de secours lausannoise ont dû recourir aux services d'agents rétribués, nous y voyons une preuve
que l'activité de personnes de bonne volonté, au service de
l'assistance volontaire, était devenue insuffisante et un essai
de s'adapter à des circonstances nouvelles. Petit à petit
ces agents sont destinés à se transformer en secrétaires des
bureaux de bienfaisance, en directeurs, comme on les dé-
nomme dans la Suisse française.

Des craintes se sont manifestées, et certainement pas
tout-à-fait sans raison, à l'égard de ces professionnels de
l'assistance, dont l'activité renfermée dans les limites de

règles strictes pouvait prendre quelque chose de raide,
de froid, de bureaucratique. Cela dépend évidemment surtout de la personnalité du fonctionnaire en question qui
doit chercher à éviter ce danger, et aussi des instructions qui lui seront données, de telle sorte qu'il envisage comme son devoir de ne pas exercer ses fonctions
uniquement pendant ses heures de bureau, mais de s'y intéresser entre temps, en s'enquérant de ses assistés, en les
visitant à domicile, en leur manifestant partout et toujours
une bienveillance véritable. On a fait à l'emploi d'agents professionnels pour l'œuvre de l'assistance le reproche de coûter
trop cher, de nécessiter des frais d'administration par trop
élevés en regard du système d'Elberfeld qui n'occasionne,
pour ainsi dire, aucun frais. Dommage pour tout cet argent !
répète-t-on ; que de misères n'aurait-il pas contribué à
soulager ! C'est bien certain, en effet : l'administration de nos
grandes sociétés de bienfaisance coûte de l'argent. Mais ce n'est
là qu'un côté de la question : il faut placer sur l'autre plateau
de la balance tout le travail fourni par ces fonctionnaires,
les sommes énormes qu'ils parviennent à faire rentrer du
pays et de l'étranger en faveur des pauvres domiciliés,
grâce à leur persévérance et à leur ténacité ; les misères
nombreuses qu'ils ont prévenues ; toutes les personnes qu'ils
ont sauvées de la ruine, du crime peut-être ; la réduction à
sa plus simple expression de la mendicité, grâce à leur
travail acharné. Et combien l'assistance n'est-elle pas devenue aujourd'hui plus rationnelle, plus judicieuse ; on peut
affirmer qu'actuellement aucun indigent véritable ne demeure
sans recevoir, non pas une aumône, mais une aide efficace.
Ce sont là des faits d'où se dégage une conclusion : c'est que
tout cela n'est pas payé trop cher. Une bienfaisance exercée sans système, agissant simplement suivant les inspirations du moment ou du cœur, non d'après des principes
arrêtés ; une œuvre d'assistance à la mode d'Elberfeld, sans
gros frais d'administration, engloutissent certainement plus
d'argent et coûtent plus cher que ne coûtent les frais d'administration, même élevés, d'une assistance organisée d'après

une méthode rationnelle, sans parler de l'action à la fois déconcertante et démoralisante qu'elles exercent à bien des kilomètres à la ronde.

Les sociétés de bienfaisance déjà anciennes des villes de Zurich, Winterthour, Schaffhouse et Aarau, dont il a aussi été question dans ce chapitre de l'Assistance volontaire organisée, ont conservé l'ancienne pratique des secours par petites doses ; elles n'ont, en réalité, que peu de points de ressemblance avec les Bureaux d'assistance aux domiciliés aux méthodes modernisées, bien qu'à vrai dire elles aient, tout comme ces derniers, droit au qualificatif de « générales ». Il semblerait cependant que ces sociétés commencent à sentir que leur tâche, comme œuvre d'assistance, est près d'être achevée et qu'elles doivent céder la place à d'autres organisations. Cela paraît ressortir de ce fait que quelques-unes d'entre elles ne s'occupent plus directement des secours aux indigents, que d'autres encore ont recours pour leurs distributions à l'aide des bureaux d'assistance aux indigents domiciliés ou à celle des pasteurs. Pour la plupart, elles considèrent comme leur but principal de subventionner et de soutenir des œuvres d'utilité publique ou préventives contre la misère. Et c'est l'accomplissement de cette tâche, l'aide prêtées par elles aux autres sociétés de bienfaisance et les ressources qu'elles fournissent aux ecclésiastiques pour leur mission de charité qui fait leur raison d'être, c'est pourquoi aussi personne ne voudrait les voir disparaître.

Chez nombre de sociétés de ce genre, la pratique de l'assistance a encore quelque chose de très patriarcal. On distribue des aumônes, mais pas de secours efficaces. Chez la plupart l'assistance s'accorde en dons en nature, en bons d'aliments, de combustibles etc. ; ce n'est que très rarement et tout-à-fait exceptionnellement que l'on remet de l'argent. Cette manière de procéder n'implique-t-elle pas un manque de confiance en l'assisté, et celui-ci ne doit-il pas ressentir comme une offense qu'on ne se risque pas même à lui remettre quelques francs ? Pauvreté n'est pourtant pas, dans nombre de cas, synonyme de légèreté et de prodigalité. Et quand bien même,

ici et là, on abuserait de la confiance, qu'il arriverait que des
dons en espèces seraient mal employés, où veut-on qu'un
pauvre apprenne à bien utiliser son argent, lorsqu'on ne
se hasarde pas à lui en confier ? Il conviendrait donc d'en
finir avec cette maxime : des dons en nature, mais jamais
d'argent ! Il faudrait, suivant la situation, pratiquer tantôt
l'une, tantôt l'autre de ces assistances, parfois les deux à
la fois et ne pas se montrer si craintif ni si méfiant. —
La surveillance et la mise sous tutelle des assistés, telles
qu'elles sont pratiquées par nombre de sociétés ont aussi quelque chose de choquant et qui froisse le sentiment de la dignité. Les pauvres ne sont pourtant pas des criminels, ni, de
par leur indigence, devenus des gens d'une autre trempe que
les autres. Cette surveillance peut avoir des conséquences
fâcheuses, même lorsqu'elle ne s'exercerait qu'à l'égard d'assistés momentanés, ceux-ci risquant de perdre l'habitude de
voler de leurs propres ailes, pour contracter celle de la dé-
pendance vis-à-vis de l'assistance, de leur tuteur ou de leur
visiteur.

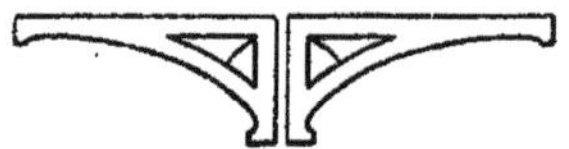

IV.

L'Assistance par les loges maçonniques.

La fédération des loges maçonniques suisses forme la grande loge centrale « l'Alpina ». Les francs-maçons se considèrent comme des frères, leur société comme une société de frères. Ils s'efforcent d'entretenir, entre eux d'abord, et envers les autres hommes des sentiments de fraternité et de justice, tout en travaillant sans relâche au bien de l'humanité et en poursuivant par des moyens pacifiques son émancipation progressive. Pour se rapprocher de leur idéal, indépendamment de la pratique de leurs rites symboliques empruntés pour la plupart à l'architecture, ils ont recours à divers moyens, cherchant à développer chez leurs membres les qualités du cœur et la connaissance toujours plus approfondie de soi-même, à resserrer les liens d'affection qui les unissent les uns aux autres et à favoriser l'*exercice en commun de la bienfaisance*. — La franc-maçonnerie professe le principe de la liberté de croyance, de conscience et de pensée. Par conséquent, dans ses œuvres d'assistance, elle ne fait aucune distinction de religion ou de nationalité. — Les cantons suivants possèdent des loges maçonniques : Zurich, Berne, Lucerne, Glaris, Fribourg, Bâle-Ville, Saint-Gall, Grisons, Argovie, Tessin, Vaud, Neuchâtel et Genève. Ces treize cantons comptent ensemble 42 loges locales. La plupart pour s'occuper de leurs œuvres de bienfaisance ont une « Commission de bienfaisance » à la tête de laquelle se trouve un « hospitalier ». Quelques-unes seulement accordent des secours individuels et directs, mais jamais sans une enquête préalable sérieuse sur la situation ; il est fait des dons en argent et en nature (lait, pain, épicerie, pommes de terre, combustible). Presque toutes organisent une fête de Noël avec cadeaux pour enfants pauvres, accordent des bourses d'études à des jeunes gens sans fortune, subventionnent les institutions et sociétés d'utilité publique et de bienfaisance les plus diverses. Les ressources proviennent des cotisations des membres, de dons, legs et des intérêts de divers fonds. L'exercice de la charité dans les loges maçonniques se fait en silence, presque en cachette : le public n'en entend pas et ne doit pas en entendre parler. C'est pourquoi l'évaluation des sommes dépensées par les loges maçonniques suisses pour l'assistance et les œuvres de bienfaisance ne peut être qu'approximative : on les estime, pour 1912, à environ 50 000 francs.

A côté des loges existent, dans quelques endroits, des *sociétés de sœurs*, formées par les épouses, veuves et filles adultes et non mariées des frères-maçons. Elles cherchent à venir en aide aux femmes malades, aux enfants, aux vieillards et, plus spécialement, aux femmes en couche et aux nouveaux-nés. Toute sociétaire a le droit de signaler au comité des nécessiteux à secourir, après avoir fait une enquête sérieuse pour s'assurer de leur indigence. La sœur qui a fait la demande d'assistance a à surveiller l'emploi des secours et là où cela est nécessaire, à travailler au relèvement moral de l'assisté. Les secours consistent en vêtements, objets de literie et de lingerie confectionnés par les sociétaires elles-mêmes, exceptionnellement en dons d'espèces. La plupart de ces sociétés organisent aussi une fête de Noël. Une d'elles procure du travail à faire à domicile aux femmes qui en cherchent, une autre subventionne une crèche. Leurs ressources consistent en subsides fournis par les loges, en dons et en cotisations. Les dépenses pour secours en 1912 peuvent être évaluées à 10 000 francs environ.

V.

L'Assistance confessionnelle.

1. L'assistance protestante.

C'est par le canton de *Zurich* que nous commencerons, bien que nous n'ayons à y relever que deux sociétés, dont l'une ne s'enquiert même pas de la confession de ses solliciteurs. La seconde, en thèse générale, n'assiste que les indigents de confession protestante, leur fait des dons d'argent, de vêtements et, lorsqu'ils ne paraissent pas inspirer une confiance suffisante, de bons de lait et de pain. Il n'est accordé que des secours momentanés.

La Société de bienfaisance de l'Association évangélique de la ville de Zurich (Armenverein der evangelischen Gesellschaft der Stadt Zürich), fondée en 1847 (bureau : Obere Kirchgasse 13, Zurich I, ouvert tous les jours de 10 heures à midi, le Dimanche excepté) est une société d'hommes et de femmes qui estiment qu'une action morale et religieuse sur les assistés doit accompagner l'aide matérielle qu'on leur accorde et constituer avec celle-ci le secours le plus efficace. La Société s'abouche pour cela avec les agents de la Mission urbaine et, lorsque cela est nécessaire, avec les pasteurs des diverses paroisses de la ville. Elle évite autant que possible les doubles assistances, toujours regrettables, ainsi que les secours adressés à des personnes indignes et à des mendiants de profession, en prenant des informations auprès d'autres sociétés de bienfaisance ou de l'Assistance officielle de la ville ou en leur en donnant. La Société exerce son activité sur tout le territoire de Zurich. Les membres, hommes et femmes, de l'Association évangélique peuvent en faire partie en y adhérant par écrit. L'admission d'autres personnes est subordonnée au vote unanime de tous les membres présents à la séance. Les agents de la Mission urbaine, nommés par l'Association évangélique, en tant que membres de cette Association, assistent régulièrement aux séances et participent, autant que cela leur est possible, aux enquêtes faites lors de nouvelles demandes de secours. Les sociétaires ne paient pas de cotisation fixe ; mais on attend d'eux un concours effectif matériel, proportionné à leurs ressources, une présence aux séances aussi régulière que leurs occupations le leur permettent, et qu'ils fassent les visites qui leur ont été demandées. — La direction de la Société compte trois membres ; une *administratrice*, nommée sur la proposition de la direction et rétribuée, tient le procès-verbal, soigne la correspondance, tient la caisse, transmet les offres de travail et liquide la besogne courante, en tant que ce n'est pas l'affaire du président lui-même. La Société *se préoccupe* avant tout des pauvres honorables ; cependant elle ne repousse pas des indigents dont on peut, grâce à une influence religieuse et morale, espérer le relèvement. Sont, en revanche, exclus de toute assistance les pauvres qui vivent dans l'inconduite et les mendiants de profession. Les ressources de la Société étant limitées, les secours qu'elle accorde ne doivent être considérés que comme un appoint, complétant d'autres secours ; aussi renvoie-t-on à la Société d'assistance générale tous les cas réclamant des secours plus considérables et réguliers, ou ceux qui exigent la coopération des autorités. Suivant les cas la Société peut toujours accorder un supplément de secours.

L'assistance consiste en dons de vivres, vêtements, literie, combustible et d'espèces ; on procure du travail aux femmes. Vivres et vêtements sont délivrés soit par l'administratrice, soit contre des bons émis par le sociétaire chargé de l'enquête. Les dons en argent ne sont autorisés que lorsque l'on possède la certitude de leur bon emploi. L'assistance par le travail n'est accordée qu'aux femmes ; les objets confectionnés par elles sont mis en vente au bureau de l'ouvroir, ou lors du bazar de charité qui a lieu toutes les années au commencement de l'hiver. Ces travaux ne doivent être remis qu'à des indigentes de confiance et bien recommandées.

Les secours s'accordent, ou bien une fois pour toutes, ou aussi en dons hebdomadaires ou mensuels. Le montant des premiers peut être de dix à vingt-cinq francs. Les indigents qui y ont eu part n'ont pas le droit de se représenter dans le courant de la même année. La liste des secours hebdomadaires et mensuels est revisée chaque année, lors des séances de Mars, Juin, Septembre et Décembre ; à cette occasion, les sociétaires ont à préaviser sur la continuation ou l'interruption des secours accordés aux indigents soumis à leur surveillance. Dans la règle, les secours réguliers ne sont donnés que lorsqu'il n'y a pas lieu de compter sur une amélioration de la situation, et qu'il existe des raisons suffisantes pour ne pas abandonner complètement certains assistés à la Société d'assistance générale ou aux autorités d'assistance.

La Société se réunit une fois par mois pour s'occuper des demandes de secours. Ces demandes doivent être formulées par écrit par le sociétaire qui connaît le solliciteur, ou par celui que le Bureau a chargé de prendre des renseignements. Ceux-ci doivent s'étendre à toutes les circonstances dignes d'entrer en ligne de compte et cela suivant un *formulaire ad hoc*. Le secours à accorder doit être proportionné aux besoins, à l'honorabilité des solliciteurs, ainsi qu'aux ressources disponibles de la Société. Chaque cas est examiné à fonds et l'assistance votée après préavis de l'enquêteur. Dans des cas pressants, le président peut, de sa propre initiative, accorder un secours, quitte à le faire inscrire au procès-verbal de la plus prochaine séance du comité. Le président a, de même, le droit de mettre en discussion un cas d'assistance en taisant le nom du solliciteur et sans qu'il en soit fait mention au procès-verbal. Il n'est fait aucune distinction de religion ou d'origine dans les distributions de secours. On peut refuser le secours lorsque le solliciteur est domicilié à Zurich depuis *moins d'un an*.

Recettes en 1912—13 : Cotisations des sociétaires et dons : 4330 fr. ; legs : 900 fr. ; ouvrages vendus : 6204 fr., intérêts etc. : 451 fr. Dépensé pour secours divers : 4471 fr.

en faveur de 280 indigents, dont 202 Suisses et 78 étrangers. Frais d'administration : 2484 francs.

La *loi d'organisation de l'Eglise nationale protestante du canton de Zurich, du 26 octobre 1902, art. 25*, attribue aux Conseils de paroisse le soin d'encourager la bienfaisance ; le *règlement ecclésiastique du 13 février 1905* est plus explicite encore : Les Conseils de paroisse doivent encourager l'assistance volontaire aux pauvres et aux malades en prêtant leur concours actif à la fondation et à l'organisation de sociétés de bienfaisance, de fonds des pauvres et d'autres institutions charitables et en appuyant tous les efforts ayant pour but d'accroître l'exercice de la charité privée. L'art. 78 fait un devoir au pasteur, en sa qualité de membre du Conseil de paroisse (qu'il ne peut pas présider), d'apporter encore sa participation active à toutes les manifestations d'utilité publique ou de la charité. L'administration des biens de fondation communaux, en tant que destinés aux besoins du culte ou des pauvres, est entre les mains du Conseil de paroisse. Les comptes doivent en être envoyés toutes les années au Conseil d'arrondissement qui les examine et les approuve. Dans presque toutes les paroisses du canton, il existe des *fondations en faveur des pauvres*. Elles proviennent de donations ou ont été formées petit à petit par l'accumulation de contributions volontaires. Au 31 décembre 1911, ces biens étaient évalués à la somme de 1 500 376 fr. Les dépenses pour la même année se sont élevées à fr. 98 324. Les pasteurs, sous la surveillance et avec le concours des Conseils de paroisse, ou bien aussi ces derniers seuls, emploient le revenu de ces biens, les contributions volontaires données à l'église lors de mariages etc. pour les pauvres de la paroisse, sans qu'il soit fait acception de religion, bien que ces fondations soient de provenance exclusivement protestante et que les collectes aient été faites uniquement lors de services religieux protestants, auprès de protestants ; il n'est pas non plus fait des distinctions de nationalité : seule la misère entre en ligne de compte. Dans les paroisses où existent des sociétés de bienfaisance, ce qui se rencontre assez fréquemment, ou *telle autre institution charitable,* celles-ci sont soutenues en très grande partie par les fonds des pauvres et les collectes faites à l'église. Il a été parlé au chapitre III des biens des pauvres, administrés par des comités plus ou moins indépendants des Conseils de paroisse, ou par une société spéciale, ainsi que cela arrive dans certaines communes.

2. Dans le canton de *Berne,* ce n'est guère qu'à Berne-Ville que se retrouvent encore quelques vestiges d'une assistance par les paroisses. L'administration en est remise aux pasteurs seuls. — A l'origine, il existait à Berne un fonds, dit fonds paroissial. Le 15 juillet 1836, le Conseil d'Etat arrêta que les legs qui avaient été faits exclusivement en faveur des bourgeois pauvres de Berne devraient en être distraits, et, conformément au § 51 de la loi sur les communes, du 30 décembre 1833, placés sous la surveillance du Conseil de Bourgeoisie. En exécution de cet arrêté, les deux commissions d'assistance, municipale et bourgeoisiale, conclurent, le 13 août 1838, un contrat de séparation, à teneur duquel le bien des pauvres bourgeoisial de la paroisse du Munster se composait de huit legs datant des années 1694 à 1786, celui de la paroisse de la Nydeck de cinq legs datant des années 1758 à 1791, tandis que la part de la paroisse du Saint-Esprit se réduisait à un seul héritage de l'année 1786. Le tableau ci-dessous donne la situation en 1912 de ces fonds bourgeoisiaux des pauvres, par paroisse :

Paroisses :	Fonds.	Secours accordés.
du Munster........	Fr. 15,034	Fr. 511.50
du St-Esprit.......	» 2,569	» 92.35
de la Nydeck......	» 5,710	» 210.—
	Fr. 23,313	Fr. 813.85

Les deux paroisses de Saint-Jean et Saint-Paul, de création plus récente, n'ont en propre aucun bien bourgeoisial de paroisse ; la paroisse de langue française n'en possède pas non plus. La paroisse de Saint-Jean, en la personne de ses trois pasteurs, reçoit la moitié du revenu de la paroisse de la

Nydeck, dont elle formait autrefois une partie. La paroisse de Saint-Paul reçoit, elle aussi, une part des revenus de celle du Saint-Esprit dont elle est issue, de telle sorte que les deux pasteurs de Saint-Paul bénéficient des deux cinquièmes, les trois pasteurs du Saint-Esprit des trois cinquièmes d'un revenu annuel de fr. 92,35.

Les actes de fondation désignent comme devant être mis au bénéfice de ces différents fonds : des bourgeois de la ville de Berne, indigents, malades, alités ou « des pauvres qui ont honte de faire connaître leur misère et qui sont bien véritablement bourgeois de la ville ». Il résulte de ces dispositions que le produit de ces biens des pauvres paroissiaux ne peut servir à secourir que les seules personnes qui, au moment où le secours est demandé, possèdent la bourgeoisie de la ville de Berne, sont de confession protestante, habitent la paroisse dont ils réclament l'assistance et ne sont pas domiciliés dans un établissement de charité. Les malades, les pauvres honteux sont secourus de préférence aux autres. Ceux qui ne remplissent pas les conditions voulues ne peuvent donc avoir part aux secours. Il n'est pas permis, par exemple, d'assister une femme qui a perdu son droit de bourgeoisie par son mariage avec un non-bourgeois, ou de distribuer des secours tirés des revenus d'une paroisse à des personnes habitant le territoire d'une autre paroisse. Les revenus de ces biens des pauvres bourgeois ne doivent pas être confondus dans la caisse générale de la paroisse ; il doit être tenu de leur emploi des comptes spéciaux. Au début de chaque année les pasteurs ont à rendre compte au président de la Commission des finances de l'emploi des recettes de l'année précédente, en soumettant à son examen le livre dans lequel ils inscrivent leurs entrées et leurs sorties ; suivant les cas, ils peuvent être invités à dresser un relevé de comptes. Si dans le quartier de l'un des pasteurs il ne se trouvait personne qui répondît aux conditions posées pour recevoir l'assistance, il y aurait lieu d'appliquer les ressources disponibles aux besoins du reste de la paroisse. Si dans la paroisse tout entière des fonds restaient inemployés, la somme disponible devrait être mise de côté jusqu'à emploi trouvé. Il n'est pas fait d'autres prescriptions aux pasteurs. Cependant, en 1903, la Commission bourgeoise des finances, en suite, probablement, d'abus parvenus à sa connaissance, a attiré leur attention sur des cas de double-assistance et sur le fait qu'une assistance ininterrompue, accordée à une seule et même personne, transformerait cette assistance en une sorte de rente personnelle, susceptible d'exciter des convoitises et de devenir gênante pour le dispensateur qui risquerait de perdre de sa liberté quant à l'emploi de cet argent. — Le produit des fonds de bourgeoisie attribué à chaque paroisse est remis, chaque année, par l'administration, au premier pasteur de la paroisse, à charge à celui-ci de remettre à chacun de ses collègues, la part dont il a besoin.

Le produit net de chacun des *biens des pauvres paroissiaux* est remis tous les trois mois par le caissier de l'Eglise au premier pasteur de la paroisse ; les trois premiers versements se font en sommes arrondies, le dernier comprend le solde exact du revenu annuel. Les dons et legs encaissés par les autorités paroissiales sont de même remis au premier pasteur. Les ecclésiastiques de chaque paroisse répartissent ces fonds entre eux comme ils le jugent bon et en tenant compte des besoins particuliers de chaque quartier. Dans les cas où l'accord ne pourrait se faire, c'est la commission administrative qui décide, après avoir entendu les pasteurs. Les revenus des biens des pauvres, tout comme les legs et les dons, doivent servir à venir en aide aux pauvres honteux de la paroisse et surtout aux malades, ressortissants ou non du canton, que le pasteur découvre en s'occupant de sa cure d'âmes. Il peut être accordé des subsides pour habiller des enfants lors de leur confirmation, si les fonds disponibles n'ont pas un emploi plus pressant. Le genre de l'assistance, en argent ou en nature, est laissé au choix du pasteur. Lorsqu'il s'agit de Bernois indigents, habitant depuis peu de temps seulement la ville de Berne, il y a à veiller à ce que l'assistance ainsi accordée ne constitue pas un premier pas pour l'obtention du droit d'assistance en ville. Les pasteurs ont à tenir un compte de ces sommes dans un livre de caisse où doivent être inscrits, jour après jour, d'un côté les rentrées, de l'autre le nom et le domicile des assistés, les motifs et le genre de l'assistance. A la fin de l'année, chaque pasteur doit adresser au caissier paroissial, pour la commission administrative de l'église, un extrait de ce livre de caisse en double d'après un formulaire prescrit, ainsi que le livre de caisse lui-même. La commission les fait examiner par un de ses membres, sur la proposition duquel elle les approuve.

Il y a à ajouter au produit des biens paroissiaux des pauvres celui des troncs d'églises et, pour la paroisse française, celui des collectes du Dimanche, consacrés aux pauvres les uns et les autres.

Tableau des biens des pauvres des différentes paroisses de la ville de Berne en 1912

Paroisses.	Capitaux.	Intérêts.	Produits des troncs.	Total des resources.	Secours accordés.
	Fr.	Fr.	Fr.	Fr.	Fr.
St-Esprit.......	19,589.82	894.55	2,117.35	3,011.90	2,980.—
St-Paul........	12,950.—	504.95	1,330.60	1,835.55	1,816.—
Munster.......	35,611,50	1,547.30	3,749.92	5,297.22	5,190.—
Par. française..	2,560.45	94.30	1,969.49	2,063.79	1,988.10
Nydeck........	13,347.13	518.90	1,787.75	2,306.65	2,306.—
St-Jean	16,299.95	583.95	823.30	1,407.25	1,388.—
	100,358.85	4,143.95	11,778.41	15,922.36	15,668.10

Un certain nombre d'autres paroisses du canton de Berne, ont aussi des *caisses des pauvres administrées par le pasteur*, où l'on puise pour venir en aide aux pauvres honteux ou à ceux que l'assistance légale ne secourt pas d'une manière suffisante. Ces caisses sont alimentées par les collectes faites à l'église et par des dons. Dans quelques localités, le pasteur a, en outre, à sa disposition les intérêts de legs ou de fonds divers.

Dans le *Jura bernois*, dont la population se partage entre deux cultes différents, il existe quelques sociétés pro-

testantes de bienfaisance d'hommes et de femmes, n'accordant
de secours qu'aux seuls protestants, les unes à tous leurs
paroissiens pauvres et malades, les autres surtout aux femmes
en couche. L'assistance se donne principalement en nature,
vêtements, linge de corps et de lit, bons de lait, de pain,
d'épicerie. — Des subsides accordés par les paroisses, par
des fabriques et des sociétaires, ainsi que le produit des collectes et des dons divers permettent à ces sociétés de subvenir
à leurs dépenses.

3. A *Bâle*, comme à Berne, les pasteurs ont à leur disposition des revenus de fonds paroissiaux des pauvres. Ces
fonds appelés *Fisci* ont probablement comme origine les
distributions d'aumônes en usage lors de funérailles. C'est en
1626 que l'autorité décida que ces dons charitables devraient
être remis aux ecclésiastiques qui en feraient la répartition.
Dès 1762, ces capitaux, qu'une administration vigilante
avait considérablement accrus, furent remis à l'administration
séculière, le clergé conservant la libre disposition des intérêts.

Le tableau ci-dessous donne un aperçu des prestations
des « Fisci » en 1912.

Paroisses.	Capitaux.	Intérêts.	Dons et legs.	Dépenses pour secours en 1912.
Munster	Fr. 126,744	Fr. 5,109	Fr. 1,000	Fr. 2,797
St-Martin	» 34,368	» 1,253	» 126	» 852
St-Alban	» 49,821	» 1,929	» 932	» 1,154
Ste-Elisabeth	» 58,261	» 2,181	» 37	» 1,030
St-Jacques	» 63,525	» 2,515	» 1,800	» 2,505
St-Pierre	» 135,023	» 5,401	» 200	» 3,440
St-Léonhard	» 140,825	» 5,780	» 306	» 4,108
St-Théodore	» 57,734	» 2,480	» 74	» 2.295
St-Matthieu	» 54,516	» 2,393	» —	» 1,900
Petit Huningue	» 6,720	» 263	» —	» 84
Riehen	» 3,287	» 74	» 2,521	» —
	Fr. 730,824	Fr. 29,378	Fr. 6,996	Fr. 20,165

Il n'existe aucune prescription relative à l'emploi à faire
par les pasteurs d'une partie de ces revenus des « Fisci »,
l'autre étant dépensée pour les églises. En 1912, les « Fisci »
contribuèrent pour 1900 fr. aux dépenses de l'assistance

générale. La moitié d'une somme de fr. 11 823, provenant des collectes à l'église a reçu la même destination, l'autre moitié ayant été employée en faveur d'autres institutions charitables ou ecclésiastiques.

Quelques *sociétés de dames* assistent les pasteurs dans la pratique de l'assistance. Elles organisent une fête de Noël avec cadeaux pour les enfants pauvres, facilitent à un grand nombre de catéchumènes les moyens de se procurer leurs costumes de confirmation, distribuent pendant les vacances d'été aux enfants des écoles du pain et du lait, fournissent du travail de couture et de tricot à des femmes pauvres, aux pauvres et aux malades de la literie et du linge de corps, leur remettent des bons de vivres ou des secours en argent. On ne s'enquiert pas de la nationalité, mais on n'assiste que des protestants connus par les pasteurs, les sociétaires ou les diaconesses.

Les ressources proviennent des cotisations, d'intérêts de capitaux, de subventions tirées de fonds spéciaux, de legs, de dons de sociétés diverses et d'une part dans les collectes faites à l'église.

4. Dans le district bi-confessionnel d'Arlesheim, canton de *Bâle-Campagne*, une société protestante de dames assiste, à l'aide de ressources provenant de cotisations, d'intérêts, d'une subvention paroissiale annuelle, des protestants pauvres et ayant besoin d'un temps de repos, sans distinction d'origine, surtout en leur donnant des bons, mais quelquefois aussi de l'argent.

Le reste du canton ne connaît pas l'assistance confessionnelle. Mais dans chaque commune une société de bienfaisance de dames s'occupe des pauvres et des malades sans distinction de culte ou de nationalité.

5. La ville de *Schaffhouse* possède encore une assistance volontaire confessionnelle bien organisée. Les trois paroisses protestantes de la ville, *Saint-Jean*, le *Munster* et *Steig* ont chacune une assistance paroissiale distincte. Cette assistance vient en aide aux paroissiens respectifs de chacune d'elles tombés dans le besoin et supplée, aussi bien qu'elle

le peut, les secours officiels ; dans des cas pressants, elle contribue à secourir des calamités qui relèvent entièrement de l'assistance.

L'assistance dans ces diverses paroisses est chose des *conseils de paroisse*. Ceux-ci nomment 'un *secrétaire des pauvres* qui doit tenir la comptabilité du bureau d'assistance et gérer le bien des pauvres ; ils nomment encore deux autres membres qui forment, avec le secrétaire, la *Commission des pauvres*. Dans la règle, tous trois doivent faire partie de leur Conseil de paroisse. Ce Conseil peut aussi, s'il le préfère, administrer directement l'assistance ; en ce cas, trois de ses membres en sont plus spécialement chargés. Il est loisible aux Conseils de paroisse, ainsi qu'aux Commissions des pauvres, de s'adjoindre d'autres membres pris au sein de la paroisse. Ces derniers assistent aux séances avec voix consultative. Les commissions se rassemblent, en général, une fois par mois, tous les premiers lundis du mois, pour statuer sur les affaires en cours. Quand le Conseil de paroisse est à la fois commission d'assistance, il lui est permis de s'occuper des affaires d'assistance pendant ses séances ordinaires ou lors de ses conférences du dimanche. Les Commissions d'assistance sont *en relations suivies* les unes avec les autres, et se tiennent mutuellement au courant, lorsque des assistés émigrent d'une paroisse dans l'autre, ou bien lorsqu'ils tentent d'obtenir des secours par des procédés malhonnêtes. En février, mai, août et novembre de chaque année, les trois commissions des pauvres se réunissent en assemblée générale pour délibérer et statuer sur des mesures à prendre en commun. Lorsqu'un Conseil de paroisse est en même temps Commission des pauvres, il se fait représenter par son bureau. — Afin de pouvoir établir un *contrôle* plus efficace des assistés, les commissions des pauvres demeurent en rapports réguliers avec les *contrôleurs des pauvres* des communes bourgeoise et municipale. Ces rapports ont lieu verbalement, en l'absence de toute disposition réglant la matière.

Doivent être assistés, en première ligne, les membres indigents des paroisses réformées. Les membres d'autres communautés protestantes peuvent aussi être assistés s'ils en font la demande. Lors de mariages mixtes, c'est d'après la religion des enfants que l'on se règle pour accorder ou refuser l'assistance ; les ménages dans lesquels les enfants sont élevés dans la religion protestante peuvent seuls être assistés. Si une partie des enfants appartiennent à la religion protestante, l'autre à la religion catholique, les parents peuvent s'adresser soit à l'assistance protestante, soit à l'assistance catholique. Dans ce cas, il y a à veiller à ce que *les deux* assistances ne soient pas mises à contribution par le même ménage. Pour obtenir des secours, les pauvres doivent avoir habité Schaffhouse *deux ans* au moins. Ce n'est qu'en cas grave qu'il peut être fait exception à cette règle. Une vie dans l'inconduite cause l'exclusion. Il ne doit pas non plus être délivré de secours lorsqu'il paraît démontré que des solliciteurs, avec un peu de bonne volonté et quelques efforts pourraient arriver à se tirer d'affaire. Les secours ne sont jamais accordés que pour un certain temps, qui ne doit pas dépasser une année. Les secours réguliers, durant plusieurs années consécutives, les subsides pour pensions et séjours dans des asiles, font l'objet d'un vote renouvelé chaque année. Les *demandes* doivent être adressées aux membres de la Commission des pauvres. Dans la règle, il ne peut être remis de secours aux solliciteurs qu'après examen du cas et avis conforme de la Commission des pauvres. Pour les cas d'urgence, les divers membres de la commission disposent d'un crédit de vingt francs. Chaque fois qu'ils ont dû en user, ils ont à en faire rapport à la prochaine séance. Les secours consistent en argent, pour subventions de loyer et d'écolage aux écoles maternelles, en bons de bois, de pain, de lait, d'épicerie et pour des souliers.

Les *recettes* de ces Commissions des pauvres sont constituées par la part des collectes dominicales faites à l'église destinée à la Bourse des pauvres par le Conseil de paroisse ; par la collecte du Vendredi-Saint, qui leur est exclusivemvent réservée ; de legs ou de dons (subsides de la Société de secours), de dons faits aux paroisses en tant que le Conseil de paroisse les leur a attribués. Les bonis de l'exercice écoulé doivent être placés de manière à constituer un fonds de réserve et forment le bien des pauvres de la paroisse. Le secrétaire des pauvres administre ce bien, il fait les encaissements et paie les dépenses d'assistance ; tous les trois mois il perçoit la part des collectes faites à l'église revenant à l'assistance. Il met chaque mois à la disposition de la Commission des pauvres le montant des secours accordés. L'administration de l'assistance est gratuite.

Dépenses pour secours accordés par les trois Assistances paroissiales en 1912 : 11 978 francs pour 228 assistés.

Les *autres paroisses* du canton de Schaffhouse n'ont pas d'assistance volontaire organisée. Celle de Buch possède une Caisse des pauvres, tenue par le pasteur, celle de Neuhausen un petit fonds alimenté par divers revenus. A Neunkirch, il a été créé, au moyen de quêtes à l'église, un fonds des pauvres domiciliés (se montant actuellement à 6000 francs environ) servant à l'assistance momentanée des pauvres non-bourgeois, jusqu'à ce qu'ils aient reçu des secours de leurs communes d'origine. Ce fonds est géré par le Conseil municipal. Depuis 1911, il a cessé d'être alimenté par des collectes faites à l'église. La Société de secours en cas de maladie est subventionnée par les revenus de ce fonds. Dans la plupart des paroisses, les collectes faites à l'église sont attribuées à l'assistance municipale ; à Gächlingen, à l'administration du fonds paroissial. A Merishausen, le produit des collectes des jours de fête doit désormais être remis au pasteur pour les secours qu'il a à distribuer.

La *loi d'assistance* du canton de Schaffhouse, du 14 mai 1851, encore en force, contient cependant une disposition qui autorise les Conseils paroissiaux à donner leur préavis aux Conseils municipaux sur toutes les questions qui intéressent l'assistance. Toute demande de secours va donc, en premier lieu, aux Conseils de paroisse pour avis motivé à faire parvenir aux Conseils municipaux ; les conseils paroissiaux sont formellement tenus de prendre sous leur surveillance particulière les pauvres déchus moralement, et les enfants élevés aux frais publics. Ils ont aussi le droit de faire parvenir à l'assemblée générale de la commune, par l'entremise du Conseil municipal, toutes propositions relatives à l'assistance.

6. Dans le canton de *Saint-Gall*, nous trouvons de nombreuses sociétés de bienfaisance protestantes, à peu d'exceptions près, toutes composées de femmes.

Ont droit en première ligne à *l'assistance*, les malades, les pauvres, les vieillards et les enfants de religion protestante, toute l'année lorsque leur situation l'exige, quelquefois, mais rarement, seulement aux environs de Noël. Quelquesunes de ces sociétés se sont cependant réservé le droit d'accorder, le cas échéant, des secours à des personnes de religion catholique. On secourt d'abord les Suisses, mais on ne repousse pas les étrangers. L'assistance se donne en argent et en nature ; quelques sociétés proscrivent les dons en espèces. Les assistés sont en général visités par les membres du comité. Quelques paroisses ont été divisées en arrondissements, à la tête desquels se trouvent des dames, auxquelles les indigents peuvent s'adresser et qui exercent à leur égard une sorte de patronage. Ou bien encore il est assigné à chaque membre du comité une personne ou une famille, dont il a à s'occuper, qu'il doit visiter, conseiller, secourir, et sur laquelle il doit s'efforcer d'exercer une action morale bienfaisante.

Nulle part il n'est exigé un *temps de séjour préalable* dans la paroisse ; il est rarement opposé un refus, même pour cause d'inconduite du père de famille, lorsqu'il se trouve des enfants qui en souffrent et une mère de famille qui fait son devoir. En pareille occurrence, le mauvais père est signalé à l'autorité pour qu'elle intervienne.

La *Société de bienfaisance de la Communauté évangélique de Rapperswil-Jona* offre un cas d'association protestante exerçant l'assistance aux habitants ; c'est la raison qui nous oblige à en parler ici avec un peu plus de détails. Dans la mesure des ressources dont elle dispose, elle cherche à venir en aide d'une manière appropriée aux indigents habitant la

paroisse ; à y intéresser le plus possible les communes d'origine,
à lutter contre la mendicité et à prévenir les abus qui proviennent d'une double assistance. L'activité de la société est
dirigée par une Commission des pauvres de trois membres,
présidée par le *pasteur* et par des *aides* recrutés par la commission, suivant les besoins, dans les différents quartiers de la
commune. C'est à cette *Commission des pauvres* de décider,
après enquête faite, si des secours doivent être accordés, refusés ou interrompus. Elle s'efforce de gagner la coopération
des communes d'origine des indigents. Elle répartit le travail entre ses aides. Ceux-ci ont à faire une enquête chaque
fois qu'un cas nouveau leur est remis, doivent en communiquer le résultat à la Commission des pauvres, en y joignant
un préavis relatif au montant et à la durée de l'assistance.
Ils renouvellent de temps à autre leurs visites aux personnes
et aux familles assistées et signalent à la Commission les
observations et les expériences faites à cette occasion. Les
fournisseurs doivent être désignés par la Commission des
pauvres. Les frais occasionnés sont payés par la Caisse des
pauvres. Celle-ci tire ses ressources des collectes faites à
l'église, en tant que ces collectes ne sont pas expressément
attribuées à d'autres buts, de dons, de legs qui doivent être
capitalisés lorsqu'ils se montent à 500 francs, enfin des intérêts de capitaux et, éventuellement, de subsides paroissiaux.

Les ressources des autres sociétés de bienfaisance protestantes du canton de Saint-Gall consistent en cotisations
des sociétaires, en subsides d'associations diverses, de caisses
d'épargne, de conseils paroissiaux, en collectes, legs, intérêts
de capitaux etc. etc.

Dans ce même canton, quelques paroisses possèdent des
fonds des pauvres de diverses catégories, dont le produit est
employé par les pasteurs eux-mêmes, soit aussi par l'intermédiaire de sociétés de bienfaisance, en faveur des pauvres.
Il en va de même, dans ces paroisses, des collectes faites
à l'église, en tant qu'elles n'ont pas été d'avance réservées
à une destination spéciale.

7. Dans le canton de *Thurgovie*, il y a trois sociétés

de dames à mentionner, lesquelles assistent malades et indigents, toute l'année durant, et, plus spécialement à l'époque de Noël par des dons en argent et en nature. Les étrangers, à condition d'être protestants, sont mis sur le même pied que les Suisses. La situation des solliciteurs est l'objet d'une enquête ; les indigents sont visités. Il est très rarement opposé des refus aux demandes de secours. Les cotisations des sociétaires, des dons, des intérêts de fonds placés fournissent les ressources nécessaires. En dehors de ces trois sociétés, l'assistance confessionnelle n'existe pour ainsi dire pas dans le canton de Thurgovie.

8. Dans le canton de *Vaud*, la loi d'assistance du 24 août 1888, art. 20, fixe que, conformément à la loi ecclésiastique, les conseils de paroisse ont à s'occuper de l'assistance ; de plus, les conseils municipaux, les autorités scolaires et tutélaires, les conseils de paroisse et les pasteurs sont tenus de dénoncer au préfet les cas qui parviennent à leur connaissance, de parents négligeant leurs devoirs vis-à-vis de leurs enfants, afin que la puissance paternelle puisse leur être enlevée.

La loi ecclésiastique, art. 16, mentionne parmi les devoirs des Conseils de paroisse de l'*Eglise Nationale* celui d'avoir soin des pauvres et des malades... d'administrer, de concert avec les autorités municipales, le produit des troncs d'églises. Le règlement ecclésiastique dit, art. 39 : Si, dans une paroisse, l'assistance est remise à une diaconie, celle-ci est placée sous le contrôle du Conseil de paroisse, qui en nomme les membres. Et à l'art. 40 : Le Conseil de paroisse recueille le produit des troncs d'églises, en tient un compte distinct et s'entend avec le Conseil municipal relativement à son emploi.

Les pasteurs transmettent tous les trois mois à la Direction cantonale des secours publics les sommes destinées aux vieillards de l'Institution cantonale des incurables. (En 1912, 1827 vieillards avaient part à ces secours dont le montant s'élevait à la somme de 250 000 francs. La collecte à domicile, organisée chaque année dans ce but, et faite par les pasteurs accompagnés d'un conseiller municipal, a produit 55 000 francs.) Les pasteurs servent aussi d'intermédiaires à l'Institution cantonale de l'enfance abandonnée pour le placement et la surveillance de ses pupilles.

L'Eglise nationale vaudoise comprend 148 paroisses. Dans les paroisses exclusivement agricoles, il n'y a pour ainsi dire pas de pauvres. Les quelques familles indigentes qui s'y trouvent sont originaires de leur commune de domicile et amplement secourues par la caisse communale d'assistance. C'est l'explication du fait que, dans seize paroisses, il ne se fait rien pour les pauvres. Dans quelques communes de confession mixte du district d'Echallens existent des « confréries protestantes » en possession de fonds anciens destinés à assister les pauvres de religion protestante. — Dans la plupart des paroisses urbaines, on trouve soit des bureaux, soit des Comités de secours. Ceux-ci, bien que ne rentrant pas dans la catégorie des œuvres d'Eglises, sont soutenus par les membres de l'Eglise et les pasteurs en sont les collaborateurs. La création de nombreuses infirmeries, d'orphelinats, d'asiles de vieillards de district est dûe à l'initiative des Eglises, bien qu'elles n'en aient pas conservé la direction exclusive.

Dix-huit paroisses n'utilisent pas, pour les besoins des pauvres, les collectes faites après les services divins ; le produit en est entièrement versé à la Caisse municipale pour l'assistance des bourgeois dans le besoin. Les 130 autres paroisses touchent tantôt un quart, tantôt un tiers, tantôt la moitié, et aussi la totalité du produit des troncs d'églises. Il faut y ajouter, pour un grand nombre d'entre elles : 1. les dons faits aux pasteurs à l'occasion de diverses solennités, telles que baptêmes, mariages etc. 2. une partie du produit de ventes et bazars de charité organisés de temps à autre dans les paroisses en faveur d'œuvres religieuses ou philanthropiques. — Dans plus de la moitié des paroisses, il existe des *sociétés de couture* qui confectionnent des vêtements ou de la lingerie destinés à être remis à des familles pauvres ou à des personnes âgées.

Les 130 paroisses du canton de Vaud ont assisté, en 1912, par l'entremise de leurs pasteurs et de leurs diaconies, 2821 familles ou personnes isolées et dépensé pour cela la somme de 61 458 fr. Les secours ont consisté généralement en dons en nature : pain, lait, épicerie, combustible, souliers etc.

Les paroisses de Savigny et des Croisettes possèdent des fonds spéciaux dont les intérêts sont employés pour les pauvres et les besoins du culte.

L'Eglise libre du canton de Vaud ne compte que peu de pauvres parmi ses adhérents et n'a de caisse des pauvres que dans quelques villes (Lausanne, Morges). Partout où existe une société de bienfaisance, les membres de l'Eglise libre l'appuient et participent à ses travaux. Partout ailleurs la charité individuelle est à l'œuvre, les pauvres sont visités et secourus ; cette activité, pour n'être pas le fruit d'une organisation constituée et pour cette raison impossible à évaluer en chiffres n'en est pas moins considérable. Une société de couture dans une grande localité du canton accorde des secours, généralement en nature, à tous les pauvres, à commencer par ceux qui font partie de l'Eglise libre.

La Société de bienfaisance de la *Communauté protestante allemande* de Montreux accorde des secours, par l'entremise de son pasteur ; les membres de la Communauté sont assistés en première ligne, ainsi que d'autres coreligionnaires. Des contributions volontaires permettent d'accorder largement cette assistance. Les secours sont donnés en argent et en nature. La situation des solliciteurs fait l'objet d'une enquête, eux-mêmes sont visités et les indignes renvoyés.

9. Le règlement général de *l'Eglise nationale* du canton de *Neuchâtel* du 19 mars 1874, art. 68, assigne aux Collèges d'anciens la tâche de gérer les fonds des pauvres ou «fonds de sachets», de recevoir les dons qui peuvent leur être remis, soit à la fin des services divins, soit à d'autres occasions, et de pourvoir à leur emploi. Peuvent avoir part aux secours tous les pauvres de la paroisse quelles que soient leur origine ou leur nationalité. Dans les cas où il s'agit

de pauvres ne faisant pas partie de la paroisse, le Collège des Anciens, présidé par le pasteur, statue. — Le secrétaire-caissier rédige le procès-verbal et fait la correspondance. Il gère les fonds remis à la garde du Collège des Anciens et lui en rend compte chaque année lors de l'assemblée générale du mois de janvier. Les comptes des «Fonds des sachets» doivent être soumis chaque année à l'examen du préfet. Un résumé de ces comptes est également transmis annuellement au Synode. Ces fonds paroissiaux, qui se montaient, au 31 décembre 1912, à la somme de 1 321 770 francs ont été constitués non seulement par le produit des collectes du dimanche, mais aussi par des capitaux, gros et petits, dont l'origine serait difficile à retrouver. — Il a été dépensé pour secours par les 44 paroisses du canton en 1912, une somme de 63 605 francs, soit 14 662 francs fournis par la paroisse de Neuchâtel-ville, 4199 francs par celle de La Chaux-de-Fonds et 2013 francs par celle du Locle. Les comptes ne permettent qu'une évaluation approximative du chiffre des assistés, que l'on estime être de 2 à 3000. Dans la somme de 63 605 francs indiquée plus haut ne sont pas compris les subsides accordés à différentes œuvres d'utilité publique ou de bienfaisance. comme aux hôpitaux du canton, aux sociétés de couture, aux dispensaires, à l'Asile des Billodes, aux cuisines populaires et autres organisations se rattachant à quelque titre à l'assistance. En revanche, figurent dans cette somme les subventions à la Société pour les détenus libérés, à l'Asile de Pontareuse, à l'Asile des femmes âgées, à la Croix-Bleue, à la Société Biblique, à la Société de secours par le travail à Neuchâtel, aux Ecoles du Dimanche etc. etc. pour lesquels il ne peut être puisé au fonds des pauvres, ces diverses institutions n'ayant pas l'assistance comme but principal. Les «Fonds de sachets» sont destinés aux pauvres et ne doivent pas être détournés de leur but. Les *fonds de paroisse*, en revanche, peuvent être mis à contribution pour des œuvres d'utilité publique.

De nombreuses *sociétés de couture* (il en existe dans chaque paroisse) ont été créées pour venir en aide aux pasteurs de l'Eglise nationale et aux Collèges d'Anciens, et reçoivent des subsides des fonds des sachets. Elles distribuent, pendant l'hiver, des vêtements chauds et des souliers aux enfants pauvres et aux femmes âgées. Quelques-unes de ces sociétés organisent une fête de Noël avec cadeaux.

L'*Eglise indépendante* du canton de Neuchâtel remet, dans chacune de ses paroisses, au Collège des Anciens, l'administration des fonds recueillis par les collectes dominicales. Il est accordé des secours en nature (combustible, souliers, vêtements, aliments, remèdes etc.) En 1912, les vingt-cinq paroisses ont secouru 545 familles ou personnes isolées et dépensé dans ce but 31 700 francs.

Dans l'une des grandes paroisses de cette Eglise, une société de secours paroissiale assiste les malades, les incurables, les orphelins et, momentanément, les familles dans la détresse au moyen de ressources provenant de cotisations, de dons et des intérêts d'un petit capital. — Dans plus de la moitié des paroisses, il existe une *société de couture* qui distribue les vêtements qu'elle confectionne aux membres pauvres de l'Eglise indépendante, ici et là, également aux pauvres qui ne font pas partie de la paroisse.

10. Dans l'*Eglise Nationale* du canton de *Genève*, à teneur du règlement ecclésiastique du 4 avril 1911 sur les paroisses, ce sont les Conseils de paroisse qui administrent les fonds paroissiaux, les dons faits en faveur du culte, d'œuvres de bienfaisance, philanthropiques ou autres. Ils recueillent les sommes provenant des quêtes à l'église et le contenu des troncs. Le produit des troncs est remis soit aux diaconies, soit aux comités de bienfaisance, soit encore aux pasteurs. Il est fait annuellement rapport aux Conseils de paroisse sur l'emploi de ces fonds. Dans les paroisses urbaines de Genève, les diaconies ont été instituées pour s'occuper des œuvres de bienfaisance, et pour veiller, le cas échéant, aux intérêts moraux et religieux de la paroisse en coopération avec les pasteurs et les Conseils de paroisse. Chacune des paroisses de la ville a sa diaconie. Les diacres, dont le nombre n'est pas limité, sont nommés par le Conseil de paroisse sur présentation de ses membres ou des pasteurs,

Le Consistoire est informé de leur nomination. Les pasteurs assistent aux séances de la diaconie de leur paroisse avec voix consultative. Les femmes peuvent en faire partie, mais ne doivent pas être en majorité. Le choix d'un diacre est annoncé du haut de la chaire. Un règlement élaboré par le Conseil de paroisse et approuvé par le Consistoire détermine les attributions des diaconies et prévoit la nomination d'un président et d'un caissier. Chaque diaconie fixe elle-même l'ordre du jour de ses séances et d'accord avec le Conseil de paroisse, les œuvres auxquelles elle entend se consacrer. Le produit des troncs d'églises est attribué à un fonds commun, géré par une commission formée de deux délégués de chacun des Conseils de paroisse de la Ville et du Consistoire. Elle a à répartir ce produit, ainsi que tout ou partie des autres sommes recueillies et des dons remis aux diaconies sans destination spéciale. Cette répartition a lieu dans une proportion déterminée chaque année par les statistiques fournies par les pasteurs et les Conseils de paroisse ; il faut, pour que cette répartition soit faite valablement, que les deux tiers des membres de la commission soient présents. Les cinq diaconies de la Ville, Saint-Pierre, Fusterie, Saint-Gervais, Pâquis et celle de la paroisse réformée de langue allemande ont touché, pour 1913, une somme de 31 000 francs. En novembre de chaque année, un appel est lancé à la population protestante de Genève pour lui demander ses dons ; en 1912, cet appel a rapporté 11 544 francs. Les diaconies ne sont pas autorisées à adresser des appels quelconques au public, ni à organiser une quête sans y avoir été autorisées par le Conseil de paroisse et le Consistoire. Les sommes qui leur sont remises sont consacrées, partie à l'assistance, partie à des œuvres d'intérêt général, ou pouvant contribuer au relèvement de la vie chrétienne et à l'éducation de la jeunesse. Elles doivent user de prudence dans la distribution des secours pour éviter des cas de double assistance.

Des Comités de bienfaisance peuvent être créés dans chacune des paroisses suburbaines. Ils peuvent s'intéresser également à toutes œuvres ayant pour but le développement de la vie morale et religieuse du peuple, lorsque l'organisation et la direction de ces œuvres leur sont confiées par le Conseil de paroisse. Tout Comité de bienfaisance doit se constituer conformément à un règlement soumis préalablement à l'approbation du Conseil de paroisse et à celle du Consistoire. Cette organisation est, en somme, la même que celle des diaconies. Les Comités de bienfaisance tirent leurs ressources du produit des troncs d'églises, des dons et legs, de subsides accordés par les Conseils de paroisse et des appels adressés au public. Les secours sont généralement accordés en argent. La situation des solliciteurs fait l'objet d'une enquête aussi discrète que possible ; les secours sont rarement refusés. Un séjour de six mois au moins est exigé préalablement à toute assistance. En cas de mariage mixte, les secours ne sont accordés que si les enfants sont élevés dans la religion protestante. Les personnes déjà assistées par une autre Eglise ne sont pas secourues. Il n'est pas payé de secours pour loyers arriérés. Les secours réguliers ne sont accordés que pour la durée d'un an ; avant d'être prolongés, une nouvelle enquête est obligatoire. Les Comités de bienfaisance se réunissent pour liquider les affaires courantes au moins une fois par mois, exception faite pendant les mois de juillet et d'août. Ils ont à leur tête un bureau composé d'un président, d'un caissier et d'un secrétaire. Un membre de ce bureau est chargé de la tenue des formulaires d'enquête relatifs aux cas d'assistance régulière. Ces formulaires contiennent, en plus des renseignements d'état-civil etc., une rubrique réservée aux résultats de l'enquête et au genre d'assistance accordé.

Les cinq diaconies urbaines ont dépensé, en 1912, fr. 37 mille 605,20 en secours. Dans les 24 paroisses du canton, 1984 personnes ont été assistées en 1912 (sur lesquelles un dixième d'étrangers) pour une somme totale de 66 638 francs. Les frais d'administration se sont élevés à 4647 francs.

Quelques *sociétés de couture*, composées de membres de

l'Eglise nationale, confectionnent des vêtements pour les pauvres de leur paroisse.

La *paroisse réformée de langue allemande* possède, en plus de sa diaconie, une « *Direction de la Bourse des pauvres* ». Les revenus de cette Bourse servent à secourir, après enquête, les catégories de personnes suivantes : par des pensions pouvant s'élever à dix francs par mois, ou par des dons à intervalles indéterminés, des personnes, des familles, des veuves ou des orphelins de la paroisse. Ces pensions peuvent être réduites ou interrompues à toute époque. Exceptionnellement, et en cas de misère extrême des Suisses-allemands ne faisant pas partie de la paroisse peuvent aussi être secourus. La « Bourse des Pauvres » peut aussi servir à payer, en partie ou en totalité, des études ou des apprentissages à des enfants bien doués. En toute occurence, la préférence est donnée, lorsqu'il s'agit de secours, aux gens âgés, habitant Genève depuis longtemps. La direction tient un registre de ses assistés et est en rapports suivis avec les autres sociétés de secours de Genève et du dehors. Sont rigoureusement exclus de l'assistance : tous ceux dont la paresse et le vice ont été la cause de la ruine de la vie de famille, ceux dont les enfants ne suivent pas ou seulement irrégulièrement les écoles, ceux qui s'adonnent à la mendicité, qui ont donné de fausses indications, qui ont mésusé des secours accordés ou les ont aliénés ; les incurables, ceux qui sont incapables de tout travail et qui sont au bénéfice de l'art. 45 de la Constitution fédérale. En faveur de ces deux dernières catégories d'indigents, l'assistance des communes ou des cantons d'origine est invoquée. En cas de refus, il est procédé, conformément au dit art. 45 de la Constitution fédérale. Les indigents convaincus d'avoir reçu assistance de plusieurs caisses de secours à la fois sont renvoyés. — L'assistance s'octroie en argent ou en nature. Les Suisses et les étrangers de religion réformée et de langue allemande sont secourus ; tout à fait exceptionnellement les personnes appartenant à un autre culte.

En 1912, 37 personnes ont été assistées et ont reçu

en tout la somme de 3158 francs. En outre, des communes d'origine ont fait parvenir, par l'intermédiaire de leur direction d'assistance, de 1600 à 1700 francs pour leurs ressortissants indigents. Les recettes proviennent des intérêts de capitaux placés et de dons.

L'Eglise Evangélique libre du canton de *Genève* ne compte que 700 membres environ et est divisée en trois paroisses correspondant à trois quartiers de la ville. Dans chacune de ces paroisses existe une commission spéciale chargée des pauvres. Toute requête fait l'objet d'une enquête exacte. Les secours sont accordés tantôt en nature, tantôt en argent, et autant que possible ne doivent être que momentanés. Des secours mensuels sont distribués à des personnes incapables de travailler pour cause d'âge ou d'invalidité. En 1912, il a été dépensé en faveur des indigents une somme de 3832 francs. Le nombre des assistés s'est élevé à seize.

La diaconie de la Communauté évangélique suisse-allemande (Eglise libre allemande), au moyen des ressources qu'elle se procure par le produit d'un bazar de charité, celui des sachets d'église, d'intérêts et de dons divers, vient en aide, même en cas de mariage mixte, aux membres de la communauté tombés dans le besoin, qu'ils soient Suisses ou étrangers. En 1912, il a été dépensé 1050 francs pour 80 assistés. — Un ouvroir procure du travail de couture à de pauvres femmes sans occupation ; les objets confectionnés par elles sont mis en vente dans un bazar.

Les cantons suivants que nous n'avons pas mentionnés et dont les habitants sont en majeure partie protestants, savoir : *Glaris, Appenzell Rh.-Ext.*, les *Grisons* et *Argovie*, n'ont pas d'assistance confessionnelle proprement dite. Dans les deux derniers, il existe quelques *fonds d'églises*, fondations ou legs, dont le produit est destiné à l'assistance de pauvres de religion protestante.

Quelques sociétés, se rattachant à des *communautés* ou à des *Eglises libres*, assistent les pauvres et les malades de leur culte et leur accordent des secours en argent ou en nature, pendant toute l'année si les circonstances l'exigent. Il n'est fait aucune distinction de nationalité. — Des cotisations de membres, d'autres contributions purement volontaires et des collectes fournissent, en général, le nécessaire.

A mentionner, ici encore, la Société de dames de l'*Eglise luthérienne allemande de Genève*, laquelle vient en aide à ses membres dans le besoin, en cas de maladie ou de gêne matérielle, par des secours en argent et en nature, qui leur sont remis soit directement, soit par l'entremise du pasteur ou de la diaconesse de paroisse. Les dépenses sont couvertes par une part dans les collectes faites à l'église, par des dons et par le produit d'un Bazar de charité.

Digne d'intérêt parce qu'elle soulage bien des misères, est l'assistance volontaire exercée par les communautés de protestants disséminés dans les cantons de *Lucerne, Zoug, Fribourg, Soleure, Appenzell Rh.-Int.* et *Argovie.* Cette assistance est le fait tantôt de sociétés, tantôt des diaconies de ces diverses communautés. Dans les cantons d'*Unterwald, Uri, Tessin et Valais,* dans lesquels existent aussi des communautés de protestants disséminés, mais aucune organisation d'assistance confessionnelle volontaire, ce sont les pasteurs, ainsi que des sociétés de dames qui s'en chargent en cas de besoin. Dans le premier de ces groupes de cantons, les secours sont accordés de préférence en bons pour aliments, mais aussi en argent. Seuls les protestants sont admis à y participer. Les indigents sont visités ; aucun secours n'est accordé sans enquête préalable. Sont repoussés les personnes de conduite immorale, celles qui se dérobent au travail, les passants sans papiers d'identité, les catholiques. Les cotisations des paroissiens, les collectes du dimanche et des jours de fête, des dons de particuliers et de maisons de commerce, d'institutions de bienfaisance forment les ressources habituelles nécessaires à l'exercice de cette assistance.

La Société de Bienfaisance de la paroisse réformée de Lucerne (die freiwillige Armenpflege der reformirten Gemeinde Luzern), fondée en 1866, se propose de secourir les membres de la paroisse tombés dans le besoin en leur accor-

dant des dons isolés ou réguliers, en nature ou en argent ;
les revenus du fonds des pauvres sont consacrés à cet emploi ;
la société cherche à intéresser à son œuvre les communes
d'origine et à lutter contre la mendicité. Les affaires de la
société sont dirigées par une *commission des pauvres*, composée
des pasteurs et d'un autre sociétaire, puis par des *visiteurs*
et des *dames-visitantes* nommés par la commission pour les
différents quartiers de la ville ; il est tenu équitablement
compte pour ces nominations des deux tendances entre lesquelles se partagent les membres de la paroisse. A la
Commission des pauvres incombent les tâches suivantes :
elle statue sur les demandes, les enquêtes des visiteurs ou
visiteuses ou de l'un des pasteurs servant de base pour accorder
un secours proportionné aux circonstances, pour le refuser
ou encore pour l'interrompre ; elle a à faire au Conseil de
paroisse des propositions de subsides en faveur d'œuvres de
bienfaisance ; à rechercher, par l'entremise des pasteurs, la
coopération des communes d'origine à l'assistance de leurs
ressortissants ; elle a à répartir le travail entre les visiteurs et les visiteuses. Ceux-ci font une *enquête* sur tous
les cas qui leur sont renvoyés et en transmettent le résultat
à la Commission avec leur préavis indiquant le montant et
la durée probable de l'assistance. Ils renouvellent leurs visites
aux personnes et familles assistées et communiquent à la
Commission les expériences et observations faites à cette
occasion, ainsi que les renseignements recueillis. C'est la
Commission qui désigne les fournisseurs des secours en nature.
L'assistance ne peut être votée que pour un an au plus, après
quoi elle peut être renouvelée. Tous les frais d'administration
sont supportés par la caisse des pauvres. L'assistance se
charge aussi de procurer des gardes-malades ainsi que le
mobilier sanitaire aux indigents.

Recettes pour 1912 : Intérêts : 721 francs ; collectes à
l'église : 4085 fr. ; dons : 1360 francs. Dépenses d'assistance :
4071 francs. Assistés : 122 indigents. Les communes d'origine ont versé, en outre, 3307 francs.

La Commission pour les pauvres de la paroisse réformée

de Soleure, fondée en 1835, vient en aide aux membres nécessiteux de la paroisse, surtout lorsque le besoin d'un secours immédiat est trop évident pour que l'on puisse attendre le résultat de démarches auprès des autorités compétentes. Un des pasteurs fonctionne comme correspondant de la Direction de l'Assistance publique bernoise et à ce titre pourvoit à l'assistance des pauvres de ce canton, quel que soit leur culte.

Recettes en 1912 : Intérêts 600 francs ; produit des troncs d'églises : 1132 fr. ; dons : 187 francs. Il a été dépensé pour : vêtements de première communion, denrées alimentaires, habits, souliers, combustible, remèdes, subsides pour cures et indemnité à la diaconesse pour soins donnés à des coreligionnaires indigents : 1949 francs. 96 personnes ont été assistées. La Direction de l'assistance publique du canton de Berne a fait parvenir 5582 francs, celle du canton de Soleure : 200 francs, diverses communes : 1513 francs, des parents 2684 francs, divers : 1087 fr., en tout 11 068 francs.

A côté de cette assistance par les paroisses de protestants disséminés, il convient de signaler le travail considérable accompli par des *sociétés de dames protestantes.* Elles viennent en aide à de nombreuses familles ou personnes isolées, femmes en couche et enfants en leur distribuant les vêtements qu'elles ont confectionnés. Pour la plupart, ces sociétés organisent en faveur des pauvres de leur paroisse et surtout des enfants une fête de Noël avec cadeaux. — Cotisations, dons et intérêts de fonds placés constituent leurs principales ressources.

La Société des dames bernoises en faveur des protestants disséminés a contribué, en 1912, à l'assistance d'enfants pauvres pour une somme de 290 francs ; celle de *Saint-Gall* s'occupe de dix paroisses : Wallenstadt, Oberriet, Butschwil-Mosnang, Appenzell, Trubschachen, Entlibuch, Willisau, Corjolens, Bulle, Saignelégier et Porrentruy, auxquelles elle envoie des vêtements ; celle de *Zurich* a dépensé pour fêtes de Noël, en cadeaux en espèces et en nature 743 francs. Les *sociétés* de *Bâle* et de *Schaffhouse* ne s'occupent pas de l'assistance directe des indigents.

*Aperçu de l'activité déployée en Suisse en 1912
par l'Assistance volontaire confessionnelle protestante.*

Cantons.	Nombre des sociétés.	Nombre des assistés.	Montant des secours accordés.	Frais d'administration.
1. Zurich.............	3	355	Fr. 5,551	Fr. 2,484
2. Berne	6	306	» 2,796	» 86
3. Lucerne..........	3	367	» 6,297	» 299
4. Schwytz.........	1	48	» 320	» —
5. Zoug.............	3	153	» 1,644	» 16
6. Fribourg.........	5	315	» 2,915	» 198
7. Soleure..........	3	400	» 3,374	» 18
8. Bâle-Ville	5	895	» 7,727	„ 294
9. Bâle-Campagne....	2	30	» 553	» —
10. Schaffhouse.......	3	228	» 11,978	» —
11. Appenzell (Rh.Int).	1	27	» 114	» —
12. St-Gall	24	1,293	» 23,860	» 210
13. Argovie..........	2	71	» 580	» —
14. Thurgovie.........	4	54	» 988	» —
15. Vaud.............	147	3,608	» 66,362	» —
16. Neuchâtel.........	121	5,065	» 109,910	» 272
17. Genève..........	34	2,257	» 78,493	» 4,753
	367	15,472	Fr. 323,462	Fr. 8,630

2. L'assistance catholique romaine.

L'Assistance volontaire dans l'Eglise catholique romaine
nous offre, comme organisation-type, la *Société de St-Vincent-
de Paul,* fondée aux environs de l'année 1850 à *Fribourg-
ville* où elle a son siège. Elle est une société d'hommes qui
a pour but d'exercer ses membres à la pratique d'une vie vraiment chrétienne, de visiter les pauvres, de les secourir de
leurs dons, mais, se souvenant de cette parole du Christ
que « l'homme ne vit pas seulement de pain, mais de toute
parole qui sort de la bouche de Dieu », en y ajoutant les
consolations de la religion ; de pourvoir, suivant la mesure
de leurs forces et du temps dont ils disposent, à l'instruction
religieuse des enfants de parents indigents, parce que « ce qui
a été fait au plus petit parmi ses frères », notre Seigneur le
considère comme fait à lui-même ; de répandre une littérature
à la fois morale et religieuse, de se consacrer enfin, suivant

leurs ressources, à toutes sortes de bonnes œuvres, chaque fois qu'on leur en fait la demande et que les œuvres pour lesquelles leur collaboration est demandée ne se trouvent pas en opposition avec les buts de la société. — Aucune œuvre de bienfaisance ne doit par conséquent demeurer étrangère aux membres de la Société, bien qu'ils s'attachent, avant tout, à visiter les familles pauvres. Les sociétaires profitent donc de toutes les occasions qui s'offrent à eux pour faire part de leurs consolations aux malades et aux prisonniers, pour instruire les enfants négligés par leurs parents et pour apporter les secours de la religion à ceux qui en manqueraient à l'article de la mort. Les sections locales portent le nom de « conférences » ; toutes les conférences se réunissent en Conseil général. Le *président* de chaque conférence tient une liste exacte des familles visitées. Il prend des renseignements sur celles qui lui sont signalées, afin que les membres puissent visiter celles de ces familles qui sont dignes de l'intérêt et de l'aide de la Société. Le président prend aussi note de tous les changements qui se produisent dans les familles, ainsi que parmi le personnel des membres-visiteurs. Les vêtements usagés sont acceptés et conservés dans un vestiaire pour être distribués aux pauvres.

Les *secours* consistent en dons en nature. Lors des séances, les membres sont interpellés tour à tour par le président et doivent indiquer le nombre de familles pour lesquelles ils réclament des secours et à quelle somme ils les évaluent. Ils doivent donner sur ces familles les renseignements qu'ils ont recueillis. Les secours sont remis aux assistés dans l'intervalle de deux séances. Il est abandonné à la prudence de chaque sociétaire de choisir le temps, le nombre et le mode des visites, ainsi que les moyens propres à ranimer dans les familles l'amour de la religion et le sentiment du devoir. Dans les cas plus compliqués, il est recouru aux conseils du président ou de tel autre membre plus expérimenté. Lorsque des dons en argent, en vêtements ou en livres paraissent indiqués, avis en est donné à la conférence, qui doit statuer. Quand il n'est pas possible d'éviter une allocation en espèces, en la remplaçant par un secours en nature, le sociétaire qui est chargé de remettre l'argent doit en surveiller l'emploi de très près. Une fois l'attribution des divers secours réglée, on s'occupe des places à procurer, des démarches à faire en faveur des pauvres, des familles à répartir pour des visites entre les membres nouvellement reçus. Aucune famille nouvelle n'est admise avant que le secrétaire ou le sociétaire, qui a été chargé par le président de prendre des renseignements, ait fait un exposé de sa situation et de ses besoins. Avant le vote, tout membre a le droit de présenter les observations qui lui semblent utiles. A la fin de la séance, le trésorier fait la quête, à laquelle chaque membre présent doit contribuer par une offrande proportionnée à sa fortune, mais toujours secrète. Ceux auxquels leur position ne permet pas de consacrer du temps au service des pauvres tâchent de faire en compensation un sacrifice pécuniaire plus considérable. Le produit de ces collectes est destiné à pourvoir aux besoins constatés chez les familles visitées ; les membres ne doivent négliger aucun des autres moyens qui pourraient s'offrir à eux d'alimenter la caisse de l'œuvre. La plupart des Conférences demandent, avant d'accorder un secours, un séjour plus ou moins long dans la paroisse : à Fribourg il doit même être de dix ans. Ce n'est que dans des cas exceptionnels que l'on assiste des personnes seules ; on vient de préférence en aide aux familles, surtout aux familles nombreuses, là où le gain quotidien suffit à peine pour l'entretien. Quelques conférences mettent gratuitement à la disposition des indigents des terrains et des semences, d'autres contribuent aux frais d'apprentissages. En général, en cas de maladie, les frais de médecin et de pharmacie sont payés par la conférence. — Quelques conférences subventionnent des Crèches et des colonies de vacances.

Outre ses membres actifs, la Société a des membres correspondants, des membres honoraires et des souscripteurs. Lorsqu'un membre de la Société change de résidence, pour s'établir dans une ville où ne se trouve pas de Conférence, il ne quitte pas pour cela la Société mais prend le titre de membre correspondant ; il se met en rapport avec la **Conférence la** plus rapprochée de sa résidence et correspond avec le secrétaire général. Les membres honoraires n'assistent pas aux conférences et ne participent aux œuvres de la Société que par leurs dons.

Le Conseil général est composé de quinze membres. Il existe des conférences dans les cantons suivants : Zurich (7), Jura bernois (6), Lucerne (7), Nidwald (1), Zoug (2), Fribourg (21), Soleure (1), Bâle-Ville (2), Schaffhouse (1), Saint-Gall (6), Argovie (4), Tessin (3), Vaud (4), Neuchâtel (1), Genève (6). Total : 72 conférences avec 1738 membres actifs répartis dans quinze cantons.

Recettes en 1912 : quêtes pendant les séances : 19 705 francs ; souscriptions, dons, sermons de charité, loteries et collectes extraordinaires : 53 979 francs. — Secours accordés en nature (pain, viande, légumes, combustibles, vêtements) pour 86 926 francs. Secours en espèces 2883 francs. Nombre des familles assistées : 1707.

Il existe en outre des conférences de St-Vincent *qui ne se rattachent pas* à l'organisation centrale suisse, mais poursuivent les mêmes buts ; nous en trouvons dans les cantons de Berne, Schwytz, Nidwald, Fribourg et Valais.

Quelques *sociétés des dames de Saint-Vincent* viennent en aide aux pauvres, aux malades, aux enfants et aux femmes en couche par des distributions de vêtements de toute espèce, de linge et de denrées alimentaires.

L'ordre tertiaire de Saint-François d'Assise s'occupe aussi d'œuvres de bienfaisance. Personne ne peut être admis dans l'ordre s'il n'a quarante ans révolus. Conditions d'admissibilité : bonne réputation, caractère pacifique, fidélité à la religion catholique, soumission à l'Eglise romaine et au pape. Les femmes mariées ne peuvent être admises sans le consentement de leurs maris, sauf dispense du confesseur. Au sein de leurs familles, les Tertiaires s'efforcent de donner un bon exemple en s'adonnant aux exercices de dévotion et aux bonnes œuvres. Ils ne doivent souffrir chez eux aucun livre, aucun journal, dont le contenu pourrait offusquer la la morale d'une manière quelconque et doivent en interdire la lecture à leurs subordonnés. Tous doivent, proportionnellement à leur fortune, contribuer à une bourse commune, destinée à secourir les frères dans le besoin, surtout en cas de maladie. Lorsqu'un sociétaire est malade, les directeurs doivent, ou le visiter eux-mêmes, ou lui envoyer quelqu'un qui remplisse vis-à-vis de lui les devoirs imposés par l'amour fraternel. Les secours se donnent en argent et en nature.

Le directeur général pour la Suisse romande siège à Romont (Fribourg). Dans le diocèse de Lausanne-Genève, le Tertiaire Ordre est représenté dans 112 paroisses, dans celui de Sion dans 67 et dans celui de Bâle (Jura) dans 35. En tout : 400 prêtres, 3500 frères et 13 600 sœurs.

Le directeur général pour la Suisse allemande a son siège à Lucerne et l'on trouve des confréries du Tertiaire Ordre dans une vingtaine de paroisses des cantons de Lucerne, Uri, Schwytz, Nidwald, Obwald, Glaris, Zoug, Soleure, Appenzell Rh.-Int. et Saint-Gall.

Les recettes sont toujours complètement dépensées ; impossible de traduire en chiffres le montant des secours accordés.

Les Sociétés de Sainte-Elisabeth dans les cantons de *Zurich, Berne, Lucerne, Schwytz, Soleure, les deux Bâles, Saint-Gall, Argovie* et *Valais* font appel au dévouement personnel de chacun de leurs membres pour travailler, dans l'amour du Christ et sous la protection de sainte Elisabeth de Thuringe, à soulager les misères matérielles et morales des pauvres dans les paroisses où ces sociétés existent. Leur activité profite en première ligne aux indigents incapables de gagner leur vie, aux enfants, aux malades sans ressources de la paroisse, sans distinction de culte ou d'origine ; les secours qui doivent se transmettre de la main à la main d'une manière affectueuse, consistent en denrées alimentaires, pièces de vêtements, literie, et, suivant les besoins, en services personnels, dans la mesure des ressources disponibles. Les membres actifs s'engagent à assister aux séances, à visiter les pauvres et les malades lorsqu'il le faut, et à travailler pour la Société lorsque la direction les y invite. Les Sociétés sont sous la surveillance supérieure des curés, qui accordent leur appui aux diverses manifestations de leur activité. La présidente émet les bons de secours et a le droit, en cas d'urgence, d'accorder de sa propre initiative des secours jusqu'à concurrence de cinq francs ; elle en avise la Société à la plus prochaine séance. Quelques-unes des Sociétés ne donnent de l'argent qu'exceptionnellement. On refuse des secours lorsqu'il y a lieu de craindre qu'il en soit fait mauvais emploi, mais cela n'arrive que rarement. Les ressources sont constituées par les cotisations des membres actifs et honoraires (cette cotisation est en général de 30 cts. par mois), les dons, les intérêts, une part du produit d'un bazar et de quêtes à l'église, enfin de subsides de l'Etat.

Les Sociétés des Mères chrétiennes font partie des « Confréries » placées sous l'invocation de la Sainte famille pour la propagation de la doctrine et de la vie chrétiennes et ont pour but : l'observance de la règle des confréries ; l'obéissance aux préceptes en vigueur pour les parents chrétiens, énumérés dans le petit manuel publié par les confréries ; le concours apporté aux œuvres de charité chrétienne dans les paroisses et au dehors (sociétés de secours aux malades etc.) ; l'éducation chrétienne des enfants d'indigents, enfin les visites à faire aux pauvres et aux malades. Peuvent se faire recevoir membres, les mères, femmes ou veuves catholiques demeurant dans la paroisse, jouissant d'une bonne réputation. Il y a, lors de l'admission, une finance d'entrée de un franc à acquitter ; chaque sociétaire doit s'engager à verser au moins trente centimes par an. C'est le curé de la paroisse qui est le président du Comité-directeur.

Les Sociétés de mères chrétiennes sont très nombreuses : le diocèse de Saint-Gall, qui comprend les cantons de Saint-Gall et d'Appenzell en comptait, en 1912, quarante-sept avec 7029 membres ; celui de Coire, qui embrasse les cantons des Grisons, de Schwytz, Glaris, Uri, Unterwald et Zurich, quarante-quatre avec 7984 membres ; celui de Bâle (cantons de Soleure, Lucerne, Berne, Zoug, les deux Bâles, Argovie, Thurgovie et Schaffhouse) cent-cinq avec 13 566 membres ; celui de Lausanne-Genève (cantons de Fribourg, Vaud, Neuchâtel et Genève) onze avec 1214 membres, et le diocèse de Sion (canton du Valais), cinq avec 344 membres. En tout 215 sociétés réparties entre vingt-deux cantons et 30323 membres. Quelques-unes d'entre elles, seulement, assistent leurs membres pauvres, des enfants d'indigents, des femmes en couche, en leur accordant des dons en nature.

Quelques sections seulement de la *Société catholique de jeunes filles* s'adonnent à l'assistance, viennent en aide à leurs membres pauvres ou malades et leur accordent des secours en espèces et en nature. Les buts qu'elles se proposent sont essentiellement d'ordre religieux ou cultuel : pratique des devoirs prescrits aux jeunes filles, décoration des églises et acquisition d'ornements sacerdotaux ; entretien des cimetières et décoration des tombes.

Outre les sociétés que nous venons d'énumérer, l'assistance volontaire confessionnelle est encore exercée dans les cantons catholiques et dans les communautés catholiques en pays protestants par de nombreuses associations.

1. Dans le *Jura bernois* catholique, une société de dames assiste les femmes en couche en leur procurant de la lingerie confectionnée par elles et, pendant neuf jours, du bouillon. Le linge prêté est repris, lavé et désinfecté au dispensaire où il est conservé. Les femmes, pour être assistées, doivent être mariées, habiter la paroisse depuis une année au moins et avoir été recommandées par une des sociétaires. Il faut qu'elles se soient annoncées et qu'elles aient été inscrites un mois avant la date de leur accouchement. — Une autre société de femmes s'occupe des veuves pauvres et des femmes malades et leur remet des bons de denrées alimentaires et de bois, ainsi que des vêtements. Elle s'occupe aussi de placer les enfants dans des établissements ou en apprentissage et d'obtenir l'admission des malades dans des hôpitaux.

2. Dans le canton de *Lucerne*, la loi d'assistance insiste d'une manière formelle sur la coopération des œuvres volontaires de bienfaisance ; nous constatons, par conséquent, un très grand développement de l'activité chari-

table volontaire. Toute localité tant soit peu importante possède sa société de bienfaisance, dirigée par le curé de la paroisse et, théoriquement du moins, accorde ses secours sans faire de distinction d'origine ou de culte, de préférence aux enfants, aux familles pauvres qui répugnent à recourir à l'assistance légale, aux femmes en couche. Ces sociétés cherchent ainsi à diminuer la mendicité et à prévenir la misère. L'assistance s'accorde surtout en nature, on donne des vêtements, mais pas d'argent. Quelques-unes de ces associations n'exercent leur activité que pendant les mois d'hiver ; au printemps elles font aux indigents une distribution gratuite de semences de pommes de terre. La plupart s'occupent encore de l'alimentation et de l'habillement des enfants des écoles pendant l'hiver. Sont seuls renvoyés les indignes, les paresseux, les dépensiers, les buveurs notoires, ceux qui refusent du travail, et seulement lorsqu'ils n'ont pas de famille. Les règlements de celles de ces sociétés qui en possèdent disent à peu près tous que sont à exclure de l'assistance, sinon totalement, du moins partiellement, ceux qui pourraient travailler, mais ne veulent pas ; ceux qui sont dans la misère du fait de leur luxe et des frais de toilette inutiles, et de toute leur manière de vivre ; ceux qui ne mènent pas une conduite chrétienne, qui élèvent mal leurs enfants, mésusent des dons qui leur ont été faits, ne se soucient pas des exhortations qu'on leur adresse, s'adonnent à la mendicité et à l'égard desquels toute assistance ne servirait de rien. Un comité de plusieurs membres organise l'encaissement des contributions et dons nécessaires et statue sur les demandes de secours. Il cherche à se procurer des renseignements exacts sur la personnalité, les besoins, l'état matériel, moral et religieux des pauvres, et censure ceux qui se conduisent mal.

Les ressources nécessaires à ces sociétés de bienfaisance proviennent des cotisations, d'intérêts, de legs, de dons et de subventions des autorités civiles et religieuses de la paroisse, ainsi que d'un subside accordé par l'Etat pour les soupes scolaires et les vêtements d'écoliers.

Les dépenses pour secours accordés varient, suivant les sociétés, entre cent et trois mille francs ; la grande généralité dépense de quatre cents à mille francs.

A côté de ces sociétés composées d'hommes, quelques autres, composées de *dames,* s'occupent également d'assistance. Elles viennent en aide aux écoliers pauvres et aux malades en leur dispensant des souliers, des vêtements, du linge, des bons de lait, de pain, d'épicerie, aux pauvres de confiance, de l'argent. Une enquête préalable exacte est faite et les solliciteurs sont visités. — Les ressources sont identiques à celles des sociétés d'hommes.

3. Dans le canton d'*Uri,* une société de dames emploie les intérêts d'une fondation et les cotisations de ses membres à pourvoir les écoliers indigents de vêtements, qui leur sont remis à l'occasion de la fête de Noël.

4. Dans le canton de *Schwytz,* ce sont aussi quelques sociétés de dames qui représentent l'assistance volontaire. Elles organisent pour les enfants de parents pauvres une fête de Noël avec cadeaux, et, par des dons en nature, viennent encore en aide à des personnes pauvres, âgées, infirmes ou malades. Ce sont les cotisations des membres et les intérêts de quelques fonds qui leur procurent les ressources nécessaires.

5. Les sociétés de dames et de jeunes filles du canton d'*Unterwald* procurent des vêtements à des écoliers pauvres et le matériel nécessaire à des élèves nécessiteuses des écoles de travaux manuels. Une société s'occupe des femmes indigentes en couche. Les ressources nécessaires sont fournies par les cotisations des membres, les intérêts de quelques fonds et des dons.

6. Les sociétés de dames et de jeunes filles du canton de *Zoug* assistent les personnes pauvres, malades ou âgées, en leur faisant apporter du lait, du pain, des vêtements etc., ou en leur remettant de petits cadeaux en espèces. Des enfants pauvres reçoivent aussi des souliers et des habits, les élèves pauvres des écoles de travaux manuels le matériel nécessaire. La situation des indigents est, en général, suffisamment connue sans qu'il soit nécessaire de re-

courir à une enquête. — Cotisations, collectes, dons, subventions cantonales fournissent les ressources nécessaires à ces sociétés.

7. Dans le canton de *Fribourg*, quelques sociétés catholiques de dames assistent des familles pauvres et honnêtes en leur faisant cadeau de denrées alimentaires. Sur demandes seulement, en cas de maladie ou à des femmes en couche, il est aussi accordé des secours en argent. — La *Société pour l'assistance des pauvres à domicile* fait visiter les indigents par des dames-visitantes. Les dames-visitantes de chacun des cinq quartiers ont à leur tête une présidente. Elles assistent aux séances du comité. Les présidentes doivent visiter tous les pauvres de leurs quartiers au moins deux fois l'an. Elles répartissent entre les visiteuses les secours mensuels proportionnellement au nombre de familles que chacune de ces dames a à voir, au nombre des membres qui composent ces familles et aux besoins de chacune d'elles. Les sommes nécessaires pour l'assistance ordinaire sont accordées en séance du comité, sur le préavis des présidentes de quartier. Le comité se réunit en séance ordinaire le troisième vendredi du mois, statue sur les secours proposés, sur l'admission ou l'exclusion de familles. L'admission à l'assistance est proposée au comité par la présidente du quartier. Elle est votée par le comité après informations prises sur les antécédents des solliciteurs, sur le nombre des membres de la famille et sur les chances de relèvement probables. Les admissions sont, en général, définitives. Cependant, le comité possède le droit d'admettre provisoirement des familles en attendant que les renseignements aient pu être rassemblés, ou pour des motifs que le comité se réserve d'apprécier. Une famille, une fois admise, est confiée à une sociétaire proposée par la présidente du quartier dans lequel habite cette famille. Les familles demeurant hors de ville ne peuvent être visitées. Chaque sociétaire visite régulièrement les familles qui lui ont été confiées et fait tous ses efforts pour atteindre le but qu'a en vue la Société : le relèvement moral et matériel des indigents. En règle générale, il doit être fait une visite par

semaine. Cependant les présidentes peuvent autoriser les visiteuses à les espacer davantage, quand il s'agit de familles composées de personnes âgées, ou de personnes dont le relèvement moral est moins en cause. Ces visites n'ont lieu ni à un jour, ni à une heure déterminée à l'avance. Il est mis à cœur des visiteuses de s'occuper plus particulièrement de leurs pauvres lorsqu'ils sont malades, et, quand il le faut, de les engager à remplir leurs devoirs religieux. Les dames-visitantes doivent faire ces visites et remettre elles-mêmes à leurs pauvres les secours votés ; elles ne se feront suppléer ni par des domestiques ni par des voisines. Elles ne se contenteront pas non plus de remettre simplement les secours ; il faut qu'elles les accompagnent de paroles bienveillantes et encourageantes. Chaque sociétaire doit, réglementairement, s'occuper de plusieurs familles. Néanmoins le comité ou sa présidente peut, provisoirement ou définitivement, relever une dame de cette obligation lorsqu'il y a pour cela des raisons sérieuses. La visiteuse reste celle des familles qui lui ont été attribuées jusqu'à ce que le Comité, ou la présidente du quartier, procède à un changement. Quand une famille change de domicile et va habiter un autre quartier, la présidente de ce quartier en est immédiatement avisée. Une dame-visitante est-elle empêchée pour des motifs sérieux de faire ses visites, elle en informe sa présidente qui pourvoit à son remplacement aussi longtemps qu'il le faut. — Les *secours* sont mensuels-réguliers ou momentanés. Le montant des secours mensuels est fixé par le comité, qui a le droit de les diminuer ou de les augmenter suivant les circonstances ou la saison. La distribution des secours incombe aux présidentes de quartier. Les secours doivent être donnés de préférence en nature ; ce sont les visiteurs qui en décident. L'assemblée générale peut aussi accorder des secours extraordinaires qui consisteront de préférence en vêtements, souliers, bois, remèdes etc. — La Société peut aussi se consacrer à d'autres œuvres qu'à celle des visites de pauvres et de l'assistance ; ainsi à celles de la protection de l'enfance, des loyers, de l'habillement des premières communiantes, des apprentissages etc. C'est le comité qui prend les décisions nécessaires. — La société organise toutes les années, à l'époque des fêtes de Pâques, un Bazar de charité, dont une part du produit est destiné à la Société de Saint-Vincent de Paul.

La Société de secours aux femmes en couche de Fribourg, les fait visiter avant leur accouchement, leur fait parvenir des secours en argent, des remèdes etc., ainsi qu'un trousseau complet pour le nouveau-né. Auparavant, il est pris des renseignements sur leur compte. Seules sont assistées les femmes de religion catholique ou dont le mari est catholique.

Ces sociétés tirent leurs ressources des cotisations de leurs membres, de quêtes faites à l'église, d'intérêts et du produit de bazars de charité.

L'Office central d'informations et d'assistance à Fribourg, Grand'rue 26, ouvert chaque jour, sauf le dimanche, de dix heures à midi et demie, a été fondé le 5 décembre 1913 et doit sa création à des raisons identiques à celles qui ont motivé celle d'offices analogues dans d'autres villes. Malgré des institutions de bienfaisance et les manifestations de la charité privée toujours plus nombreuses, la mendicité continuait à prospérer, ces diverses institutions n'ayant entre elles aucun point de contact et assistant souvent le même individu. C'est un abus que l'Office central doit faire cesser. Les autorités civiles et religieuses en ont provoqué la création et la plupart des sociétés de bienfaisance y ont fait adhésion. — Lorsqu'un mendiant inconnu se présente quelque part, et qu'il est impossible de vérifier soi-même ses allégations, il doit être renvoyé à l'Office central, qui se charge des informations et lui accordera le secours dont il a besoin. Une secrétaire prend son nom et son adresse et les fait parvenir de suite à la dame-visitante de la rue dans laquelle il habite. Cette dame vérifie si les indications données par le solliciteur sont exactes, s'informe de ses moyens d'existence, de ses circonstances de famille, de sa conduite etc. Ces informations peuvent également être demandées à la police ou aux bureaux d'assistance. Lorsqu'elles confirment qu'il s'agit d'une misère véritable, l'Office central en avise la personne qui lui a envoyé le solliciteur et indique les moyens les plus efficaces de lui venir en aide. Le cas échéant, l'Office intervient lui-même. Si c'est la maladie qui est la cause de la pauvreté, un médecin est appelé et l'on envoie une sœur de charité, dont les services sont gratuits pour les indigents, ou encore une garde de l'Ecole des infirmières. S'il s'agit d'un manque de travail passager, on a recours aux services des bureaux de placement ou du Bureau du travail. — Quand un secours paraît immédiatement nécessaire, l'Office l'accorde, mais toujours en nature, jamais en argent. Il s'efforce avant tout de sortir la famille qui sollicite l'assistance de la situation dans laquelle elle se débat, de manière à la tirer de misère et à l'empêcher d'envoyer tantôt l'un, tantôt l'autre de ses membres quémander des aumônes. Il va de soi que l'Office central, toutes les fois qu'il se trouve avoir à faire avec une famille déjà assistée par les Dames de charité, ou la Société de St-Vincent, s'empresse d'en avertir les présidents de ces sociétés, qui lui font régulièrement parvenir la liste de leurs assistés. — Pour pouvoir, chaque fois que cela est possible, venir en aide lui-même aux pauvres qui lui sont envoyés, en leur fournissant du travail, l'Office accueille les offres de travail, mais pas les offres de places, parce qu'il ne veut pas être un bureau de placement. C'est ainsi qu'il procure à des pauvres honteux, qui tiennent à rester inconnus, des écritures payées ou du travail de couture. Il se présente aussi des cas où l'on a besoin immédiatement de quelqu'un pour un coup de main pour un travail pressant. L'Office peut procurer ce quelqu'un, chose qui ne rentre pas dans les attributions des deux bureaux cantonaux du travail. — L'Office Central distribue des bons de secours immédiat, que des sociétés ou des particuliers peuvent se procurer et remettre eux-mêmes aux pauvres qui viennent les solliciter. Plus de trente dames-enquêteuses sont au service de l'Office. Le local qui sert de bureau a été mis gratuitement au service de l'Office ; l'emploi de secrétaire est aussi rempli à titre gracieux ; les dons et les subsides peuvent donc être employés uniquement pour l'assistance des cas d'urgence, très souvent réclamée, pour la raison que l'Association des Dames de charité ne peut assister que quarante familles, et que la Société de St-Vincent, d'après ses statuts, ne doit s'occuper que des pauvres habitant la ville depuis dix ans.

L'Office central est destiné à servir de lien entre les diverses œuvres de charité du pays, à remplacer les aumônes, faites sans discernement, par une assistance rationnelle, adaptée aux situations, à faire intervenir, au lieu de secours temporaires et généralement insuffisants, le secours efficace, à renvoyer les solliciteurs de toutes catégories vraiment dignes de secours aux œuvres qui peuvent leur venir en aide ou aux autorités compétentes, à mener courageusement de front la guerre contre la misère, la mendicité et l'alcoolisme.

Pendant les quelques premières semaines de son existence, l'Office a eu surtout à faire à des gens qui cherchaient du travail. Près de 70 familles se sont annoncées, parmi lesquelles un grand nombre étaient des indigents véritables et intéressants.

8. Les sociétés de dames catholiques du canton de *Soleure* fournissent de vêtements les écoliers indigents, de denrées alimentaires les habitants pauvres et les malades sans ressources. Des cotisations, des dons, des intérêts et des subsides communaux leur en procurent les moyens.

9. Dans le canton d'*Appenzell Rh.-Int.*, une société de bienfaisance catholique assiste les indigents et leur accorde des secours en nature.

10. Le canton de *Saint-Gall* possède un ensemble d'institutions volontaires catholiques d'assistance plus complet que les cantons précédents. Une de ces sociétés de bienfaisance motive sa raison d'être et indique le but de son activité de la façon suivante : «Partout l'expérience a démontré que l'assistance officielle d'une commune, même augmentée des aumônes individuelles, est absolument insuffisante à faire disparaître la misère existante ou à éloigner celle qui menace. Trop souvent cette misère est due à l'abandon de tout principe religieux et moral, et c'est en partant de cette constatation

que, pour donner à l'assistance légale une aide efficace et préparer le terrain au travail des philanthropes, la nécessité s'impose de faire disparaître ou de prévenir cette calamité par tous les moyens possibles. »

Ces sociétés cherchent à apporter aux pauvres qui s'en montrent dignes un secours aussi bien matériel que moral et, dans ce but, les font visiter fréquemment à domicile, les patronent et, par des conseils et des encouragements, s'efforcent de les faire participer aux bienfaits que procure une vie de travail, morale et religieuse. Les secours, en règle générale, ne doivent pas consister en espèces, mais en nature, en paiements de loyers, en travail procuré, en vêtements, en literie etc. etc., et pour les malades en soins médicaux ; les enfants abandonnés sont placés dans des familles chrétiennes ou dans des asiles. Sont cependant exclus de toute assistance : les mendiants notoires, les joueurs, les ivrognes et les débauchés. Une société exige, avant toute assistance, un séjour d'une année dans la paroisse, admet cependant des exceptions à cette règle. La même société utilise les services de visiteurs et de visiteuses, qui s'engagent à voir chez eux, au moins une fois, les indigents remis à leurs soins, pour se mettre au courant de leur situation matérielle, s'y renseigner sur les causes de leur position présente, les assister en toutes choses de leurs conseils et les encourager à mener une vie de famille morale, en se comportant vis-à-vis d'eux en amis chrétiens et charitables. Les secours sont transmis par les visiteurs et les visiteuses.

Les ressources nécessaires aux différentes sociétés catholiques de bienfaisance du canton de Saint-Gall leur sont fournies par des cotisations, des dons, des legs et des intérêts de capitaux ou de fondations.

A ces sociétés de bienfaisance composées d'hommes, il faut ajouter quelques *associations de dames*, qui viennent en aide aux pauvres et aux malades, à Noël aux enfants des écoles qui ont des parents nécessiteux, aux femmes en couche. Les secours consistent en denrées alimentaires, en vêtements et aussi en argent. On repousse les indignes, ceux qui mènent une vie immorale ou ne font pas un bon usage des secours reçus. Une de ces sociétés a divisé la paroisse en quartiers, répartis entre les membres de son comité, avec l'obligation pour ceux-ci de visiter pauvres et malades, de les assister de leurs conseils et de leurs dons (denrées alimentaires, vêtements etc.). La même société dit dans ses statuts : «Le secours spirituel consistant en conseils, encouragements, exhortations, sympathie affectueuse, étant en général d'une importance de beaucoup plus grande que le secours matériel, il faut insister sur la valeur des visites personnelles faites aux pauvres et aux malades et ne jamais les négliger. Ce n'est que de cette façon que l'on peut parvenir à combler le fossé qui sépare riches et pauvres et à réconcilier le pauvre avec son sort souvent si dur.»

Des cotisations annuelles, des legs, des intérêts et des dons retirés des troncs sont les ressources habituelles de ces sociétés de bienfaisance.

11. Le canton des *Grisons* ne compte que quelques sociétés de dames. Avec le produit des cotisations de leurs membres, elles assistent, après enquête, pauvres et malades. Une de ces sociétés fournit aussi le repas de midi gratuit à des écoliers peu fortunés et pourvoit de vêtements les catéchumènes, lors de leur première communion.

12. Dans celui de *Thurgovie*, quelques sociétés de dames travaillent pour les pauvres. L'une d'elles admet déjà des enfants au nombre des sociétaires.

13. Dans le canton du *Tessin*, une société de dames assiste pauvres et malades en distribuant des bons de pain, de viande, d'épicerie etc., et des dons en espèces. Ses recettes proviennent de cotisations, d'intérêts ou de dons faits en mémoire de décédés.

14. Dans le *Valais*, ce sont encore quelques sociétés féminines qui assistent les malades, placent dans des asiles les enfants abandonnés ou maladifs et confectionnent des habits pour les pauvres.

Nous constatons parmi les *communautés catholiques disséminées* en pays protestants le même besoin d'activité charitable, le même désir de venir en aide aux coreligionnaires en proie à la misère matérielle. Ce sont, à peu d'exceptions près, des sociétés de femmes qui se sont mises au service de la charité chrétienne dans les cantons de *Zurich, Berne, Bâle (ville et campagne), Vaud, Neuchâtel et Genève.*

L'assistance de ces associations va aux femmes en couche, aux familles pauvres, aux malades, aux enfants, à ceux que l'on comprend sous la dénomination de «pauvres honteux». De préférence elle s'accorde en nature, ici et là aussi en argent. En sont seuls exclus ceux qui se refusent à tout travail et les personnes dont la misère n'est pas évidente. Quelques sociétés ont des visiteuses de quartiers. Plusieurs d'entre elles organisent des fêtes de Noël avec cadeaux, à l'intention des enfants catholiques. — La *Société des dames de charité à Genève* mérite une mention spéciale ; son assistance étendue et largement accordée s'exerce dans les cinq paroisses de la ville, où elle fait prendre soin des femmes en couche et des nouveaux-nés, des malades et des enfants pauvres, distribuer des secours momentanés ou réguliers. Elle contribue aux rapatriements, au paiement des loyers et facilite des séjours dans des endroits de cure. Chaque année elle dépense plus de 30 000 francs et secourt 460 familles environ.

. Les ressources de ces diverses sociétés consistent en cotisations, produits de collectes, dons, intérêts de capitaux, produits de tombolas et en subventions accordées par diverses associations. Ces ressources sont, en général limitées.

Vingt-quatre sections de la *Société féminine suisse de secours aux enfants pauvres dans les stations de Mission,* existent dans les cantons de Lucerne, Uri, Schwytz, Unterwald, Zoug, Soleure, Saint-Gall et Argovie. Elles ont fait parvenir, en 1912, près de 7000 dons (en vêtements chauds) dans diverses stations de Mission disséminées dans les cantons de Zurich, Berne, Glaris, Bâle (ville et campagne), Schaffhouse, Appenzell (Rh.-Ext.), Grisons et Argovie. C'est dans le canton de Zurich qu'il en a été expédié le plus grand nombre. Une ou deux paroisses de montagne dans le canton d'Uri, un asile d'enfants pauvres et les enfants pauvres d'une paroisse lucernoise en ont aussi reçu leur part.

Dans les cantons de Lucerne, Uri, Unterwald, Fribourg, Soleure, Appenzell (Rh. Int.), Saint-Gall, Argovie, Tessin, Valais et Neuchâtel existent de nombreux *fonds paroissiaux* dont le produit est destiné aux indigents, écoliers pauvres, malades, apprentis. Ces revenus sont distribués par le curé de la paroisse, ou vont alimenter les caisses des sociétés charitables dont il vient d'être question. — Dans le canton de Fribourg, chaque église possède une « boîte de St-Antoine », dont le contenu est réparti entre les pauvres de la paroisse par le curé, suivant qu'il le trouve à propos. Il en est de même dans les autres cantons catholiques.

Les nombreux *couvents d'hommes* (de capucins surtout) et de *femmes* dans les cantons de Lucerne, Uri, Schwytz, Unterwald, Zoug, Fribourg, Soleure, Appenzell (Rh. Int.), Saint-Gall, Grisons, Tessin et Valais distribuent des aumônes à leurs portes : de la soupe, du pain, des vêtements, donnent aussi à manger aux enfants et aux voyageurs et s'occupent des malades.

Tableau de l'activité déployée par les œuvres d'assistance volontaire catholiques romaines en Suisse pendant l'année 1912.

Cantons	Nombre de sociétés etc.	Nombre des assistés.	Dépenses d'assistance.		Frais d'administration.	
1. Zurich	14	1,755	Fr.	11,210	Fr.	1,563
2. Berne	13	423	»	11,688	»	497
3. Lucerne	45	2,418	»	46,377	»	1,959
4. Uri	2	350	»	1,800	»	—
5. Schwytz	10	578	»	3,682	»	99
6. Obwald	7	580	»	5,795	»	40
7. Nidwald	4	197	»	3,110	»	50
8. Zoug	6	445	»	4,326	»	288
9. Fribourg	31	613	»	23,847	»	6,329
10. Soleure	9	301	»	2,628	»	116
11. Bâle-Ville	4	664	»	26,433	»	—
12. Bâle-Campagne	4	356	»	1,631	»	22
Report	149	8,680	Fr.	140,527	Fr.	10,963

Cantons.	Nombre de sociétés etc.	Nombre des assistés.	Dépenses d'assistance.		Frais d'administration.	
Report	149	8,680	Fr.	140,527	Fr.	10,963
13. Schaffhouse..........	1	15	»	1,768	»	164
14. Appenzell (Rh.-Int.)...	3	330	»	1,626	»	—
15. St-Gall	26	2,138	»	38,795	»	2,501
16. Grisons.............	4	263	»	1,852	»	48
17. Argovie	9	593	»	12,722	»	466
18. Thurgovie	5	119	»	952	»	—
19. Tessin	4	360	»	11,197	»	100
20. Vaud	9	427	»	6,541	»	3,046
21. Valais.............	2	220	»	3,400	»	—
22. Neuchâtel	7	266	»	3,700	»	15
23. Genève	7	624	»	38,482	»	744
Total.....	226	14,035	Fr.	263,562	Fr.	18,047

3. L'Assistance dans l'Eglise Vieille-Catholique.

A deux exceptions près, l'assistance volontaire dans l'Eglise Vieille-Catholique est entre les mains de sociétés féminines, qui s'efforcent de venir en aide au curé dans ses œuvres de charité. Les secours sont accordés surtout en nature (denrées alimentaires, vêtements, linge, souliers) et presque uniquement aux membres des communautés vieilles-catholiques, nationaux ou étrangers. Il est fait une enquête sérieuse sur la situation des solliciteurs, lorsque celle-ci n'est pas déjà connue. Les pauvres honteux, les malades, les femmes en couche, les indigents en général sont l'objet de l'assistance. La plupart de ces sociétés organisent des fêtes de Noël pour enfants de parents peu fortunés.

Les ressources financières sont comme partout : les cotisations, dons, intérêts de capitaux, collectes dans les églises et ailleurs, le produit des troncs, les contributions de sociétés, de fabriques et de paroisses.

A Zurich, nous rencontrons une société d'hommes, la *Société de secours de l'Eglise Vieille-Catholique*, fondée dans le but de venir en aide aux coreligionnaires dont l'indigence est réelle, lorsqu'ils habitent Zurich ou ses environs. Les demandes adressées, verbalement ou par écrit, au président ou à lui transmises par des sociétaires sont soumises à une commission d'enquête composée des membres du comité, des curés et de dix autres membres habitant les divers quartiers de la ville. Les membres de cette commission sont tenus de se renseigner exactement sur les besoins et la moralité des solliciteurs et de faire connaître ce qu'ils ont appris à ce sujet, sans trop tarder, au président ou à la commission. Celle-ci se rassemble, en général, la première semaine du mois pour délibérer et statuer sur les demandes parvenues. Les membres sont tenus à la plus stricte discrétion sur ce qui s'est dit dans ces discussions. En cas d'urgence, le président est autorisé, après un examen consciencieux, à accorder un secours qu'il fera ratifier lors de la plus prochaine séance de la Commission.

Les recettes, provenant de cotisations, de dons, d'intérêts, se sont élevées, pour 1912, à 1969 francs ; les dépenses à 1841 francs pour secours accordés à 65 personnes.

Dans plusieurs paroisses de l'Eglise Vieille-Catholique, ses membres participent activement aux œuvres de charité interconfessionnelles, sans former de sociétés particulières, ainsi à Olten, Rheinfelden, Moehlin. Un certain nombre de curés reçoivent le produit des troncs d'églises, qu'ils emploient en faveur de leurs indigents, d'autres consacrent à cela le casuel qu'ils perçoivent à l'occasion de certaines solennités. Une paroisse, celle de Starrkirch, est en possession d'un legs, dont le revenu est distribué aux pauvres.

Tableau de l'activité déployée par l'Assistance volontaire de l'Eglise Vieille-Catholique en 1912.

Cantons	Nombre de sociétés.	Assistés.	Dépenses d'assistance.		Frais d'administration.	
1. Zurich	4	530	Fr.	3,949	Fr.	182
2. Berne	3	347	»	1,825	»	219
3. Lucerne	1	89	»	454	»	40
4. Soleure	4	89	»	1,347	»	17
5. Bâle-Ville	1	12	»	1,665	»	89
6. Bâle-Campagne	2	235	»	610	»	—
7. Schaffhouse	1	70	»	450	»	—
8. St-Gall	1	38	»	1,492	»	186
9. Argovie	7	324	»	2,281	»	—
10. Neuchâtel	1	50	»	300	»	—
11. Genève	4	174	»	3,282	»	10
Total	29	1,949	Fr.	17,655	Fr.	743

4. L'assistance par les Communautés israélites.

Des offices organisés d'assistance israélites sont à l'œuvre dans les villes suivantes : Zurich, Winterthour, Berne, Bienne, Lucerne, Bâle, Saint-Gall, Bade, Lausanne, La Chaux-de-Fonds et Genève. En outre, il existe, çà et là, quelques sociétés d'hommes fonctionnant en même temps comme sociétés de secours en cas de maladie. Tous sont exclusivement au service de leurs coreligionnaires de la localité et tout particulièrement des émigrants en passage et des réfugiés qui sont assistés d'une façon très complète. Les secours en argent dépassent de beaucoup ceux en nature. Ils sont très rarement refusés. Les ressources proviennent de dons, d'intérêts et de subsides accordés par les communautés.

Les offices d'assistance israélites des villes énumérées plus haut ont formé entre elles une *union* destinée à centraliser l'assistance, à réglementer l'exercice de la bienfaisance à l'égard des indigents en passage d'après des principes uniformes et à réprimer la mendicité de ville en ville. Voici les principes admis à faire règle en matière d'assistance : les *nécessiteux domiciliés* ne peuvent être assistés qu'à l'endroit de leur domicile ; les *professionnels de la mendicité* ne doivent pas être dirigés vers l'intérieur de la Suisse ou simplement renvoyés d'une ville à une autre, mais refoulés vers la frontière et au-delà ; les *nouveaux arrivés* pour chercher à se créer une existence en Suisse, dans les cas où il n'y aurait, selon toute vraisemblance, aucune chance pour eux de se trouver une occupation, sont à diriger sur les localités où cette chance pourrait exister. Tout indigent en passage, en même temps que du secours qui lui est accordé, est mis en possession d'une *pièce d'identité* indiquant la raison et le but de son voyage, le montant et le genre de l'assistance dont il a été l'objet. Les offices d'assistance des villes traversées par les mendiants de profession et les immigrés participent aux frais de leur refoulement, suivant une proportion déterminée par le chiffre des membres de leur communauté, chiffre arrêté le 1er janvier de chaque année. L'un des offices est désigné tous les trois ans (c'est actuellement Bâle) par une assemblée générale, comme office central suisse, **avec mission de veiller aux intérêts communs** ; il peut s'adjoindre un secrétaire, rétribué au besoin, pour liquider les affaires courantes. *L'office central* a, en outre, pour tâche de s'enquérir et de rassembler des matériaux sur tout ce qui intéresse l'assistance. Les cas sortant de l'ordinaire doivent lui être immédiatement signalés. Les informations qui lui sont parvenues, ainsi que les observations recueillies doivent être communiquées à tous les offices d'assistance avec les directions nécessaires, immédiatement si le cas l'exige, autrement chaque mois au moins, afin de maintenir entre tous ces offices un contact réciproque constant. L'Office central expédie à chaque office local la liste des professionnels de la mendicité établie par l'Alliance des communautés israélites allemandes. Les offices locaux sont tenus de maintenir cette liste à jour, ainsi que de communiquer sans perte de temps à l'Office central les noms des solliciteurs indignes qu'ils viennent à connaître. L'Office Central peut se mettre en rapport avec l'étranger chaque fois que son intérêt l'exige. Les dépenses communes doivent figurer sur un compte à part de l'Office Central ; tous les trois mois, il doit être envoyé à chaque office le relevé de la part de frais qui lui incombe. Cette part ne doit jamais excéder le chiffre annuel de deux francs par membre pour chacune des communautés. Les offices sont tenus de faire connaître exactement, le 15 et le dernier de chaque mois, à l'Office central le montant de leurs débours faits pour le compte de l'union. Il est nécessaire d'en donner le détail. Le décompte doit s'opérer entre les mains et par les soins de l'Office central sitôt les comptes vérifiés.

En 1912, 139 personnes ont été réexpédiées, d'où une dépense de 1408 francs, à la charge des offices de Zurich, Bâle, Berne, Saint-Gall, Bade, Winterthour, Bienne et Lausanne.

L'Office d'assistance de la communauté israélite de Zurich est dirigé par une commission de cinq membres, à

laquelle appartiennent, en vertu de leurs fonctions, le
rabbin et le maître de religion. Il a pour devoir de lutter
activement contre la démoralisante habitude de la mendicité
à domicile ou en rue. — Les pauvres de passage sont reçus
au bureau, bâtiment de la synagogue, tous les jours de onze
heures et demie à midi et demi, le vendredi et le samedi
exceptés ; à la même adresse, on accueille les demandes de
secours des coreligionnaires domiciliés à Zurich ; il est habituellement statué immédiatement sur leurs cas, en tant qu'il
ne s'agit pas de secours importants, lesquels doivent être
précédés d'une enquête et discutés en commission. A ces
réceptions sont généralement présents le président, le rabbin
et le maître de religion. Lorsqu'il s'agit de domiciliés, le président peut accorder des secours jusqu'à concurrence d'une
somme de 50 francs ; lorsqu'il est à prévoir une dépense plus
considérable, c'est à la commission, parfois au Comité de
direction de la Communauté à décider.

Les *indigents de passage* reçoivent presque toujours un
billet de chemin de fer pour continuer leur voyage, plus un
secours de un à trois francs suivant que ce sont des personnes
âgées ou infirmes ou des jeunes gens. Dans des cas exceptionnels, c'est-à-dire lorsque c'est une famille tout entière qui
sollicite un secours, ce secours est plus élevé et proportionné
aux circonstances. Les habitués de la mendicité sont secourus
de la même manière, mais jamais plus de deux ou trois fois,
après quoi il leur est signifié que toute autre demande se
heurterait à un refus positif. A cet effet, la liste des mendiants de profession établie par l'Alliance des communautés
israélites allemandes, ainsi que le registre des assistés tenu
depuis des années et depuis peu complété par des renseignements personnels rendent de très bons services. Les billets
de transport jusqu'à la frontière sont délivrés par la Société
de bienfaisance de la ville de Zurich. Grâce à cette centralisation des offices israélites suisses d'assistance, on est main-
tenant en mesure de diriger directement sur la frontière les indigents de passage. On s'occupe en première ligne et tout
spécialement des malheureux qui rentrent et auxquels on

facilite le retour dans leur pays. Les passants, qui ne peuvent partir avant le commencement du sabbat ou de jours de fête, reçoivent des bons pour le logement et la nourriture.

Avant d'accorder des secours à des *coreligionnaires domiciliés*, l'Office d'assistance cherche à se renseigner sur leur situation en les visitant à domicile et en interrogeant des personnes de confiance. Quant aux malades, on les fait admettre dans des hôpitaux, sanatoriums, ou maisons de convalescence (souvent grâce à l'appui d'une société de dames israélites) ; s'ils sont soignés à domicile, on leur paie leurs frais de médecin et de pharmacien. Les infirmes et les veuves touchent un secours mensuel de dix à vingt francs. En cas de chômage, il est accordé des secours en nature et en argent. L'Office s'efforce aussi de trouver du travail, mais ses efforts ne sont pas toujours couronnés de succès. Aux familles nombreuses, où le gain ne suffit pas, il est accordé du combustible pendant l'hiver, des secours de loyer et de l'argent, des habits usagés, du linge et le nécessaire pour passer les fêtes de Pâques. Les pauvres honteux, en particulier, reçoivent à l'occasion des fêtes religieuses d'automne et du printemps des secours en espèces. Quelquefois, mais exceptionnellement, il est fait de petits prêts d'argent. L'Office d'assistance s'occupe encore du placement, dans des familles ou des établissements de même religion, des enfants israélites que lui adresse le Bureau des tutelles de la ville et contribue aux frais de pension. Tout domicilié auquel un secours a été accordé a sa *fiche*, sur laquelle sont mentionnées toutes les indications relatives à sa situation de famille, personnelle etc. On y indique aussi le nombre des secours reçus par lui et leur nature ; de telle sorte que s'il adresse une nouvelle demande, on puisse immédiatement se faire une idée de son cas.

Les recettes se composaient, en 1912, d'une attribution de 9000 francs de la part du fonds des pauvres de la communauté israélite, d'une contribution de 1175 francs de la Société des dames israélites, de dons divers : 4210 francs ;

des quêtes faites à l'occasion de cérémonies funèbres : 723
francs ; du produit des troncs de la synagogue 62 francs ;
de remboursements d'emprunts : 273 francs ; de sommes mises
à la disposition de l'Office pour certaines éventualités : 1174
francs et d'intérêts : 22 francs. Dépenses pour secours accordés : à des coreligionnaires domiciliés : 12 567 francs ; à des
passants : 4056 francs, pour 108 familles assistées régulièrement et 841 passants.

L'Office d'assistance de la communauté israëlite de Bâle
s'efforce de venir moralement et matériellement en aide aux
Israëlites indigents et lutte, par toutes sortes de moyens,
contre la mendicité quelle qu'elle soit. Elle a le droit,
pour cela, d'entrer en relations avec les offices d'assistance du
dehors. — La Commission générale de l'assistance israëlite
fixe les secours réguliers (distributions les jours de fête, répartition des dons en nature etc.) ainsi que tous les secours
dont le montant dépasse la compétence du comité. Ce dernier
est composé du président de la Commission, du rabbin ou
d'un membre de la Commission désigné pour le remplacer.
En cas d'urgence et sous réserve de l'approbation de deux
autres membres de la Commission générale, ce Comité a
le droit d'accorder des secours dont le chiffre peut s'élever
à 100 francs.

L'Assistance aux *passants* est remise à deux employés
de la communauté. Le président répartit entre eux le travail.
Ils se remplacent mutuellement en cas d'empêchement. Lorsqu'ils sont empêchés tous les deux, soit par une cause officielle, pour congé ou maladie, ils sont suppléés par un remplaçant qu'ils doivent se procurer eux-mêmes et à temps.
Un membre de la Commission doit autant que possible assister
aux distributions. Les distributions aux passants ont lieu
tous les jours (ceux du sabbat et des fêtes exceptés), matin
et soir, après le service, dans le local de la communauté.
Aux jours fériés et la veille des jours de grandes fêtes, la
distribution a lieu une demi-heure avant le commencement
du service. Pendant ces jours, le bureau est encore ouvert
à une heure de l'après-midi pour les indigents de passage

qui désireraient quitter Bâle le même jour. Le tarif des secours est fixé comme suit : les personnes isolées touchent, suivant leur âge, leur situation et leur état de santé, de 0,50 fr. à 2 fr., par exception trois francs. Dans ce dernier cas, les raisons qui l'ont motivé doivent être indiquées sur le formulaire. Un mari et sa femme, une famille, reçoivent au total quatre, exceptionnellement, cinq francs. Les motifs de l'augmentation doivent également être indiqués. Un secours de cinquante centimes par enfant peut être accordé en sus. Il est fourni de l'occupation aux gens en état de travailler ; si le travail est refusé, l'assistance cesse immédiatement. Les solliciteurs qui acceptent, même provisoirement, du travail faiblement rétribué, reçoivent un léger subside de la Caisse des pauvres. Lorsqu'un indigent est admis au chantier du Klingelberg, la même caisse accorde un subside de un franc et cinquante centimes par jour de travail pendant six jours consécutifs au maximum. Un second secours en argent pendant le cours d'une même année n'est accordé que dans certaines circonstances toutes particulières et ne doit pas dépasser le montant de la moitié du secours maximum. Les émigrants, ainsi que toutes les catégories d'indigents pour lesquelles il existe à Bâle des comités de secours spéciaux leur sont renvoyés. L'assistance peut aussi consister en bons pour logement (pour une nuit), de nourriture (pendant une journée) ou en un billet de chemin de fer, lorsqu'il s'agit d'un départ définitif. En pareil cas, le secours en argent est diminué en proportion. — On ne doit payer un billet de chemin de fer à des jeunes gens valides que pour un voyage à but bien déterminé et reconnu nécessaire. Les billets à moitié prix délivrés par la police contre un bon ne doivent, en règle générale, être payés que jusqu'à la station suisse ou la ville la plus rapprochée où se trouve une communauté israëlite. Les indigents de passage à Bâle pendant les jours du sabbat ou de fêtes religieuses reçoivent, sur leur demande, au local désigné par la commission, des repas le vendredi soir ou la veille d'un jour de fête, ainsi que le samedi ou le jour de fête à midi, s'il le faut pendant deux jours fériés. Une assistance de ce genre ne peut être accordée à la même personne qu'une fois dans la même année et le coût de chaque repas ne doit pas dépasser un franc et cinquante centimes.

Les personnes hors d'état de prouver leur identité d'une manière suffisante n'ont pas droit à l'assistance. Lorsque les passeports, actes d'origine et autres papiers de légitimation sont formulés en une langue incomprise au bureau de l'Office d'assistance, celui-ci inscrira au verso de ces actes les indications d'état-civil et autres de leur porteur et, lorsque cela lui paraîtra nécessaire y ajoutera le sceau de l'Office. Il est pris note, sur une fiche, de tout secours accordé ; cette fiche, après contrôle et écriture passée, est classée de manière à ce que les renseignements se rapportant aux mêmes personnes se retrouvent ensemble. Si les fonctionnaires chargés de la distribution considèrent que le secours qu'ils sont en droit d'accorder n'est pas suffisant, ils peuvent en proposer l'augmentation au secrétaire de la commission, ou, éventuellement, au président, lesquels ont le droit d'accorder des secours jusqu'à concurrence de dix francs chacun, et de vingt francs ensemble.

C'est le secrétaire (le rabbin) qui est chargé de l'assistance des *indigents domiciliés* à Bâle et aux environs. Il les accueille à ses heures de réception, ou les visite à domicile, s'enquiert de leur situation, examine leurs demandes et fait son rapport au président, lorsqu'il le faut au comité, ou à la plus prochaine séance de la commission. Dans les cas pressants ou graves (décès, maladies, couches, départs), le secrétaire, ainsi que le président sont autorisés à accorder un secours pouvant s'élever à vingt-cinq francs. Chaque semaine, ordinairement le jeudi (jours de fête exceptés), a lieu de onze heures à midi une séance du comité ; ce dernier se compose du président, du secrétaire et d'un membre de la commission. Tout membre de la commission a le droit d'assister aux séances du comité. Les décisions prises en séance hebdomadaire sont valables lors même que deux membres seuls sont présents ; la présence du secrétaire et celle du président sont cependant nécessaires ; ils ne peuvent être remplacés qu'en cas d'absence ou pour raison majeure. Les secours accordés par le comité peuvent s'élever à la somme de 50 francs par cas. Les sommes plus considérables doivent être votées en séance mensuelle de commission ; lorsqu'il y a urgence, on fait circuler chez chacun de ses membres un bulletin sur lequel ils inscrivent leur vote. — Aux personnes en état de travailler, il faut chercher un gagne-pain ; l'empressement à accepter du travail doit être pris en considération pour fixer le montant des secours. — Il n'est, par principe, *pas accordé* de subsides : 1º pour des patentes de colportage en faveur de personnes capables d'un autre travail ; 2º pour le paiement d'amendes. Tout indigent domicilié à Bâle et assisté par la Caisse des pauvres doit être invité à se procurer un livret de polyclinique. Ceux qui n'y ont pas droit recevront, le cas se présentant, un bon de traitement par le médecin désigné par la caisse des pauvres, ainsi qu'un bon de pharmacie ; ces bons sont à renouveler pour chaque cas de maladie.

Les secours accordés pendant le cours d'une semaine sont tous portés sur un bordereau, signé en séance hebdomadaire du Comité par au moins deux de ses membres (si possible par le président et le secrétaire) ; ce bordereau est envoyé au caissier pour ses comptes. Le chiffre (minimum et maximum) des secours qui peuvent être accordés aux indigents de passage doit être affiché dans le local de réception. De temps à autre, il est pris des renseignements sur la situation des assistés réguliers, surtout sur le compte de ceux qui habitent au dehors, et rapport en est fait à la commission. — Un des bedeaux de la communauté doit toujours être présent aux séances hebdomadaires, ainsi qu'aux distributions.

Pour prévenir l'exploitation de la charité individuelle, il est vendu aux membres de la communauté des *carnets de bons* (de 20 bons à 25 cts, et de 5 bons à 50 cts). Ces bons sont à remettre aux solliciteurs et payés par la caisse des pauvres. On est prié de ne pas remettre de vêtements aux mendiants, qui, dans la plupart des cas, les revendent immédiatement. La « Société du vieux » se charge de faire prendre à domicile les vêtements usagés et de les employer d'une manière judicieuse.

Aux recettes pour 1912 figurent : intérêts du fonds des pauvres : 1515 fr. ; subvention de la communauté : 2500 fr. ; de sociétés diverses : '1120 francs ; dons et contributions extraordinaires : 7997 francs ; produit des troncs, des sachets de la synagogue et des quêtes pendant les cérémonies funè-bres : 1236 francs ; 'dons lors de mariages célébrés à la synagogue : 924 francs ; remboursements : 100 francs.

Dépenses d'assistance pour les indigents de Bâle et environs (secours réguliers et occasionnels, distribution des jours de fête, médicaments, frais d'hôpitaux, secours en cas de deuil, bons d'aliments, de combustible, secours de loyer, subsides pour patentes, passeports, à des pauvres honteux, participation aux frais de séjours de bains, de soins à donner à des enfants, de voyage) 11 379 francs ; pour les indigents de passage : 4369 francs ; pour immigrants pauvres, surtout de provenance orientale (Russie, Galicie, Autriche-Hongrie) : 800 francs. Frais d'administration : 232 francs.

A mentionner encore une société à but spécial : *le Comité de secours aux émigrants juifs à Bâle,* duquel dépend le bureau de renseignements pour émigrants israélites, Hochstrasse 34, avec ses deux employés permanents. Les émigrants, le jour de leur arrivée, le jeudi, sont accueillis et conduits dans des bâtiments construits pour cela ; là on les sustente avec du thé, du lait ; on leur donne le repas de midi et on les munit de provisions de voyage, de vêtements, de souliers. Un médecin est présent. Le bureau délivre encore des billets de passage pour bateaux et chemins de fer à prix réduits et s'occupe de la réexpédition des très nombreux mais très misérables bagages des émigrants. Il réussit parfois à faire rembourser à ces pauvres gens l'argent que des agents sans conscience leur ont extorqué en Russie ou à la frontière.

En 1912, 949 personnes ont passé au bureau, se rendant aux Etats-Unis, au Canada, à la République Argentine, à Paris et à Londres. Les dépenses se sont élevées à 100 000 francs, les frais d'administration à 4000 francs. Les recettes proviennent de collectes faites entre coreligionnaires et de subventions accordées par de puissantes associations de secours juives.

Aux sociétés d'assistance des communautés israëlites, ainsi qu'aux sociétés de secours composées d'hommes, viennent s'ajouter, dans les villes importantes, les *Sociétés de dames israëlites* qui s'occupent avec zèle des femmes en couche, des malades, des enfants d'Israëlites et quelquefois des pauvres de passage. L'assistance s'accorde après une enquête et des visites au domicile des solliciteurs. Une de ces sociétés a formé une brigade de secours qui visite chez eux les familles pauvres et les malades. Ces visites n'ont pas pour but un secours matériel immédiat, mais celui de ranimer le sentiment de la dignité, le goût du travail et de la propreté, d'améliorer les conditions hygiéniques dans lesquelles vivent ces pauvres gens. Il est fort rare que des solliciteurs soient éconduits et quand le cas se présente, c'est uniquement pour cause d'indignité. Les ressources proviennent de cotisations, de dons, d'intérêts et de subventions de la communauté.

La Société de dames israëlites à Zurich a provoqué parmi ses membres, la fondation d'une *société de secours aux fiancées*, la seule de son espèce en Suisse, bien qu'il existe, il est vrai, ici et là, des fonds dont les intérêts servent à la même destination. Cette société facilite le mariage de filles légitimes de parents israëlites, en leur fournissant une dot. Les parents des jeunes filles à doter, ou les jeunes filles elles-mêmes, doivent avoir été domiciliés à Zurich pendant cinq années consécutives. Les candidates ne peuvent pas avoir moins de vingt ans ni plus de quarante ; elles doivent être de religion juive et de réputation intacte. Jusqu'à leur mariage, la somme de la dot reste placée à intérêts pour le compte de la Société. Elle est généralement remise huit jours avant la noce.

Tableau de l'activité déployée par les œuvres d'assistance volontaire israélites en Suisse pendant 1912.

Cantons.	Nombre des sociétés etc.	Nombre des assistés.	Montant des secours.		Frais d'administration.	
1. Zurich	3	1,302	Fr.	26,470	Fr.	240
2. Berne	2	680	»	4,100	»	—
3. Lucerne	2	348	»	2,451	»	112
4. Bâle-Ville......	4	2,624	»	124,071	»	4,985
5. St-Gall	2	388	»	2,345	»	51
6. Argovie........	1	450	»	1,500	»	—
7. Vaud..........	2	409	»	1,873	»	—
8. Neuchâtel	3	255	»	9,064	»	380
9. Genève	3	1,310	»	29,118	»	193
Total.....	22	7,766	Fr.	200,992	Fr.	5,961

5. L'Assistance par l'Eglise Méthodiste.

L'Eglise méthodiste épiscopale en Suisse secourt ses membres indigents dans toutes ses communautés des cantons de Zurich, Berne, Lucerne, Soleure, Bâle (Ville et Campagne), Appenzell Rh. Ext., Schaffhouse, Saint-Gall, Grisons, Argovie, Thurgovie, Vaud, Neuchâtel et Genève. Les secours sont accordés en argent et en nature après enquête et visite aux solliciteurs. Ce n'est qu'exceptionnellement que les dons dépassent la somme de vingt francs. Les ressources proviennent des dons et des intérêts de divers fonds.

En 1912, 670 personnes dans le besoin, environ, appartenant à 50 communautés ont été assistées ; il a été dépensé 8329 francs dans ce but.

Il existe, dans une localité, une société de dames de l'Eglise méthodiste qui prend soin des femmes en couche, membres de la communauté. Un secours est accordé à toute femme pauvre qui l'a demandé quelques semaines avant son accouchement. Le montant de la somme accordée est de trente francs pour les membres de la communauté et de vingt francs pour celles qui n'en font pas partie.

VI.

L'Assistance volontaire organisée en faveur de diverses catégories spéciales d'indigents.

1. L'Assistance des enfants pauvres et abandonnés.

Dans treize cantons, ceux de *Zurich, Berne, Lucerne, Soleure, les deux Bâles, Saint-Gall, Grisons, Argovie, Thurgovie, Vaud, Neuchâtel et Genève*, des sociétés en grand nombre font de l'assistance préventive en s'occupant de l'éducation d'enfants pauvres, abandonnés ou orphelins. Ces sociétés ont formé l'*Union des sociétés suisses d'éducation pour enfants pauvres*, dont font collectivement partie les sociétés et les directions de fondations suisses pour l'éducation d'enfants pauvres placés soit chez des particuliers, soit dans des asiles. Cette « Union » se propose d'étudier les questions relatives à l'éducation, à l'assistance à fournir à la jeunesse déshéritée, à la législation sur la matière, puis de veiller aux intérêts de cette même jeunesse, enfin la création de sociétés nouvelles dans les localités, districts ou cantons où il n'en existe pas encore. Elle n'a pas de concours financier à prêter à ces sociétés, non plus que pour l'éducation d'enfants abandonnés.

A côté de cette Union suisse existent des *sociétés cantonales* dans les cantons de Berne, Soleure, Bâle-Campagne, Argovie et Vaud.

Toutes ces associations, quel que soit le nom qu'elles portent, viennent en aide à l'enfance déshéritée, aux orphelins, aux abandonnés, aux enfants vivant au milieu de circonstances moralement défavorables, et cherchent à les arracher à l'abandon et à la misère qui les guette. Trois de ces associations s'occupent en outre des enfants faibles d'esprit ou physiquement débiles, une quatrième des enfants malades. Une société ne s'occupe que des jeunes filles ; une autre enfin cherche à améliorer le sort des enfants placés par leurs communes en pension dans des familles.

Ces sociétés commencent à prendre charge de ces enfants à partir de leur quatrième ou cinquième année. Quelques-unes cependant, ne fixent pas d'âge, d'autres attendent celui de l'entrée à l'école. A partir de la 12me, de la 14me année, très rarement de la 16me année, aucune admission n'a lieu. Les enfants demeurent sous le patronage de la société, généralement jusqu'à l'époque de leur confirmation, jusqu'à la 19me année dans l'une d'elles. Partout on s'efforce de leur faire apprendre un métier, en tenant compte le plus possible de leurs aptitudes naturelles ; une société cherche avant tout à faire de ses pupilles de bons domestiques.

Les enfants sont placés dans des familles ou dans des asiles. Une société les laisse quelquefois aux soins de leurs proches, surtout lorsqu'ils ne sont orphelins que de père ou de mère, lorsque les circonstances de famille offrent des garanties et que la conduite des parents ne laisse pas à désirer. Cette même société s'occupe de préférence des Suisses d'origine, dont la famille habitait depuis deux ans au moins la localité lorsqu'ils sont devenus orphelins. Le placement a habituellement lieu hors de la commune et les conditions en sont fixées par contrat écrit. Pour les admissions, il n'est généralement pas fait de distinction entre enfants du pays et étrangers ; pas davantage quant à la religion. Cependant quelques sociétés d'éducation protestantes élèvent tous leurs pupilles dans la religion protestante, d'autres, en revanche, veillent à ce qu'ils soient placés dans des familles ou des asiles de même confession ; il en existe de strictement confessionnelles ; une société d'éducation a été fondée uniquement en faveur d'orphelins israélites ; une autre enfin est exclusivement française (voir page 269).

Avant d'admettre un enfant, une société exige la garantie d'un subside annuel de la commune d'origine, d'une société ou d'un particulier, et cela jusqu'à ce que l'éducation soit achevée ou l'apprentissage terminé. D'autres fois, il est demandé à la commune une participation d'un tiers aux frais occasionnés, ou encore une contribution proportionnée de la part de parents ou d'institutions de bienfaisance.

Partout le patronage est organisé. Les patrons ou tuteurs sont désignés tantôt sous le titre de surveillant, tantôt sous celui de correspondant ; ils doivent résider dans la localité où l'enfant a été placé. Les cantons de Zurich, Berne, les deux Bâles, de St-Gall et d'Argovie emploient des inspecteurs, membres en général du comité. Une seule société possède un inspecteur général ; ailleurs, le président est, en vertu de sa charge, le patron de tous les enfants confiés à la société. Les tuteurs ou les tutrices ont presque partout à faire un rapport écrit sur les enfants placés sous leur surveillance.

Les recettes de ces sociétés d'éducation proviennent partout de cotisations, de dons, de legs, des intérêts de certains fonds, de collectes, de subsides de communes ou de l'Etat, des remboursements des parents, de contributions de communes d'origine, de parents et de parrains, de quêtes faites à l'église et des subsides votés par diverses associations.

Dans le canton de Berne, les sociétés d'éducation sont connues sous le nom de « *Sociétés Jérémias Gotthelf* ». Elles comptent onze sections qui forment une union cantonale ; trois autres sections étaient en formation. L'Union cherche à faire connaître le but de la Société, à sauvegarder les intérêts des sections et à augmenter leur nombre. La Société Jérémias Gotthelf travaille par tous les moyens que l'on met à sa disposition à préserver de la ruine morale et physique les enfants malheureux ou délaissés par leurs parents, en leur procurant une éducation chrétienne ; de cette manière, elle collabore activement à la lutte contre l'abrutissement de la jeunesse et l'augmentation de la misère dans le canton. Dépendant entièrement de la libéralité de ses concitoyens, elle complète l'Assistance officielle et la remplace partout où celle-ci ne peut intervenir. Les sections sont libres de se mettre en rapport avec des sociétés à buts analogues. La Société

Jérémias Gotthelf, dans la mesure de ses ressources, par l'intermédiaire de ses différentes sections, se charge de placer à ses frais les enfants dont l'Assistance officielle, pour une cause ou une autre, ne peut s'occuper, mais dont l'éducation risque d'être négligée ; de placer et de surveiller les enfants pauvres que des communes, des sociétés ou des particuliers lui ont confiés et dont l'entretien est supporté par ces communes, sociétés ou particuliers, de même que les pupilles de la Société, et cela à partir de leur sortie de l'école jusqu'à leur majorité. Cette dernière catégorie ne comprend que les enfants élevés aux frais de la Société Jérémias Gotthelf. Ne peuvent être admis que les enfants susceptibles d'un développement intellectuel normal. La Société pourvoit à leur entretien jusqu'à leur sortie de l'école, plus longtemps encore, s'il le faut, généralement en les faisant entrer dans des familles honorables, ou, suivant les circonstances, dans des asiles ; leur temps d'école terminé, la Société vient à leur aide pour leur faire apprendre un métier.

Le Comité Central, formé par un délégué de chaque section, s'efforce de faire connaître la Société dans le canton, fonde de nouvelles sections, donne à toutes des conseils chaque fois qu'elles les lui demandent, tient le registre des pupilles de chacune des sections pour obtenir le subside de l'Etat, encaisse ce subside et le répartit entre les sections d'après le nombre de leurs protégés.

Les ressources de la Caisse Centrale se composent du produit des capitaux, de dons faits en faveur de la Caisse, des contributions annuelles des sections, fixées tous les deux ans par le Comité Central au prorata du nombre de leurs membres. Ces contributions ne peuvent être employées qu'à couvrir les dépenses d'administration du Comité Central et pour aider à la publication des rapports annuels de sections peu fortunées. La Caisse Centrale peut disposer des ressources qu'elle a entre les mains pour venir au secours de sections dont les revenus ne seraient pas suffisants pour leur permettre l'adoption de nouveaux protégés. Les autres sections ne contribuent pas à ces subsides. — Les sections adressent chaque année au Comité Central, à l'époque fixée par lui, le rôle de leurs pupilles, pour l'encaissement du subside cantonal ; elles lui font parvenir, en même temps, leur rapport annuel, ainsi que la liste des membres de leurs différents comités.

Le Comité des sections statue sur l'admission des enfants et leur placement dans des familles sérieuses. Il nomme les inspecteurs en nombre voulu et désigne les tuteurs. Il conclut les contrats et convoque les inspecteurs lors de discussions qui ont leurs protégés pour objets ; les inspecteurs assistent à ces séances avec voix consultative. Les inspecteurs sont tenus de visiter le plus fréquemment possible, dans les familles où ils ont été placés, les enfants soumis à leur surveillance et de veiller sur l'éducation qui leur est donnée ; ils doivent faire des rapports périodiques au comité. Ils peuvent, en cas pressant, prendre de leur propre initiative les mesures qui leur semblent imposées par les circonstances, sous réserve de l'approbation ultérieure du Comité. Une fois sortis des écoles, les enfants sont confiés à des tuteurs.

Les enfants d'étrangers peuvent être adoptés ; il n'est fait aucune distinction pour cause de religion.

Le rôle du Comité Central comprenait pour onze sections 289 enfants (183 garçons et 106 jeunes filles). Contribution de l'Etat : 11 560 fr., nombre des sociétaires : 5973.

Dans le canton de *Soleure*, les sociétés d'éducation pour enfants pauvres des districts de Lebern, Bucheggberg, Kriegstetten, Balsthal-Thal, Balsthal-Gäu, Dorneck, Thierstein, Olten-Gœsgen, ainsi que la Société des Amis des pauvres de Soleure-ville se sont fédérées dans le but d'introduire de l'unité dans leur activité et pour débattre en commun les questions qui s'y rattachent. A la tête de cette fédération se trouve une assemblée de délégués se réunissant tous les ans, en automne, en séance ordinaire. Cette assemblée est formée de deux délégués par section. Les frais sont répartis également entre toutes les sections.

Dans chacune des communes de leur district, les sociétés possèdent des hommes de confiance chargés de la surveillance des enfants placés et qui se tiennent en rapports constants avec le comité. Ce dernier ordonne de temps à autre des inspections. Le nombre des enfants mis en pension dans des familles dépasse celui des enfants placés dans des asiles. Toutes ces sociétés cherchent, avant tout, à faire des enfants confiés à leurs soins des êtres aptes à la lutte pour l'existence et à leur faciliter le choix d'une vocation conforme à leurs dispositions naturelles.

Leurs ressources proviennent des cotisations (en 1912, 10 802 francs), d'intérêts de capitaux, de la participation aux frais des familles ou proches parents des enfants placés (en 1912, 5555 francs), des communes (en 1912, 13 109 francs) et de l'Etat (en 1912, 12 826 francs), de dons, de legs et de collectes (en 1912, 8070 francs). Une de ces sociétés exige de la commune d'origine des enfants une participation de la moitié des frais de pension au minimum.

Les sociétés d'éducation soleuroises étendent leur activité à tout le canton et remplissent leur tâche d'auxiliaire de l'Assistance publique avec un succès tel que l'on ne pourrait plus se passer d'elles.

Le Comité cantonal de la Société d'éducation pour enfants pauvres de *Bâle-Campagne* cherche, en faisant participer les enfants qui lui sont adressés aux bienfaits d'une éducation chrétienne, à contre-balancer les effets désastreux de l'abandon et de la misère et par là à enrayer l'extension du paupérisme dans le canton. Organisation toute volontaire, elle offre à l'Assistance officielle des communes ses services et sa coopération pour placer les enfants dans des familles honorables ou dans des asiles. Le placement de chaque enfant donne toujours lieu à un contrat ; en règle générale, la société supporte la moitié des frais de toute éducation. Lorsqu'elle a consenti à prendre charge d'un enfant, la société est substituée à l'Assistance officielle quant à ses droits et devoirs légaux vis-à-vis de l'enfant ; elle demeure absolument libre de le placer où et comment elle le juge convenable. Elle s'efforce, cependant, de n'agir en tout temps qu'en complet accord avec l'Assistance. La Société compte un ou plusieurs représentants de chaque commune. Elle se divise en quatre assemblées de district (Arlesheim, Liestal, Sissach, Waldenbourg). Les sociétaires de chaque district se réunissent deux fois l'an en séance ordinaire, en mai et en octobre. Ces assemblées de district ont à traiter des questions relatives au paupérisme dans leurs communes, en général, et de celles qui concernent plus particulièrement l'enfance abandonnée. Elles statuent sur les admissions. Elles cherchent à éveiller des sympathies dans les communes et à les intéresser à leur œuvre. Elles organisent des collectes, approuvent les contrats et fixent les subsides des communes ou des particuliers qui se chargent d'une partie des frais nécessaires à l'éducation des enfants. Elle peut admettre également, mais à titre d'exception, des enfants de parents non originaires du canton. Lors de chaque assemblée de district, il doit être fait part des résultats obtenus pour chaque enfant, ainsi que de ses progrès. Les enfants placés sont confiés à la surveillance toute spéciale des sociétaires habitant le même district.

La surveillance s'exerce, dans la règle, jusqu'à la seizième année révolue. Ce temps de surveillance peut être prolongé à la demande motivée de l'Assistance ou du Conseil municipal du lieu d'origine. Lorsqu'il y a divergence d'opinion quant à l'époque de la libération de tutelle, c'est à l'assemblée de district qui a admis l'enfant à en décider.

Le Comité cantonal, composé de 13 à 17 membres, reçoit les communications des assemblées de district, des diverses commissions et de l'inspecteur ; c'est à lui aussi de conclure les contrats avec les autorités et les établissements. Il pourvoit à une surveillance consciencieuse des enfants confiés à la Société, nomme l'inspecteur, fixe le traitement de ce fonctionnaire et celui des autres employés.

L'inspecteur assiste aux séances des assemblées de district et du Comité cantonal avec voix consultative ; il est plus spécialement chargé du placement des enfants qui lui ont été confiés par décision d'une assemblée de district ou d'un comité et de leur surveillance qu'il doit exercer sans répit. Il informe les instituteurs et pasteurs du placement dans leur commune d'enfants adoptés par la Société, ainsi que le Département de l'Instruction publique, et s'occupe de faire venir les actes d'origine. Il achète pour ces enfants les vêtements dont ils ont besoin, pour le compte du caissier cantonal. Il conclut les contrats avec les maîtres de pension et les offices d'assistance et les inscrit au journal ; à la fin de chaque trimestre il transmet au caissier cantonal le compte des pensions à payer par les communes ou des particuliers. La Société fait les démarches nécessaires pour que l'inspecteur trouve dans l'exercice de ses fonctions, auprès des autorités de police compétentes, le même appui que la loi assure aux offices d'assistance. L'inspecteur doit tout son temps et toute son activité à l'œuvre d'éducation entreprise par la Société. Il est placé sous la direction immédiate du Comité cantonal qui le soutient de toute son influence dans l'accomplissement de sa tâche. En cas de complications, il s'adresse au Comité cantonal dont il a à exécuter les prescriptions. Il peut être appelé à donner son préavis lorsqu'il se présente des cas prévus aux art. 284 et 285 du Code Civil suisse, lorsqu'il y a présomption d'abandon de famille ou de négligence grave dans l'éducation des enfants, pouvant aboutir à une demande de déchéance de la puissance paternelle. L'inspecteur doit habiter Liestal et avoir deux jours de réception par semaine.

Les enfants qui lui ont été signalés par les assemblées de district ou leurs comités doivent être placés par lui dans des familles honorables ou, si cela est plus avantageux, dans des asiles. Avant de choisir définitivement un maître de pension, l'inspecteur se renseignera auprès d'un notable de la localité. Il a à veiller à ce que les contrats entre la Société d'éducation et les parents ou les tuteurs de l'enfant, les offices d'assistance ou les particuliers garants, les maîtres de pension ou les directions d'asiles soient conclus dans le plus bref délai. C'est lui qui en a la garde et en tient registre. Les pensions sont fixées d'après un tarif élaboré par le Comité cantonal. Dans le cas où ce tarif ne peut être appliqué intégralement il devra en être discuté avec le président cantonal. L'inspecteur fera subir une visite médicale à tout enfant admis. Il remet aux maîtres de pension, en même temps que le contrat, un exemplaire des « Instructions » à leur usage. Lorsque cela lui paraît avantageux, il fait auprès des autorités de la commune d'origine les démarches nécessaires pour prolonger le temps de la surveillance exercée par la Société d'éducation. Chaque fois qu'il en verra la possibilité, il fera faire aux enfants l'apprentissage d'un métier ; pour cela il les placera chez des maîtres d'état capables, conclura les contrats et s'efforcera d'obtenir pour eux des bourses d'apprentissage. Chaque pupille de la Société a son numéro matricule et les pièces le concernant doivent être réunies dans un dossier. Il est enfin du devoir de l'inspecteur de signaler sans retard au comité ou aux assemblées de district les cas à lui connus où l'intervention de la Société et le placement d'enfants paraîtraient indiqués.

En temps ordinaire, l'inspecteur doit visiter chaque enfant au moins trois fois l'an ; autrement aussi souvent que le cas l'exige. Il conclut des arrangements spéciaux quand les enfants sont affligés de tares physiques ; lorsqu'ils sont malades il pourvoit à ce qu'ils soient soignés à la maison par un médecin, ou, si c'est nécessaire, à l'hôpital. Dans les deux cas, la commune d'origine doit être immédiatement prévenue. Il décide si les enfants peuvent être visités par leurs pères et mères ou par des parents et fixe le nombre de ces visites. Elles pourront être totalement interdites, lorsqu'il aura été dans le cas d'en constater la mauvaise influence. Les visites des enfants à la maison paternelle ou chez des parents ne pourront avoir lieu qu'avec le consentement de l'inspecteur. Les pupilles qui s'éloignent de leur pension sans permission peuvent être ramenés par l'inspecteur avec l'aide de la police. Dans le courant du second semestre de l'année, l'inspecteur fait parvenir au président de l'assemblée de district la liste de ses visites. Il pourvoit à l'habillement de ses pupilles et en informe l'autorité communale que cela concerne. Il a sous la main, en provision, les vêtements les plus indispensables. L'approbation du président can-

tonal est nécessaire quand il s'agit d'achats plus considérables. Pour ceux-ci, préférence doit être donnée aux fournisseurs du pays, chaque fois que cela est possible.

Instructions à l'usage des maîtres de pension. Les maîtres
de pension tiennent, vis-à-vis des enfants qui leur sont confiés, la place de leurs père et mère, et ont à s'occuper de
leur bien physique et moral comme s'ils en étaient réellement les parents. Tous leurs efforts doivent tendre à
leur donner une éducation chrétienne ; ils veilleront donc à
ce qu'ils fréquentent régulièrement l'école et l'église. Ils
s'arrangeront de manière à ce qu'ils arrivent à l'école à
temps, lavés et peignés, proprement et suffisamment vêtus.
Ils leur laisseront le temps dont ils ont besoin pour apprendre
leurs devoirs d'école ou de catéchisme. Ils leur donneront
l'habitude du travail, sans pour cela empiéter sur le temps
réservé à leur sommeil. Les enfants doivent prendre leurs
repas à la table de famille et recevoir une nourriture suffisante et fortifiante. Il ne leur sera jamais donné d'eau-de-
vie. Ils ne peuvent être astreints à travailler pour d'autres
que leurs parents adoptifs sans l'assentiment de l'inspecteur. En règle générale, le travail en fabrique n'est pas
permis aux enfants qui se trouvent sous la surveillance de la
Société. C'est au Comité à apprécier lorsqu'il y a lieu
de faire une exception. Il faut éveiller chez les enfants le
goût de l'ordre et de la bonne tenue. Leur conduite à la
rue et à l'école vis-à-vis des grandes personnes, de camarades, à la maison, à table et dans la chambre à coucher
doit toujours être convenable. Les sorties de nuit et l'habitude de fumer ne doivent pas être tolérées. Si la famille
dans laquelle vivent des pupilles de la Société vient à
prendre d'autres enfants, l'inspecteur doit en être informé.
Les enfants doivent, si possible, coucher seuls dans leur lit.
Il est absolument interdit de faire coucher dans la même
chambre des enfants de sexes différents. Ils ne logeront jamais
non plus dans la même chambre que des domestiques, des
colporteurs ou des journaliers. On évitera même de faire
coucher avec eux des camarades en visite. La chambre à

coucher doit être habitable en hiver, ne jamais manquer
d'air et de lumière. Pour les enfants qui mouillent leur lit,
l'inspecteur prescrit des arrangements spéciaux. Ils ne doivent
jamais être envoyés dormir à l'écurie. A leur entrée en pension, les pupilles de la Société ont été munis par celle-ci
du trousseau réglementaire. Dans la suite, c'est aux maîtres
de pension à s'occuper de leur habillement et à veiller à ce
qu'ils soient toujours proprement et décemment vêtus. Les
enfants seront toujours pourvus au moins des différentes pièces d'habillement, de bonne qualité, prescrites par l'inventaire
imprimé. Ils doivent avoir des habits à eux ; lorsqu'ils
quittent la pension, tous leurs habits leur seront remis. L'inspecteur peut faire remplacer aux frais du maître de pension
les vêtements qui manqueraient ou seraient en mauvais état.
Pour l'achat de vêtements, il est payé tous les semestres, à
savoir fin juin et fin décembre, au maître de pension, une
indemnité dont le montant est déterminé par un tarif. A ces
deux dates tous les vêtements auront déjà dû être achetés.
Lorsqu'il y a changement de pension, l'indemnité est payée
suivant l'état des habits et l'époque de leur dernière acquisition. En cas de contestation, c'est le Comité qui tranche
la question en dernier ressort. — Les maîtres de pension
sont tenus d'annoncer immédiatement ou de faire annoncer
par le correspondant local tous les évènements qui surviennent, tels qu'accidents, maladies, évasion ou détournement d'un
enfant, mort de l'un des parents adoptifs. En cas de maladie,
le médecin de la famille doit être appelé, aux frais de la
Société et communication doit en être faite aussitôt à l'inspecteur. Si le maître de pension négligeait de faire cette
communication, la société serait en droit de refuser le paiement des frais de traitement. — Les parents adoptifs (maîtres
de pension) peuvent interdire toute visite de parents de
leur pensionnaire aussi longtemps qu'il ne leur sera pas
présenté une autorisation écrite de l'inspecteur. Ce dernier est en droit, suivant les cas, de défendre ces visites. Il
est absolument interdit aux visiteurs de conduire un enfant
à l'auberge. Si un enfant désire rendre visite à des parents

ou à des connaissances, l'autorisation doit en être demandée à l'inspecteur, en cas d'urgence, au correspondant local. — Lors des visites de l'inspecteur ou d'un correspondant de la Société, les maîtres de pension sont tenus de leur faire voir la chambre et le lit de leur pensionnaire, de même que ses vêtements. Quand des maîtres de pension désirent renvoyer leur pensionnaire, ils doivent commencer par s'entendre avec l'inspecteur. De part et d'autre un délai de dénonciation de trois mois peut être demandé. Lorsque des événements imprévus, ou la négligence des maîtres de pension à se conformer aux instructions qui leur ont été remises obligent à retirer l'enfant, l'inspecteur s'entendra auparavant avec un membre du comité.

Les ressources de la Société proviennent : d'une collecte faite chaque année dans toutes les communes du canton, de la collecte du Jeûne fédéral, des subsides contractuels des communes (s'élevant en général à la moitié des frais de pension) et de particuliers, de la subvention cantonale, des dons à destination spéciale, enfin des intérêts de capitaux.

Dans le canton d'*Argovie*, les onze sociétés d'éducation des villes d'Aarau, Bade, Brougg, Bremgarten, Kulm, Laufenbourg, Lenzbourg, Muri, Rheinfelden, Zofingue et Zurzach forment ensemble une société cantonale. Chaque année leurs comités se réunissent dans l'une ou l'autre de ces villes, désignée comme « Vorort », et y débattent les questions d'intérêt général. L'influence plus entraînante des sociétés nombreuses et actives réagit ainsi par contre-coup sur les sociétés moins nombreuses et d'activité plus restreinte. Le but est le même pour toutes : pourvoir à l'éducation d'enfants abandonnés, les préparer pour leur carrière future, même s'ils sont estropiés, faibles d'esprit, sourds-muets ou retardés intellectuellement, en les plaçant en pension dans des familles ou des asiles. Les enfants restent sous leur tutelle tant qu'ils vont à l'école, après quoi la société s'entend avec l'Assistance du lieu d'origine pour leur faire apprendre un métier. Les enfants sont généralement placés dans une autre commune que celle où ils ont habité jusque là. Pour les admissions, il n'est fait aucune distinction de culte ou d'origine. On demande aux communes de prendre à leur charge le tiers, suivant les circonstances, la moitié du prix de pension. Le placement des enfants donne toujours lieu à un contrat tant avec les familles qu'avec les asiles. Des contrats conclus également entre les familles des enfants à placer et les sociétés d'éducation déterminent la durée du placement, pour empêcher que des parents ne viennent à soustraire leurs enfants à la tutelle de la Société, dès qu'ils sont en état de gagner quelque chose. A cet effet, on engage les parents à renoncer à l'exercice de la puissance paternelle en faveur de la Société d'éducation. Une des sociétés stipule que si des parents reprennent leur enfant, avant l'époque fixée par le contrat, sans le consentement du Comité, ils ont à rembourser les deux tiers des sommes dépensées par la Société en frais de pension ou d'apprentissage. Ce sont les membres du Comité des Sociétés d'éducation qui remplissent les fonctions d'inspecteurs. Ils sont tenus de visiter les enfants, chez leur maître de pension, plusieurs fois par an et de faire part au Comité des observations faites à cette occasion. S'il se découvre qu'un enfant n'est pas bien soigné, il est aussitôt retiré et placé ailleurs. Pour s'en assurer, les inspecteurs ne doivent pas se borner à interroger les maîtres de pension ou les enfants, mais ils iront prendre des renseignements chez les voisins, auprès des instituteurs, des pasteurs ou d'autres personnes de confiance.

Un *formulaire* remis aux *inspecteurs* contient les questions suivantes auxquelles ils doivent répondre : 1o A quoi en est le développement physique de l'enfant, a-t-il l'air de se bien porter ? 2o Dans quel état avez-vous trouvé la maison de ses maîtres de pension, tant en ce qui concerne l'ordre que la propreté etc. ? 3o Indiquez l'état de la chambre et du lit de l'enfant ; couche-t-il seul ? Sinon avec qui ? 4o Dans quel état avez-vous trouvé ses habits de travail et son costume des jours de fête ? Sont-ils au complet ? 5o L'enfant fréquente-t-il régulièrement l'école et avec quels succès ? dans quelle classe se trouve-t-il ? 6o A quoi l'enfant est-il occupé en dehors des heures d'école ? 7º Ses maîtres de pension sont-ils satisfaits de sa conduite ? ou qu'ont-ils à lui reprocher ? 8º L'enfant se plaint-il et de quoi ? 9º Estimez-vous que l'enfant doit être laissé dans sa pension actuelle, ou demandez-vous son changement ? pensez-vous qu'il y ait lieu de réduire la pension payée ? quelles autres observations avez-vous à faire ?

Le montant des pensions payées varie entre 50 et 200 francs, suivant l'âge de l'enfant ; son placement dans une famille ou dans un asile, à la ville ou à la campagne.

L'Etat accorde aux Sociétés d'éducation des subventions régulières qu'il fixe en tenant compte des éléments suivants : 1. Les ressources de la Société, 2. le chiffre des contributions et des dons qu'elles encaissent, 3. leurs dépenses. Les Sociétés ont en outre comme ressources : les collectes dans les communes de leur district ; les prestations volontaires ou fixées par contrat de communes ou de bienfaiteurs ; les dons et les legs.

La « *Solidarité* », à *Lausanne*, compte sept sections : celles de Cossonay, Echallens, Morges, Nyon, Payerne, Rolle et Vallorbe. Elle s'occupe de placer les enfants pauvres et abandonnés, sans distinction de culte ou d'origine. Suivant les circonstances, les enfants sont ou laissés chez leurs parents ou remis à des familles respectables jusqu'à l'époque où ils peuvent subvenir à leur existence. Sont admis les enfants de un à seize ans, à la seule condition que leur commune, une société de bienfaisance, ou des particuliers prennent à leur charge une partie des frais de pension. Il n'est fait exception à cette règle qu'en faveur des enfants d'étrangers, d'Italiens surtout, pour lesquels, malgré toutes les démarches, il ne peut rien être obtenu des autorités intéressées. La surveillance des enfants mis en pension incombe aux membres du comité des sections et à neuf correspondants domiciliés dans diverses localités du canton.

Les ressources sont fournies par les cotisations des membres, des dons et des legs, des subsides de communes, d'associations diverses, de particuliers, ainsi que des intérêts de quelques fonds.

Tableau de l'activité des Sociétés d'éducation en Suisse pendant l'année 1912.

Cantons.	Nombre des sociétés.	Enfants assistés.	Dépenses d'assistance.		Frais d'administration.	
1. Zurich............	4	210	Fr.	37,244	Fr.	4,471
2. Berne.............	12	336	»	45,621	»	1,317
3. Lucerne..........	1	252	»	72,248	»	—
4. Soleure..........	8	628	»	68,412	»	5,002
5. Bâle-Ville........	2	377	»	43,597	»	6,198
6. Bâle-Campagne....	3	321	»	39,533	»	3,514
7. St-Gall..........	3	276	»	36,313	»	1,393
8. Grisons..........	2	259	»	21,647	»	1,006
9. Argovie.........	12	1,357	»	160,275	»	6,363
10. Thurgovie........	1	124	»	13,308	»	1,064
11. Vaud............	6	459	»	80,416	»	1,823
12. Neuchâtel........	2	9	»	1,040	»	35
13. Genève...........	2	143	»	31,932	»	3.080
Total..	58	4751	Fr.	651,586	Fr.	35,266

Les *Sociétés suisses pour la protection des mineurs*, à peu d'exceptions près, ne subventionnent pas elles-mêmes des familles et ne contribuent pas non plus aux frais de pension des enfants placés soit dans des familles, soit dans des asiles. Leur tâche est autre, et consiste plutôt à éveiller l'attention des autorités et des sociétés d'éducation lorsqu'elles découvrent des enfants maltraités, exploités, abandonnés ou exposés à des dangers d'ordre moral, et à mettre tout en œuvre pour les protéger. Elles cherchent à obtenir des mesures législatives renforçant la protection due aux mineurs.

Mention spéciale doit être faite de la *Société de dames pour le relèvement moral, à Bâle;* par les travaux, notamment de deux de ses sections (soins aux enfants en bas âge, et protection de la jeunesse), elle coopère activement à la protection de l'enfance ; elle distribue des secours sans se servir d'autres intermédiaires.

Depuis 1907, à teneur d'une ordonnance gouvernementale, la surveillance des *enfants* de la ville de Bâle que des parents sont obligés de placer en pension est confiée à cette société. Le département sanitaire lui en fait parvenir la liste. Cette surveillance comporte aussi les enquêtes, ainsi que la sur-

-veillance des personnes autorisées par le département sanitaire à prendre des enfants en pension ; l'indication de pensions et le placement des nourrissons ; la surveillance exercée par des dames-inspectrices volontaires sur les enfants au point de vue physique et moral ; les enquêtes à faire par la présidente ou les secrétaires lors de plaintes pour soins insuffisants, mauvais traitements, négligence dans le paiement de la pension, pour vêtements insuffisants, lits en mauvais état ; les conseils à donner, les secours à accorder à des mères, vivant seules, d'enfants légitimes ou illégitimes ; introduction d'actions en paternité afin d'obtenir le paiement des frais d'alimentation ; mesures à prendre à l'égard d'enfants maladifs et organisation du contrôle à faire parvenir au Département sanitaire.

Tout ce qui concerne la protection des enfants mis en pension se trouve sous la surveillance d'une directrice assistée d'une commission de trois à cinq membres. Il est toujours fait sur la situation des solliciteurs une première enquête par des fonctionnaires rétribués (des secrétaires et la directrice). La surveillance des enfants, proprement dite, est confiée à des dames-inspectrices, actuellement au nombre de 35. Celui des enfants que chacune de ces dames a sous sa surveillance est fixé suivant leur désir, le temps et les forces dont elles disposent. La Commission se réunit une fois par mois, les dames-inspectrices tous les deux mois ; chaque fois que ces dernières se trouvent en face d'une difficulté, elles peuvent s'adresser au bureau. Elles se sont engagées à tenir exactement leurs formulaires d'inspection.

Les recettes pour 1902 provenaient de : subvention du Département sanitaire : 3000 francs ; part du produit d'un Bazar de charité : 5000 francs ; dons de particuliers : 375 fr. ; intérêts 172 fr. ; pensions payées par des autorités, des offices d'assistance : 3508 francs ; pensions remboursées par des pères : 3682 fr., par des mères : 4872 fr. Les dépenses pour secours accordés ont demandé une somme de 17 275 francs ; les frais d'administration : 6696 francs. Il a été distribué à 305 enfants des secours en linge et en vêtements, pour une somme de 2036 francs ; il a été payé des pensions dans 135 cas pour une somme de 3084 fr.

La même Société pour le relèvement moral a formé parmi ses membres une section s'occupant plus spécialement de la *préservation des jeunes;* cette section vient en aide aux mères que leur travail sépare de leurs enfants pendant la journée ; elle s'efforce de faire l'éducation de mères encore inexpérimentées, de veiller sur les orphelins de mère, d'empêcher qu'ils ne soient négligés ; elle recherche, pour améliorer leur sort, les enfants maltraités ou exploités ; tâche en tout et partout de garantir la jeunesse de la ruine morale et de prendre la défense de ses droits ; lorsque des enfants doivent être reconduits chez leurs parents elle les fait accompagner par une agente. Sept dames de quartier et quarante inspectrices sont, avec la directrice et la secrétaire, au service de cette section de la Société féminine pour le relèvement moral. — Les enfants sont signalés à la Société par les autorités, les pasteurs, les directeurs d'écoles et des particuliers. Dans chaque cas la secrétaire ou une dame de quartier est chargée d'une enquête ; les mesures prises varient suivant les circonstances. Quand on a à faire à des orphelins de mère, ou que l'abandon ou de mauvais traitements sont à redouter, une dame-tutrice est nommée qui s'engage à faire de fréquentes visites et régulièrement un rapport d'après un formulaire. Les enfants qui se trouveraient dans un milieu immoral, dont les parents s'adonneraient au vice ou au crime, sont signalés à la commission de placement. La section est en relation continuelle avec les autorités scolaires ; elle a organisé un asile de jour pour les enfants sans surveillance pendant que leurs parents gagnent leur vie hors de chez eux, sont malades ou absents. Elle a à sa disposition un asile pour loger temporairement cette catégorie d'enfants ; elle en place aussi un certain nombre dans des familles.

Pour 1912, les recettes ont été les suivantes : dons de particuliers et quêtes à l'église : 2200 francs ; part du produit d'un Bazar de charité 5000 francs ; subsides de communes, de sociétés, de particuliers, de parents pour la pension : 3641 fr. Dépenses pour secours accordés : 10 805 fr., frais d'administration : 2016 fr. Nombre des enfants assistés : 517.

Un grand nombre de sociétés, généralement composées de dames, s'occupent des enfants pauvres dans les seize cantons de *Zurich, Berne, Lucerne, Glaris, Soleure, Bâle (ville et Campagne), Appenzell (Rh.-Ext), Saint-Gall, Grisons, Argovie, Thurgovie, Tessin, Vaud, Valais et Neuchâtel.* A l'occasion des fêtes de Noël surtout, il se fait des distributions de vêtements, de bas, de vêtements de dessous, de toutes sortes et même de souliers à des écoliers peu fortunés. Les fêtes sont, très souvent, organisées indistinctement pour tous les élèves d'une école ; mais les élèves pauvres sont favorisés. Dans quelques endroits les élèves pauvres des écoles de travaux manuels reçoivent gratuitement le matériel nécessaire ; dans une localité une société distribue des habits dans le courant de l'année, à l'occasion, par exemple, de l'admission d'enfants dans une colonie de vacances, dans un sanatorium, lorsque ces enfants manquent des vêtements nécessaires. Une société s'occupe des enfants malades, une autre des familles particulièrement nombreuses. Nombreuses sont celles qui, tout en venant en aide aux enfants, pourvoient aux soins de personnes âgées, de femmes en couche, de malades sans ressources. — Partout les secours sont accordés à tous, sans aucune distinction de nationalité ou de culte. Les ressources sont constituées par les intérêts de fonds placés, par des cotisations, des dons d'étoffes, d'habits et d'argent provenant de particuliers ou de sociétés diverses, des collectes à domicile, des subventions communales ou cantonales (subvention scolaire fédérale provenant de la dîme de l'alcool) le produit de Bazars de charité, de représentations etc.

Tableau de l'activité des Sociétés pour la protection de l'enfance en Suisse pendant l'année 1912.

Cantons.	Nombre des sociétés.	Nombre des assistés	Dépenses d'assistance.	Frais d'administration.
1. Zurich	11	1,272	» 4,587	» 43
2. Berne	38	3.147	» 10,592	» 5
Report..	49	4,419	» 15,179	» 48

Cantons.	Nombre des sociétés.	Nombre des assistés.	Dépenses d'assistance.		Frais d'administration.	
Report..	49	4,419	Fr.	15,179	Fr.	48
3. Lucerne	3	187	»	1,555	»	8
4. Glaris..........	1	100	»	200	»	—
5. Soleure.........	3	122	»	434	»	—
6. Bâle-Ville	1	100	»	1,200	»	—
7. Bâle-Campagne....	3	63	»	216	»	—
8. Appenzell (Rh.-Ext.)	6	371	»	2,495	»	18
9. Saint-Gall	3	569	»	3,949	»	—
10. Grisons	1	2	»	25	»	—
11. Argovie	6	299	»	1,252	»	—
12. Thurgovie	2	49	»	1,160	»	—
13. Tessin	1	14	»	450	»	—
14. Vaud............	6	400	»	1,659	»	—
15. Valais...........	1	73	»	245	»	—
16. Neuchâtel	14	841	»	7,425	»	—
Total.....	100	7,609	Fr.	37,444	Fr.	74

C'est à Lucerne que, sous le nom d'*Association de secours
aux écoliers pauvres de la ville de Lucerne*, nous rencontrons la société la plus importante parmi celles qui s'occupent de vêtir les enfants pauvres des écoles. Elle cherche
à prévenir les absences aux leçons qui ont pour cause l'indigence, en munissant de vêtements les enfants de parents
pauvres fréquentant les écoles primaires, secondaires et l'école
communale Frœbel ; les dons consistent surtout en souliers,
bas, chemises et vêtements de dessous. Sont admis à y participer les enfants dont la pénurie d'habits est constante ou
la pauvreté des parents bien constatée. Lorsque les ressources de l'association ne sont pas très abondantes, la préférence dans les distributions est accordée aux enfants bien
tenus, bien élevés et travailleurs. En faisant ces distributions
périodiques, l'Association n'entend en aucune façon assumer
une obligation juridique quelconque, ni être tenue à motiver
ses préférences. En général il se fait une distribution au
début de la saison froide (à la St-Nicolas). En temps ordinaire un seul et même enfant ne peut être assisté qu'une fois
pendant l'année scolaire ; pour qu'il soit fait exception à
cette règle, il faut des raisons toutes spéciales. — Sont

admis à faire partie du Comité en vertu de leurs fonctions : les directeurs des écoles, ainsi que deux instituteurs et deux institutrices désignés par l'ensemble du corps enseignant. En outre, le Département de l'Instruction publique, le Conseil municipal et la Commission scolaire sont invités à nommer chacun un délégué. La tâche est partagée entre deux commissions : celle des achats et celle des distributions. Le gérant du vestiaire s'occupe de l'emmagasinage et de la remise à leurs destinataires des objets d'habillement (souliers, bas, chemises, étoffes etc.) dont il tient le contrôle exact. Les directeurs, les maîtres de classes et les institutrices sont responsables, vis-à-vis de l'Association, de la répartition équitable de ces dons. Un enfant reçoit, en général, une paire de souliers et une paire de bas ; au lieu de bas, il peut recevoir une chemise, un tablier ou un pantalon. En cas de besoin, sur le préavis d'un instituteur ou d'un directeur, on accorde aussi des souliers dans le cours de l'année. Les vêtements de dessous, gilets, manteaux, chapeaux, gants, mouchoirs etc. ne sont jamais donnés en même temps qu'autre chose.

Les recettes en 1912 ont été de : pour intérêts : 2130 francs, pour cotisations : 1356 francs, pour des collectes dans les écoles : 3043 fr., subside de la ville : 2000 francs, part de la dîme de l'alcool : 500 francs, legs et dons : 4270 francs. Il a été fait des distributions à 1550 enfants pour une valeur de 12 138 francs. Les frais d'administration se sont élevés à 272 francs.

Dans les cantons de *Berne, Lucerne, Uri, Schwytz, Unterwald, Fribourg, Soleure, Bâle-Campagne, Saint-Gall, Argovie, Thurgovie, Neuchâtel* et *Genève* des *distributions de soupe*, de *pain* et de *lait*, dues à l'initiative privée, sont faites aux *enfants pauvres fréquentant les écoles*.

Il convient de mentionner, encore à cet endroit, des *colonies de vacances ou de cures d'air*, puisque ce sont surtout des enfants faibles, maladifs, mal nourris, de familles pauvres et nombreuses qui en profitent. Ici c'est le médecin qui prononce le mot décisif, mais les membres des comités directeurs ont aussi leur tâche à remplir : celle de faire une enquête exacte sur les circonstances de famille des enfants, de manière à se rendre compte si les parents sont en état de contribuer aux frais et en quelle mesure. — Les colonies de vacances et de cures d'air, on le sait, ne doivent pas contribuer uniquement au seul bien physique des enfants ; on en profite pour exercer sur eux une influence morale qui dure. Ces enfants qui sortent souvent de milieux peu sympathiques, quelquefois corrompus, apprennent à connaître dans ces colonies les joies et la bénédiction d'une vie de famille bien ordonnée. On les y habitue à la propreté, aux bonnes manières, à l'ordre ; on leur apprend aussi à jouir de la belle nature et, en général, de toutes choses belles et nobles. Le rude engrenage de la vie journalière ne les ressaisira que trop tôt, il est vrai, mais chez maint enfant, il restera quelque chose, qui durera plus d'une année, des impressions vécues pendant ces vacances. — Dans la plupart de ces colonies il n'est fait aucune distinction de nationalité ou de culte ; il existe, cependant, des colonies de vacances confessionnelles. Les frais de ces colonies sont couverts tantôt par des sociétés spéciales, tantôt par des commissions formées pour cela par des sociétés d'utilité publique, ou encore par des sociétés ou commissions dont ce n'est pas l'unique but.

Les ressources considérables qu'il faut se procurer en Suisse pour entretenir ces nombreuses colonies de vacances proviennent de cotisations, de legs, de dons, d'intérêts de capitaux, du produit de représentations de bienfaisance de toute nature, de contributions de l'Etat, de communes, d'autorités diverses, de sociétés, de corporations, de caisses d'épargne, de banques et des parents des enfants.

Tableau des Colonies de vacances en Suisse en 1912.

Cantons	Nombre des colonies.	Nombre des enfants.	Dépenses totales.
1. Zurich..............	23	3,549	Fr. 155,095
2. Berne..............	20	1,579	» 46,242
Report..	43	5,128	» 201,337

Cantons.	Nombre des colonies.	Nombre des enfants.	Dépenses totales.
Report..	43	5,128	Fr. 201,337
3. Lucerne...........	2	676	» 15,341
4. Glaris	2	74	» 2,558
5. Fribourg	1	205	» 4,793
6. Soleure	2	116	» 3,686
7. Bâle-Ville.........	2	890	» 31,314
8. Schaffhouse........	2	141	» 4,929
9. Appenzell (Rh.-Ext.)	1	57	» 2,250
10. St-Gall	8	385	» 13,242
11. Grisons...........	1	220	» 8,610
12. Argovie...........	7	484	» 17,199
13. Thurgovie.........	2	120	» 6,180
14. Tessin.............	3	150	» 7,120
15. Vaud..............	5	490	» 18,073
16. Neuchâtel.........	3	470	» 18,934
17. Genève............	12	1,107	» 53,618
Total....	96	10,413	Fr. 409,187

Il est à remarquer que les dépenses totales figurant
sur ce tableau comprennent les frais d'administration qui
peuvent s'élever à un et demi pour cent, soit à 6000 francs
environ, et qu'au nombre des enfants il s'en trouve dont les
parents paient les frais en entier ; il n'a pas été possible
d'en tenir un compte distinct.

2. Sociétés d'apprentissage.

Dans les cantons de *Zurich, Berne, Bâle-Ville, Appenzell
(Rh. Ext.), Saint-Gall, Grisons, Vaud, Neuchâtel et Genève*
quelques associations cherchent à venir en aide aux apprentis des deux sexes, en payant tout ou partie des frais d'apprentissage, en les fournissant d'habits, de linge etc., et en
exerçant sur ces jeunes gens une sorte de patronage. C'est
dans le canton *d'Appenzell Rh.-Ext.* qu'elles sont les plus
nombreuses. Dans ce canton, les frais avancés sont considérés
comme des prêts sans intérêts, dont les sociétés sont libres
de ne pas exiger le remboursement du tout, ou de ne l'exiger qu'en partie. Les qualités que doivent posséder avant tout
les candidats sont une bonne santé, des forces physiques

suffisantes, un bon caractère et des dispositions évidentes pour le métier choisi. L'attention des jeunes gens admis peut être attirée sur des vocations qui sembleraient mieux adaptées à leurs aptitudes ou plus nécessaires que celles qu'ils auraient choisies eux-mêmes. Le choix des maîtres de métier est fait non par les jeunes gens, ni par leurs parents ou tuteurs, mais par la Société. Chacun des apprentis a à passer par une période d'essai de quatre semaines au moins. Ceux qui se conduisent mal pendant le temps de leur apprentissage en sont retirés et perdent tout droit à l'appui financier ou autre de la société ; il en est de même pour ceux qui, sans motif valable, quittent leur patron sans l'autorisation de la Société qui les a placés. Tout apprenti est sous la surveillance spéciale d'un membre de la Société ou de telle autre personne de confiance. Il est conclu, dans chaque cas, un contrat d'apprentissage et un examen de fin d'apprentissage est toujours exigé. Il n'est, en général, pas fait de distinction de culte ou d'origine. Lorsque les frais sont tant soit peu considérables, on invite la commune d'origine à en prendre sa quote-part. Quelques sociétés, lorsqu'elles ont à faire à des gens déjà assistés par un bureau de secours, n'accordent des bourses d'apprentissage qu'en cas de dispositions tout-à-fait exceptionnelles, et lorsque l'apprentissage d'un métier convenable ne pourrait avoir lieu sans cela.

Les autres sociétés ou commissions de secours aux apprentis fonctionnent en général d'après des principes analogues. — Des nombreuses *sociétés de patronage*, qui, depuis 1902, ont formé entre elles une fédération, trois seules pourraient être mentionnées ici, parce qu'elles accordent des secours sans passer par des intermédiaires. Les autres se bornent à chercher des places convenables pour leurs apprentis et à les suivre pendant le temps de leur apprentissage. Leurs tâches sont les suivantes : elles participent au choix d'un métier et à la conclusion des contrats d'apprentissage ; elles désignent des pensions alimentaires et des chambres chez des personnes recommandables ; elles veillent

au développement physique et moral des apprentis ; elles
interviennent entre le patron et l'apprenti lorsque le traitement
ou la conduite de ce dernier donnent lieu à des plaintes ; elles
accordent leur appui matériel aux apprentis sans ressources,
leur consentent des avances, participent aux frais d'apprentissage, de pension et de logement. Tout apprenti placé par
une société de patronage est confié aux soins d'un tuteur.
Celui-ci doit s'intéresser à tout ce qui concerne l'apprenti qui
lui est confié et, deux fois par an, faire un rapport écrit au
comité. En cas de différends entre le patron et son apprenti,
c'est à lui, tuteur, d'intervenir, et autant que possible d'une
façon conciliante ; autrement il doit en référer immédiatement
au Comité. Il n'est fait aucune distinction d'origine ou de
religion. Ces diverses sociétés de patronage d'apprentis obtiennent les ressources dont elles ont besoin de sociétés et
d'associations diverses, des autorités, de subventions volontaires, de legs, de remboursements, de cotisations, d'intérêts de capitaux, de collectes à l'église et du produit de bazars
de charité.

Il ne peut être question ici des fonds pour bourses d'apprentissage, très nombreux dans tous les cantons.

*Tableau de l'activité déployée par les Sociétés de
secours aux apprentis en Suisse pendant l'année 1912.*

Cantons.	Nombre des sociétés.	Nombre des appr. assistés.	Montant des secours accordés.		Frais d'administration.	
1. Zurich	2	145	Fr.	10,954	Fr.	654
2. Berne	1	19	»	1,655	»	68
3. Bâle-Ville	1	138	»	7,675	»	68
4. Appenzell (Rh.-Int,)	6	39	»	6,447	»	432
5. St-Gall	2	13	»	1,640	»	170
6. Grisons	2	30	»	4,272	»	474
7. Vaud	1	2	»	167	»	—
8. Neuchâtel	2	13	»	635	»	67
9. Genève	1	77	»	6,390	»	253
Total	18	476	Fr.	39,835	Fr.	2,186

3. Pour les enfants faibles d'esprit.

En Suisse, c'est aux bureaux officiels d'assistance qu'est
remis le soin de placer et de pourvoir à l'éducation des en-

fants faibles d'esprit ; ils sont assistés en cela, nous l'avons vu, par de nombreuses sociétés charitables. — La *Conférence suisse pour l'éducation et le placement des enfants faibles d'esprit* a surtout pour but de faire donner par des spécialistes à cette catégorie d'enfants une éducation qui leur permette de mener une vie digne d'une créature humaine. Elle poursuit la fondation d'établissements ainsi que l'organisation d'écoles ou de classes spéciales pour enfants faibles d'esprit, mais elle ne pratique pas l'assistance directe. Le programme dont elle se propose la réalisation à plus ou moins longue échéance comprend : le placement des enfants faibles d'esprit à leur sortie des établissements ou des écoles ; l'attribution de secours financiers suffisants aux sociétés qui s'occupent de ces enfants, et plus particulièrement du placement de ceux dont les parents sont pauvres ou sans grandes ressources ; le placement des enfants totalement incapables de tout développement.

Deux *Sociétés de patronage pour enfants faiblement doués*, à Zurich et à Berthoud, se chargent de leur patronage. A leur sortie des écoles, on leur procure des places d'apprentis et du travail à leur portée. Les ressources financières nécessaires sont demandées aux communes d'origine, à des sociétés ou à des particuliers. Les tuteurs et les tutrices nommés à ces enfants ont à se tenir constamment en rapports avec eux, à signaler les sujets de plainte et à y apporter le remède approprié. Ils ont à faire parvenir deux, parfois quatre fois l'an, un rapport écrit.

4. Pour les sourds-muets.

La *Société suisse de secours aux sourds-muets*, fondée en 1911, apporte un secours à la fois moral, religieux, intellectuel et pratique aux sourds-muets des deux sexes, quelle que soit leur religion, sur tout le territoire de la Confédération, en tant qu'ils ne peuvent être secourus ni par une institution, ni par une société pour enfants sourds-muets et qu'il ne se trouve à leur portée aucun moyen de subvenir à leurs besoins religieux. La société agit dans tous les cantons pour qu'il leur soit donné une *éducation religieuse et morale* aussi complète que possible. Dans ce but, elle provoque la création de postes de pasteurs pourvoyant au service divin et à la cure d'âme des sourds-muets. Elle veille à ce que le plus grand nombre possible d'enfants sourds-muets puissent jouir dans une *institution*, des bienfaits de l'éducation ; elle agit auprès des autorités pour que l'article 27 de la Constitution fédérale, prescrivant *l'instruction obligatoire*, soit appliqué également aux sourds-muets de la Suisse. La Société renseigne sur tout ce qui se fait en faveur des sourds-muets, sur ses rapports avec eux, elle assure la publication du Journal des sourds-muets, cherche à en faire un moyen de distraction et de développement à leur usage, auquel on puisse les abonner gratuitement lorsqu'ils sont peu fortunés ; elle s'efforce de leur rendre accessibles les bibliothèques publiques locales et d'arriver à la création de cours complémentaires à leur usage. La Société vient aussi matériellement en aide aux élèves sourds-muets après leur sortie des institutions, de manière à leur permettre de compléter leur *éducation professionnelle ;* elle cherche à fonder des *homes pour sourds-muets* de tout âge et des deux sexes, en état de gagner leur vie complètement ou seulement partiellement ; elle accorde son appui aux institutions intercantonales de ce genre déjà existantes. Elle pourvoit aux frais d'un *secrétariat central,* actuellement installé à Berne et qui sert à la fois d'office de renseignements et de point de ralliement. Les membres de la Société, résidant dans le même canton, peuvent remettre le soin de leurs intérêts immédiats à un *sous-comité* cantonal, qui se tient en rapport avec le comité central, se constitue et s'organise lui-même comme bon lui semble. Il existe actuellement des sous-comités dans les cantons de Bâle, Berne, Glaris, Soleure, Thurgovie et Zurich ; leur activité se borne généralement à gagner le plus possible de membres, afin de pouvoir adresser à la Caisse Centrale des contributions élevées.

Les recettes de la Société en 1912, provenant de dons et de cotisations se sont élevées à 13 203 fr. Il a été dépensé

pour l'œuvre (bureau de placement, secours divers) 2625 fr.
Le montant des frais d'administration s'est élevé à 3900 fr.

Dans deux cantons qui n'ont pas d'asiles pour sourds-
muets, *Appenzell Rh. Ext.* et les *Grisons* il y a depuis de
nombreuses années deux *sociétés de secours* aux sourds-
muets indigents. Elles cherchent à faciliter à des sourds-
muets sans ressources, des deux sexes, sans distinction de
religion, l'admission dans une institution où ils puissent recevoir une éducation chrétienne et une instruction solide. Mais
tandis que la société grisonne exclut les enfants faibles
d'esprit, celle d'Appenzell les admet, pour peu qu'ils soient
susceptibles d'un certain développement. Cette dernière société collecte des fonds pour créer une institution cantonale
à l'usage des enfants faibles d'esprit ; elle a des correspondants dans toutes les communes du canton. La société du
canton des Grisons exige des parents ou tuteurs des enfants,
qui sont admis à partir de l'âge de sept à celui de douze
ans, l'engagement de les laisser dans l'institution où ils ont
été placés pendant une durée de sept ans. Les deux sociétés
demandent aux parents ou aux autorités d'origine de participer aux frais de pension.

5. Pour les aveugles.

La *Société centrale suisse de secours aux aveugles*, fondée
en 1904, cherche à perfectionner les mesures de protection
déjà prises en faveur des aveugles de tout âge. Elle provoque
des mesures propres à empêcher la cécité, le cas échéant à la
guérir, pour la protection et l'éducation des aveugles en âge
d'aller à l'école, pour parfaire l'éducation des aveugles adultes
et pourvoir à leur entretien, pour venir en aide et placer
les aveugles incapables de travailler. Elle cherche aussi à
grouper les aveugles entre eux. Elle travaille à créer une
Union intercantonale des sociétés de protection aux aveugles
déjà existantes et à former de nouvelles sections cantonales.
Elle s'efforce encore de faire édicter des prescriptions
légales nécessaires pour l'éducation et l'instruction des
aveugles. La Société Centrale se compose des diverses

sociétés cantonales et intercantonales de secours aux aveugles. Le secrétariat central (secrétaire actuel, M. le directeur Altherr, Langgasse, Saint-Gall) fonctionne comme office central pour tout ce qui concerne le bien des aveugles. La Société Centrale possède un fonds de secours à l'aide duquel il est possible de subventionner les œuvres créées dans l'intérêt des aveugles. Les ressources disponibles sont employées au placement d'enfants aveugles dans des asiles où ils sont élevés, à faire apprendre un métier aux adultes et exceptionnellement à faciliter des opérations ou des cures préventives. Les secours ne sont accordés que dans la supposition que la société locale de secours aux aveugles, leur canton ou leur commune y participeront, en règle générale, pour une part égale à celle accordée par la Société Centrale. Le produit des fonds ne peut pas être consacré à des secours purs et simples. Préalablement à toute assistance on doit faire remplir par le solliciteur le questionnaire prescrit, qui renseigne sur sa situation sociale et son état de santé ; un médecin (si possible un spécialiste pour les maladies de la vue) doit répondre aux questions médicales. Ont droit à l'aide de la Société, toutes les personnes privées de la vue, connues pour être dépourvues de ressources, de nationalité suisse et habitant la Suisse. A titre exceptionnel, il peut être accordé des secours à des étrangers, à la condition qu'ils soient, depuis cinq ans au moins, domiciliés en Suisse, et, en règle générale, que leur pays d'origine participe pour une part égale à l'assistance accordée. Les demandes doivent être accompagnées d'un préavis des correspondants locaux de la Société Centrale et transmises par eux à la Commission d'assistance composée de trois membres. Les noms des assistés ne peuvent figurer dans les rapports annuels qu'avec leurs initiales et l'indication du lieu de leur domicile.

Sont attribués au fonds de secours les legs, les dons, les excédents de compte de la Caisse Centrale, ainsi que les secours votés, mais pas employés.

En 1912, 14 aveugles ont reçu des secours pour une somme de 1325 francs.

Les subventions des cantons, celles d'institutions **diverses**, .ainsi .que la subvention fédérale de 3000 francs sont versées à la Caisse Centrale.

Des *sociétés pour la protection des aveugles*, sections de la Société Centrale se trouvent dans les cantons de *Zurich, Berne, Lucerne, Zoug, Fribourg, Soleure, Schaffhouse, Appenzell, Saint-Gall, Thurgovie, Tessin, Neuchâtel et Genève.* Les sections des cantons d'Appenzell, Saint-Gall et Thurgovie forment réunies la Société de protection aux aveugles de la Suisse Orientale. Leurs buts sont les mêmes que ceux de la Société Centrale : éducation, enseignement professionnel et travail fourni aux aveugles, placement ou assistance de ceux qui sont incapables de travailler. Il n'est fait aucune distinction de religion et les secours sont accordés à tous proportionnellement à leur degré d'indigence. Les tuteurs ou tutrices doivent se mettre en relations suivies avec les aveugles confiés à leur surveillance et faire parvenir périodiquement un rapport au Comité. Quelques sections font procéder à des inspections par un membre du Comité, lequel visite également les correspondants locaux. Deux sections, avant d'accorder des secours, réclament un certificat d'un oculiste, renseignant sur l'état du solliciteur ; une autre demande du solliciteur lui-même, de ses proches ou de sa commune un exposé exact de ses ressources pécuniaires, cela afin de prévenir des abus et d'être assurée que seuls de véritables pauvres sont assistés. S'il est constaté que les réponses données étaient inexactes, que des ressources existantes ont été tues, l'assistance peut être interrompue et une action en rétrocession des secours versés intentée. La même section tient à relever le fait que des secours accordés il faut se garder de faire dériver un droit positif quelconque à l'assistance, droit qui n'existe pas, la section se réservant dans chaque cas son entière liberté d'action. La Société de protection de la Suisse Orientale (sections des cantons d'Appenzell, Thurgovie et Saint-Gall) accorde son aide dès qu'un certificat médical démontre que la vue du solliciteur est réduite à moins d'un dixième de force visuelle, qu'il court le danger de la perdre complètement

et que son protecteur (qui peut être un pasteur, un instituteur,
un fonctionnaire communal) certifie son indigence et en
même temps son honorabilité. Cette société, ainsi que celle
de Lucerne, ont des correspondants dans les communes, pour
y représenter les intérêts de la Société et ceux des aveugles.
La Société de secours aux aveugles et aux malades des yeux,
bourgeois de la ville de Schaffhouse assiste les bourgeois de
la ville même lorsqu'ils n'y habitent pas, et des Suisses d'autres cantons lorsque leur commune consent à prendre sa
quote-part des frais. Quand il le faut, les malades reçoivent
leurs soins à l'Hôpital cantonal aux frais de la Société.
Elle a organisé une Polyclinique dans laquelle peuvent être
traités à toute époque et gratuitement des malades des
yeux, bourgeois ou non-bourgeois.

L'assistance proprement dite consiste en subsides pour
l'apprentissage d'un métier et pour faciliter l'acquisition
du matériel nécessaire ; en dons d'argent, en subsides payés
aux asiles et aux cliniques particulières, en bons d'aliments,
de bois, pour traitements médicaux, pour lunettes, soins
d'hôpital (dans les asiles, les aveugles reçoivent de certaines
sociétés un petit argent de poche). Enfin on s'efforce de
leur procurer du travail.

Les recettes se composent des cotisations annuelles, des
legs, dons, intérêts et des subsides des communes.

*Tableau de l'activité déployée en Suisse par les Sociétés de
protection aux aveugles en 1912.*

Cantons.	Nombre des sociétés.	Nombre des assistés.	Montant des secours accordés.	Frais d'administration.
1. Zurich	1	15	» 1,452	—
2. Berne	1	69	» 21,380	—
3. Lucerne	2	58	» 7,575	—
4. Zoug	1	7	» 160	—
5. Fribourg	1	3	» 142	—
6. Soleure	1	9	» 2,200	Fr. 30
7. Schaffhouse	1	55	» 5,292	—
8. Saint-Gall	1	139	» 8,203	—
9. Tessin	1[1])	—	—	—
10. Neuchâtel	1	9	» 714	» 225
11. Genève	1	45	» 2,472	—
Total	12	409	Fr. 49,590	Fr. 255

[1]) N'accorde pas de secours.

6. Pour les aliénés.

Des sociétés s'occupant de cette catégorie d'indigents se trouvent dans les 14 cantons de *Zurich, Berne, Lucerne, Schwytz, Soleure, Bâle-Ville, Schaffhouse, Appenzell (Rh. Ext.), Saint-Gall, Grisons, Argovie, Thurgovie, Vaud* et *Genève*. La société du canton de Schwytz n'entrera pas en ligne de compte, n'ayant commencé à fonctionner qu'en 1913. Toutes ces sociétés se proposent plus ou moins le même programme : contribuer à alléger le prix de la pension dans les maisons d'aliénés, en faveur de ceux qui n'ont pas droit à l'assistance officielle ; patronage de ceux qui en sortent guéris ou convalescents ; assistance aux familles des malades. Toutes s'efforcent d'éclairer la population sur la nature réelle des maladies mentales et de combattre les nombreux préjugés encore existant dans le peuple à l'égard des aliénés et des maisons qui les hospitalisent. Une société s'occupe de préférence des malades guérissables. La société appenzelloise va plus loin, puisqu'elle s'occupe des buveurs et des épileptiques et que, lorsque un traitement dans un établissement spécial paraît indiqué, elle cherche à les placer dans celui qui s'occupe de leur cas, contribue aux frais de traitement et sert de conseillère à la famille du malade. Elle recueille les buveurs à leur sortie de l'asile où ils ont été internés, leur procure un gagne-pain convenable, les rattache à des sociétés de tempérance, exerce sur eux, dans certains cas, une sorte de patronage ; elle surveille les soins donnés aux épileptiques soit dans leurs familles, soit chez les personnes où ils ont été placés. Là où cela est nécessaire, elle leur remet gratuitement du bromkali, ce que font du reste aussi d'autres sociétés ; dans certaines éventualités elle contribue à leur entretien ou leur procure du travail. En sus des secours pour la pension de malades pauvres qui n'ont pas droit à l'assistance légale, elle accorde aux malades de troisième classe des primes pour travaux accomplis, de manière à leur constituer un petit argent de poche dont le montant est fixé par la direction de l'établissement et géré par elle, et à permettre à ces malades de subvenir à quelques fantaisies, ce qui est pour eux un encouragement à se livrer à un travail qui ne peut que leur être salutaire. Enfin elle se charge de certains achats particulièrement nécessaires, en faveur de malades qui ne pourraient pas ou très difficilement en faire les frais (achat de vêtements, de membres articulés etc.) et contribue à l'organisation de représentations, théâtrales et autres, afin de procurer une distraction aux malades de l'établissement. Enfin elle encourage tous les efforts faits par la direction en vue de se procurer et de conserver un personnel de gardiens capables et stables (primes récompensant certains services, gratifications au Nouvel-An, création et alimentation d'un fonds de retraite, acquisition du matériel d'instruction nécessaire pour des cours de gardiens etc.).

A quelques peu importantes différences près, l'organisation de toutes ces sociétés, généralement très nombreuses, surtout celles de la Suisse Orientale, est toujours la même. Des personnes de confiance, des correspondants ou des tuteurs dans chaque commune ou dans chaque district servent d'intermédiaire entre les assistés, les hospitalisés et le Comité; ils observent et surveillent les protégés de la Société ainsi que l'emploi qui se fait des secours accordés; ils transmettent les demandes, cherchent à gagner de nouveaux sociétaires et représentent les intérêts de la société en toute occasion. Une société a une commission d'assistance qui statue sur les demandes. La société lucernoise vient en aide aux communes qui ont à leur charge des aliénés et proportionne le taux des secours qu'elle leur accorde à celui des impôts perçus pendant les cinq années précédentes. Aucun subside n'est payé lorsqu'il n'existe pas d'impôt communal, mais il est payé 20 francs pour un impôt s'élevant à 0,5 pour mille, 30 fr. pour 1 pour mille, 40 fr. pour 1,5 pour mille, 50 francs pour 2 pour mille, 60 francs pour 2,5 pour mille, 70 fr. pour 3 pour mille et 80 fr. pour 3,5 pour mille.

La plupart des sociétés limitent leur assistance aux seuls ressortissants du canton, qu'ils y habitent ou non; exceptionnellement elles l'étendent à des Suisses d'autres cantons et même à des étrangers, lorsqu'ils ont résidé de longues années dans le canton, cela pour éviter le rapatriement. Quelques rares sociétés cependant mettent nationaux et étrangers sur le même pied. Aucune ne fait dépendre l'assistance de l'adhésion à une forme de religion quelconque.

Les secours s'accordent en espèces et en nature (vêtements, lait, pain, outils) ; en facilitant l'apprentissage d'un métier, en consultations médicales gratuites, en médicaments ; mais ils consistent surtout en subsides pour paiement de pensions dans les maisons d'aliénés ; une société va jusqu'à payer la moitié du prix de pension. Une autre société, lorsque le malade est soigné dans sa famille, prend à sa charge les frais supplémentaires qui en résultent à raison d'environ cinquante centimes par jour et par personne. Une autre encore occupe un certain nombre de femmes auxquelles ces travaux de couture ou de tricotage aident à se tirer d'affaire. Les ouvrages ainsi exécutés sont achetés par la Société féminine des restaurants sans alcool et par la Société de bienfaisance.

Les ressources financières à la disposition de ces sociétés proviennent des cotisations payées par leurs membres, de dons, de legs, d'intérêts de capitaux ou de fonds, d'une subvention provenant de la dîme de l'alcool, de corporations et de communes (lorsqu'il s'agit de buveurs et d'épileptiques).

Tableau de l'activité déployée par les sociétés de secours aux aliénés, en Suisse, pendant l'année 1912.

Cantons.	Nombre des sociétés.	Nombre des assistés.	Montant des secours accordés.	Frais d'administration.
1. Zurich	1	139	Fr. 9,186	Fr. 593
2. Berne	1	81	» 11,696	» 4,698
3. Lucerne	1	223	» 16,359	» 1,801
4. Schwytz	1¹)	—	—	—
5. Soleure	1	6	» 259	» 153
6. Bâle-Ville	1	26	» 1,049	» 253
7. Schaffhouse	1	12	» 1,710	» 180
8. Appenzell (Rh. Ext.)	1	29	» 5,796	» 483
9. Saint-Gall	1	72	» 6,412	» 1,329
10. Grisons	1	8	» 1,000	» 150
11. Argovie	1	56	» 5,000	» 60
12. Thurgovie	1	27	» 3,350	» —
13. Vaud	1	22	» 1,028	» 61
14. Genève	1	13	» 170	» 398
Total	14	714	Fr. 63,015	Fr. 10,159

¹) N'a commencé à fonctionner qu'en 1913.

7. Pour les femmes en couche.

L'assistance aux femmes en couche n'est, généralement parlant, pas très développée en Suisse et ne paraît pas y provoquer l'intérêt auquel sembleraient avoir droit les mères de la génération future. On rencontre néanmoins dans 14 cantons, ceux de *Zurich, Berne, Lucerne, Glaris, Fribourg, Soleure, Bâle-Ville et Campagne, Appenzell (Rh.-Ext.), Saint-Gall, Argovie, Vaud, Neuchâtel et Genève*, des sociétés de femmes en assez grand nombre qui s'y consacrent, soit exclusivement, soit tout en s'intéressant à des malades d'autres catégories. Dans les villes de Zurich, Winterthour, Lucerne, Soleure, Bâle et Saint-Gall, ces sociétés déployent une activité remarquable, féconde en résultats heureux, de même que dans quelques autres localités de moindre importance.

Les secours consistent en aliments (lait, œufs, soupe, viande, vin) en linge pour mères et enfants, exceptionnellement en argent. Des sociétés en assez grand nombre fournissent une garde pendant une durée de dix à quinze jours ; les femmes assistées sont visitées par les dames du comité. Quelques sociétés, avant d'accorder l'assistance, demandent la recommandation d'un médecin ou d'une sage-femme et exigent un domicile préalable de trois à six mois dans la commune. Nulle part les questions de nationalité ou de religion ne jouent un rôle, lorsqu'il s'agit de venir en aide à une femme en couche. En revanche les secours ne sont accordés qu'à partir de la naissance du second enfant et généralement seulement à des femmes mariées. Les ressources proviennent de cotisations des membres, de dons, legs, intérêts, subsides de maisons de commerce, de corporations, de communes ; d'une part des impôts ecclésiastiques, de collectes faites à domicile et du produit de concerts de bienfaisance.

Comme modèle d'organisation, nous citerons la *Société de secours aux femmes en couche pauvres de Zurich* (Verein zur Unterstützung armer Wöchnerinnen in Zürich). Ainsi que son nom l'indique, elle a été fondée pour venir en aide aux nouvelles accouchées, qui se trouvent dans le besoin, ainsi qu'à leur nourrisson. A cet effet, les dames membres de la Société visitent les femmes en couche et leur font parvenir des dons en nature. La société est patronée par la loge maçonnique « Modestia cum libertate ».

Peut adresser une demande de secours ou en faire adresser une par une tierce personne, toute nouvelle accouchée, domiciliée depuis six mois au moins à Zurich. Dans la règle, il n'est accordé de secours qu'à partir du second enfant. Les demandes ne sont prises en considération que lorsque l'indigence a pu être constatée, d'une manière absolument certaine, par une dame-visitante. Des quémandeuses de profession et des étrangères ne doivent pas être favorisées aux dépens, par exemple, de pauvres honteux ou de gens du pays. Des *secours en espèces sonnantes* ne doivent être accordés qu'exceptionnellement, seulement en cas d'extrême détresse et avec l'autorisation du Comité, pour payer des gardes — lorsqu'il ne peut être fait appel à l'office « des secours à domicile » de la ville de Zurich. — Dans des cas de ce genre, il faut avant tout s'adresser à cette institution. Il est surtout accordé, en fait de dons : du linge pour la mère et l'enfant un berceau, de la literie et des denrées alimentaires. Les boissons alcooliques en sont absolument exclues. En revanche, on peut remettre des bons pour du lait, du képhir, du combustible et pour de la soupe. Lorsqu'une dame-visitante remporte de ses visites à la demeure d'une femme en couche l'impression que la famille se trouve dans un état de misère tel qu'une assistance de quelque durée s'impose, elle en fera rapport écrit ou verbal au président de la société. Celui-ci se chargera, de sa propre initiative, ou après en avoir conféré avec les autres membres du comité, des démarches nécessaires (par exemple de signaler le cas à la Société des Amis des pauvres, du choix d'une dame-patronesse etc.).

Le Comité nomme, suivant les besoins, un certain nombre de *directrices* de quartiers. On doit tenir compte dans leur nomination, des particularités et de la besogne de chaque quartier. Actuellement il y a quatre directrices ; chacune d'elles se choisit une remplaçante, agréée par le Comité

et qui doit, autant que possible, habiter dans son voisinage.
Une directrice a pour tâche d'accueillir les demandes de secours
et de les transmettre à la dame-visitante que cela concerne,
de sorte que celle-ci puisse faire sans retard la visite prescrite
et envoyer à la direction centrale son rapport et ses propositions. Les directrices font part à la direction des observations recueillies par elles dans l'exercice de leurs fonctions ;
elles veillent à ce que les secours soient distribués sans retard ;
elles doivent aussi s'efforcer de procurer de nouvelles ressources
à la Société et faire au dehors de la propagande en sa
faveur. Des réunions régulières de dames, membres de la
société, doivent entretenir leur zèle et stimuler leur activité.
Des améliorations peuvent être proposées à la direction à
n'importe quelle époque.

Les *visites* aux femmes dans le besoin sont faites par
des sociétaires, dont un nombre suffisant doit se tenir pour
cela à la disposition de chaque directrice. Lorsqu'une dame-
visitante estime qu'un cas, à elle signalé, remplit les conditions requises par la société pour justifier l'assistance, elle
prend note, en présence de l'intéressée ou de ses proches, des
objets dont la mère et le nouveau-né peuvent avoir le plus
pressant besoin, et remet leur adresse au bureau central, où
l'on peut faire prendre les objets accordés, dès que la demande de secours a été agréée. La dame-visitante fait un rapport,
d'après un formulaire uniforme et indique les désirs de la
solliciteuse, tout en spécifiant les dons qui lui paraissent
indispensables ; elle fait parvenir, sans retard, ce rapport
muni de sa signature et de ses observations éventuelles, au
bureau central de la Société, Pfalzgasse 6. Il peut se présenter
des cas qui obligent la dame-visitante à vérifier le bon
emploi des dons accordés. Les demandes de secours doivent être
examinées et liquidées dans le plus bref délai. Les directrices
ont le droit de faire des visites d'inspection.

Les rapports des dames-visitantes doivent tous être envoyés au *Bureau Central*, Pfalzgasse 6, Zurich I. Après examen du cas et, éventuellement, renseignements pris auprès de
l'Assistance volontaire générale, dès que l'on s'est assuré

qu'aucune autre société n'est intervenue, le Bureau fait parvenir les 'dons, remplit les bons nécessaires et pour le reste, éventuellement, lors de cas spéciaux, s'adresse aux organisations compétentes (Assistance, Sociétés de patronage etc.). Le Bureau Central, directement ou par l'intermédiaire des directrices, reçoit les dons et contributions en espèces et en nature qu'on veut bien lui accorder. Un compte exact des entrées et des sorties est tenu,

De temps à autre, on rappelle par circulaire aux *sages-femmes* l'existence et les principes-directeurs de la Société ; on leur fait observer que seuls des cas de réelle misère peuvent être signalés, jamais ceux où l'on spécule sur la charité. Les nouvelles sages-femmes sont rendues attentives à l'existence de la Société. Si l'on vient à constater que des sages-femmes se laissent aller à signaler trop facilement des familles comme indigentes, on les exhorte à examiner de plus près le cas, en leur communiquant les expériences faites. En 1912, 493 accouchées ont reçu des secours pour une somme de 8307 francs ; la moitié environ était des étrangères, italiennes en majorité.

Tableau de l'activité déployée par les Sociétés suisses de secours aux femmes en couche en 1912.

Cantons.	Nombre des sociétés.	Nombre des assistés.	Montant des secours accordés.		Frais d'administration	
1. Zurich	6	944	Fr.	22,404	Fr.	616
2. Berne	11	603	»	2,359	»	—
3. Lucerne	4	346	»	6,033	»	353
4. Glaris	1	8	»	150	»	—
5. Fribourg	1	25	»	1,460	»	25
6. Soleure..........	2	72	»	2,050	»	28
7. Bâle-Ville	2	145	»	1,990	»	—
8. Bâle-Campagne....	2	4	»	26	»	—
9. Appenzell (Rh. Ext.)	5	165	»	1,612	»	—
10. Saint-Gall	3	439	»	6,476	»	436
11. Argovie	2	56	»	2,188	»	—
12. Vaud	6	167	»	1,219	»	—
13. Neuchâtel	1	4	»	52	»	—
14. Genève..........	1	22	»	432	»	—
Total.....	47	3,000	Fr.	48,451	Fr.	1,458

8. Pour les tuberculeux.

Ce n'est que depuis quelques années seulement que la charité publique s'occupe spécialement d'eux ; et cependant cette branche de l'assistance s'est déjà développée d'une manière considérable et a de véritables succès à relater. Dans dix-huit cantons, ceux de *Zurich, Berne, Lucerne, Glaris, Zoug, Fribourg, Soleure, les deux Bâles, Schaffhouse, Appenzell Rh.-Ext., Saint-Gall, Grisons, Argovie, Thurgovie, Vaud, Neuchâtel et Genève,* la lutte contre le plus terrible ennemi du peuple, la tuberculose, est menée avec énergie par plusieurs sociétés à Zurich, Lucerne, Zoug, Soleure, Bâle-Campagne, Grisons, Argovie, Vaud et Genève par des ligues antituberculeuses, composées pour la plupart de dames. C'est au sexe féminin et principalement aux sections de la Société féminine suisse d'utilité publique que revient le mérite d'avoir entamé le combat nécessaire. Le but est partout le même : empêcher par tous les moyens disponibles, à la ville comme à la campagne, l'extension de la tuberculose. Et pour cela on aide à la création de sanatoriums pour tuberculeux, de homes pour convalescents, de colonies de cure d'air et de vacances ; quelques ligues même, celles de Zoug et de Fribourg par exemple, bornent à cela leur activité. La plupart des autres s'occupent de faire donner les soins nécessaires aux malades sans ressources et à leurs familles. Toutes s'efforcent d'agir sur les populations, de les renseigner, en faisant donner des conférences ou en publiant des instructions. Les *Dispensaires antituberculeux* installés dans certains cantons, non seulement dans des centres urbains. mais aussi à la campagne, ont comme tâche principale de chercher à placer les tuberculeux dans les meilleures conditions possibles de logement et de nourriture, et en première ligne de garantir, contre la contamination, les familles et les locataires d'une maison habitée par un tuberculeux. Les ligues n'ont pas à s'occuper du traitement médical proprement dit des tuberculeux, pas plus que de la fourniture des médicaments nécessaires. Elles cherchent surtout à exercer une action préventive, en renseignant les malades et leur entourage sur les particularités de la tuberculose et les manières de la combattre : elles surveillent et, le cas échéant, aident à exécuter les mesures ordonnées par le médecin, fournissent des crachoirs ; puis aussi des aliments (lait, œufs, viande, képhir) et des vêtements, du linge de corps et de lit, du combustible ; elles font nettoyer le linge des tuberculeux, travaillent à améliorer les conditions d'habitation des malades et de leurs familles, en faisant apporter à leurs logements les modifications nécessaires, ou aussi en leur procurant des appartements plus sains et en leur aidant à en payer le loyer ; en facilitant le placement de malades dans un hôpital, dans un asile ou dans un sanatorium, en éloignant les membres d'une famille qui courraient le danger d'être contaminés par un malade ; en demandant aux autorités compétentes d'ordonner des mesures de désinfection et en accordant d'autres genres de secours quand ils sont nécessaires. Par principe on évite le plus possible les secours en argent et partout où cela se peut, les secours sont accordés sous forme de bons ou de dons en nature. Les organes de ces ligues sont : le comité, le médecin de la ligue, les dames inspectrices et quelquefois la diaconesse. Le médecin de la ligue tient le registre des malades qui lui sont envoyés ou qui se sont fait examiner par lui. C'est lui qui, d'après ses constatations et celles de l'inspectrice, éventuellement sur la demande du médecin de la famille, décide le genre de secours à accorder. La dame-inspectrice organise un contrôle sur la situation domestique et économique des malades ; sur les indications et avec l'aide du médecin, elle se charge de pourvoir aux soins des malades qui lui sont confiés et surveille l'emploi des secours accordés. Les organes de la société doivent avant tout renseigner et instruire. Le registre des malades demeure entre les mains du médecin, responsable du secret professionnel, et ne peut être consulté que par les membres-médecins de la commission contre la tuberculose. Le registre de contrôle des logements et des situations matérielles des malades est conservé au bureau de la ligue et en tout temps à la disposition de la Commission.

Lorsqu'un malade ou sa famille est assisté par une autre société, l'inspectrice se met en relation avec cette société et, d'accord avec elle, prend les dispositions nécessaires pour qu'il soit fait des secours accordés un emploi conforme à leur destination. Les malades qui viennent se faire examiner par le médecin du dispensaire antituberculeux ne sont pas soignés par ce médecin. Une fois le diagnostic établi, on les renvoie à leur médecin habituel et, quand ils n'en ont pas à l'un des médecins qui se sont déclarés prêts à soigner gratuitement ces malades. Le médecin de la ligue les répartit entre eux le plus également possible, en tenant, cependant, toujours compte des préférences des patients, du domicile et de la spécialité du médecin. Il peut aussi arriver que des malades soient renvoyés à ces médecins pour avoir leur diagnostic. Le renvoi de malades au dispensaire ou à un médecin se fait toujours au moyen de formulaires spéciaux. — L'organisation des dispensaires ruraux est un peu différente. La commission antituberculeuse de la commune ou du district, laquelle est chargée de la direction du dispensaire, détermine, sur la proposition du médecin consultant, le montant du secours pour chaque cas, ou met à la disposition des médecins pratiquant dans le rayon d'action de la commission, un crédit proportionné aux besoins. Le médecin consulté recueille les indications nécessaires au contrôle, décide le genre de secours, en se basant sur son enquête à lui et sur celle de la visiteuse, fait parvenir son préavis à la commission ou, s'il a à sa disposition un crédit suffisant, accorde lui-même l'assistance nécessaire. La visiteuse fait, de son côté, un rapport sur la situation domestique et matérielle du malade. Ces rapports sont conservés par le médecin ; une fois la solution définitive survenue, ils sont remis à la commission anti-tuberculeuse du district. — Les Ligues contre la tuberculose procèdent toutes à peu près de même, lorsqu'elles ont à intervenir. La section biennoise de la Société féminine d'utilité publique suisse a énergiquement engagé la lutte contre la tuberculose ; elle utilise un jardin qui appartient à la Société et dont elle cède des parcelles à des personnes qui en sont à la première phase de la maladie et auxquelles le travail et le séjour en plein air font du bien.

En matière d'assistance, les sociétés antituberculeuses ne font aucune distinction de culte ou d'origine. Les sociétés nombreuses ont des commissions ou des comités de district ou de commune, tenues de verser une part des cotisations de leurs membres au comité central. Les recettes se composent de cotisations, de subventions cantonales ou communales, de subsides versés par les communes d'origine, par des corporations, des sociétés, des compagnies d'assurance contre la maladie, par des maisons de commerce ; puis des intérêts de fonds divers, du produit de fêtes des fleurs, de la vente de timbres et de cartes de bienfaisance, enfin de celui de bazars de charité, de concerts, de collectes à domicile, d'impôts ecclésiastiques, de dons et de legs.

La *Société de secours aux malades de la poitrine de nationalité suisse, à Davos,* mérite une mention spéciale. Elle s'occupe de préférence des malades à leur première période, de ceux dont l'état de santé laisse l'espoir d'un rétablissement assez complet pour leur permettre de reprendre leur travail. Des secours sont accordés pour faciliter des séjours de cure. Le patient doit se faire examiner à Davos par un médecin qui remplira le questionnaire médical. Le Comité a le droit de demander, éventuellement, un second examen. Sur le vu de l'enquête médicale, et informations prises sur la situation de fortune, la moralité etc. du malade, le Comité décide s'il y a lieu de l'assister, fixe le montant et la durée du secours. Celle-ci ne peut excéder une période de *trois mois* consécutifs. Personne ne peut être mis au bénéfice de l'assistance sans avoir auparavant fait avec succès, à Davos, une cure de trois mois, sans le secours de la Société. Cependant, dans des cas pressants, sur la proposition du médecin, le Comité est autorisé à accorder l'assistance quand bien même les trois mois ne seraient pas révolus. Les malades assistés sont tenus de résider à l'endroit désigné pour la cure en se conformant en toutes choses au régime ordonné et en suivant strictement les prescriptions médicales. Le Comité peut, après avertissement, faire cesser l'assistance accordée à ceux qui ne s'y conformeraient pas. Si la situation de fortune du malade venait à changer dans l'intervalle, il serait tenu de rembourser les sommes perçues.

A *Arosa*, la *Société de secours aux malades de la poitrine sans ressources* est organisée sur le modèle de celle de Davos. La seule différence consiste en ce qu'elle ne limite pas ses secours aux malades de nationalité suisse, mais qu'elle les accorde sans distinction de patrie ou de culte. Les médecins d'Arosa soignent tous gratuitement les malades assistés par la Société.

Les sociétés étrangères de secours en Suisse, qui s'occupent spécialement de l'assistance de leurs compatriotes poitrinaires, sont mentionnées au chapitre X de cet ouvrage.

Tableau de l'activité déployée par les Sociétés suisses anti-tuberculeuses, pendant l'année 1912.

Cantons.	Nombre des sociétés.	Nombre des assistés.	Dépenses d'assistance.		Frais d'administration.	
1. Zurich	1	2,188	Fr.	25,946	Fr.	21,000
2. Berne............	5	381	»	33,068	»	6,642
3. Lucerne	2	89	»	19,689	»	1,156
4. Glaris	3	59	»	2,142	»	—
5. Soleure..........	1	200	»	10,795	»	438
6. Bâle-Ville........	1	35	»	1,245	»	413
7. Bâle-Campagne....	2	341	»	8,138	»	3,589
8. Schaffhouse.......	1	66	»	3,813	»	798
9. Appenzell (Rh. Ext.)	1	4	»	534	»	6
10. Saint-Gall	5	155	»	8,149	»	5,223
11. Grisons	3	59	»	15,011	»	1,386
12. Argovie	1	384	»	19,950	»	1,325
13. Thurgovie	1	1	»	300	»	—
14. Vaud	2	389	»	6,640	»	971
15. Neuchâtel	3	281	»	13,366	»	12,517
16. Genève...........	2	479	»	19,195	»	7,815
Total.....	34	5,111	Fr.	187,981	Fr.	63,279

9. Oeuvres d'assistance en faveur des malades en général.

Il ne sera pas question ici des Sociétés de secours mutuels en cas de maladie, ni des offices communaux de secours aux malades, si nombreux dans la Suisse Orientale, et qui se chargent des soins gratuits à donner aux malades pauvres de la commune ; seules les *sociétés de secours aux malades* ont droit ici à une mention. Il s'en trouve dans les cantons de *Zurich, Berne, Lucerne, Schwytz, Glaris, les deux Bâles, Schaffhouse, Appenzell Rh.-Ext., Saint-Gall, Grisons, Argovie, Thurgovie, Neuchâtel et Génève*, en très grand nombre surtout dans ceux de Zurich, Berne, Bâle-Ville et Argovie. Il n'y en a pas dans les autres cantons ou sont toutes plus ou moins dépendantes des Eglises. Il n'est pas difficile de comprendre pourquoi la charité privée pourvoit si largement aux besoins et aux soins des malades indigents : la maladie n'est-elle pas un des plus fréquents, un des pires générateurs de misère ! Des malades sans ressources provoquent aisément la pitié ; l'assistance aux malades pauvres est en outre d'une pratique aisée ; c'est facile de se rendre compte des cas où elle est commandée ; les certificats médicaux rendent les fraudes à peu près impossibles et le genre de secours est tout indiqué. Les sociétés de secours aux malades viennent donc très heureusement compléter l'œuvre de l'Assistance officielle et des diverses sociétés de bienfaisance.

La tâche que se proposent donc ces société, composées elles aussi en très grande majorité de femmes, est en première ligne, quand ce n'est pas exclusivement, l'assistance à apporter aux malades. Quelques-unes d'entre elles s'occupent aussi des vieillards, des infirmes, des femmes en couche. A peu d'exceptions près les étrangers sont assistés tout comme les Suisses. Une seule société n'assiste que ses concitoyens, à l'exclusion formelle des étrangers au canton. Il n'est jamais fait de distinction de religion. Les refus sont rares et lorsqu'ils se produisent, ils ont pour causes l'inconduite, la paresse, l'ivrognerie des solliciteurs ; quelquefois ils sont imposés par des raisons d'ordre moral ou lorsqu'on se trouve avoir affaire à des simulateurs. Les secours ne sont jamais que momentanés ; lorsque l'assistance menace de durer, c'est aux autorités à intervenir, avec lesquelles la généralité des sociétés de secours aux malades sont en rapports suivis, de même qu'avec les autres sociétés et institutions de bienfaisance de la localité. Les secours consistent en bons pour denrées alimentaires, pour un régime de malades, pour de la literie, du linge, des vêtements, des bas. Quelques sociétés se chargent des frais d'hôpitaux, facilitent des cures de plein air, prêtent gratuitement des ustensiles ou des meubles de malades ; dans les cantons romands, on paie quelquefois le médecin et les remèdes qu'il ordonne. Il est rarement donné de l'argent. L'assistance n'est accordée qu'après enquête exacte ou sur la recommandation d'un médecin, d'une diaconesse ou d'une sage-femme, quand il s'agit d'une nouvelle accouchée. Les visites aux assistés sont faites par les gardes-malades, ainsi que par les membres du Comité ou d'autres sociétaires. A Bâle, la ville a été divisée en quartiers, à la tête de chacun, desquels se trouve une visiteuse qui doit en visiter les malades.

Des cotisations, des legs, des dons, les intérêts de fonds, des cadeaux faits lors de cérémonies de mariage ou funèbres, des subsides de communes ou de l'Etat, de maisons de commerce, de corporations et de fondations, des collectes à l'église et à domicile, le produit de bazars de charité et de soirées forment les revenus ordinaires, nécessaires pour subvenir aux besoins de ces sociétés d'assistance aux malades.

Une de ces sociétés mérite plus spécialement de voir mentionnées ici son organisation et son activité. C'est la *Société féminine de secours aux malades de la paroisse du Munster à Bâle*, créée pour assister les malades indigents de cette paroisse, ainsi que les femmes en couche, les personnes âgées et les enfants maladifs qui ne peuvent recevoir chez eux les soins nécessaires. Elle agit en accord le plus intime possible avec celles des sociétés de la ville qui poursuivent un but analogue au sien. Elle fournit aux malades les aliments de régime qui leur sont ordonnés, du lait, du bois (en hiver seulement), de la literie (qui n'est que prêtée) et des secours en argent. On ne donne pas à la même personne à la fois une nourriture de régime et du lait. Le lait ne s'ac-

corde que sur présentation d'un certificat médical, exception
faite en faveur des femmes nouvellement accouchées. Le
certificat du médecin doit mentionner les causes de la maladie
et la durée pendant laquelle le lait est ordonné. Un certificat
n'est valable que pendant deux mois au plus ; si la cure doit
se prolonger, il devra être renouvelé. Aux femmes nouvellement accouchées et habitant trop loin du dispensaire de
la Société, lorsqu'elles n'ont personne qui puisse leur porter
les aliments dont elles auraient besoin, il peut être accordé
pendant un mois, même sans attestation médicale, du lait en
lieu et place d'autres aliments. La dame-visitante du quartier,
d'accord avec la diaconesse, est compétente pour permettre
ce changement. Il ne peut être délivré à la même personne
plus de 25 kilos de bois par semaine. Si cette personne en
reçoit de la Société de bienfaisance, la Société de secours aux
malades ne lui en dispensera qu'en cas de nécessité absolue.
La Société alloue de 30 à 50 centimes par semaine, suivant la distance, aux personnes qui se chargent de porter
la nourriture à un malade auquel il est impossible de se la
faire apporter par une connaissance. Aucun autre secours
en espèces n'est accordé. La Société a toujours le droit de
repousser une demande de secours. — Dès que l'état de
santé du malade le permet, la délivrance de la nourriture
de régime, de lait ou de bois doit cesser, ou au moins être
interrompue pendant quelque temps, afin de ne pas diminuer
l'assistance encore nécessaire à d'autres malades pauvres. Les
personnes âgées et des malades absolument dénués de ressources peuvent être placées pour une durée plus ou moins longue au bénéfice de ces distributions.

Les travaux sont répartis entre les sociétaires ; quelques
dames dans chaque quartier de la paroisse se chargent d'encaisser les cotisations et de les remettre au caissier ; une ou
plusieurs sociétaires sont chargées de la direction de la cuisine
et de la distribution des repas ; une autre sociétaire gère,
conjointement avec la diaconesse, le dépôt de literie, tandis
que quelques dames par quartier ont à visiter les malades.
Les encaisseuses de cotisations se présentent, dans la règle

deux fois par an, dans toutes les maisons de leur quartier avec une tirelire. — Les dames qui distribuent la nourriture doivent toujours se convaincre de la bonne qualité des aliments ; elles se partagent la besogne de manière à ce que chacune d'elles ait son jour fixé de distribution. — Les directrices du dispensaire tiennent un registre de sortie et de rentrée des objets prêtés ; elles veillent à ce que ces derniers soient toujours rendus. — Les dames-visitantes ont en premier lieu à se rendre un compte exact de la maladie et de la situation matérielle de leurs malades ; elles en font ensuite l'objet d'un rapport au comité, en y joignant leurs propositions relatives au genre de secours qui leur paraît indiqué. S'il y a urgence et qu'il soit impossible d'attendre la prochaine séance, la dame-visitante, d'accord avec la diaconesse de quartier, peut prendre l'initiative des mesures nécessaires, dont elles avisent ensuite le comité. Pour arriver à une unité de méthode dans la distribution des secours, les dames-visitantes doivent se maintenir en relations suivies avec la diaconesse de la Société et l'informer des secours qu'elles ont accordés. On insiste auprès des visiteuses pour qu'elles fassent participer leurs malades aux bénédictions qui découlent de la Parole de Dieu, ou d'ouvrages d'édification, dont elles leur feront la lecture, ou encore de prières, si elles s'en sentent le don, et que l'état du malade le permette. Les dames-visitantes vont voir leurs malades au moins une fois par semaine. Toutes les sociétaires doivent prendre leur tâche à cœur et la remplir dans un esprit de compassion, d'affection, de patience et d'humilité, par amour et reconnaissance envers Celui qui, dans les jours de son abaissement, ne s'est pas tenu éloigné de nous, mais a pris sur Lui nos faiblesses et s'est chargé de nos langueurs.

Recettes en 1912—13 : contributions, dons, legs, collectes à l'église et intérêts : 14 551 francs. Dépenses d'assistance : 9291 francs en faveur de 162 malades. Frais d'administration : 240 francs.

Tableau de l'activité déployée par les Sociétés suisses de secours aux malades en 1912.

Cantons..	Nombre des sociétés.	Nombre des assistés.	Montant des secours.		Frais d'administration.	
1. Zurich.............	28	1,660	Fr.	26,016	Fr.	639
2. Berne.............	16	1,778	»	19,943	»	489
3. Lucerne...........	2	161	»	7,160	»	—
4. Schwytz..........	2	80	»	6,080	»	—
5. Glaris............	1	4	»	220	»	—
6. Bâle-Ville	5	969	»	28,458	»	1,064
7. Bâle-Campagne	6	40	»	433	»	2
8. Schaffhouse........	8	277	»	3,497	»	122
9. Appenzell (Rh.-Ext.)	3	106	»	1,207	»	—
10. St-Gall...........	2	17	»	463	»	—
11. Grisons...........	3	71	»	1,167	»	5
12. Argovie	12	480	»	6,291	»	3
13. Thurgovie........	4	235	»	5,236	»	22
14. Neuchâtel.........	5	787	»	7,631	»	—
15. Genève...........	3	675	»	18,299	»	1,071
Total..	100	7,340	Fr.	132,101	Fr.	3,417

10. En faveur des vieillards et des incurables.

A diverses reprises déjà, à propos des sociétés de bienfaisance dont nous avons eu à nous occuper, nous avons pu mentionner parmi leurs assistés les vieillards et les incurables ; avec les enfants et les femmes en couche, ils sont de ceux auxquels l'assistance n'est, pour ainsi dire, jamais refusée. Si nous en avons fait une catégorie à part, c'est qu'il existe quelques sociétés qui se consacrent surtout aux vieillards, sans parler des divers fonds et des donations faites en leur faveur et que nous n'avons pas à mentionner ici.

On vient à leur aide par des distributions d'argent ou de vêtements, sans s'occuper de leur origine ou de leur culte. Le *dispensaire* de l'Asile des pauvres (Privatarmenanstalt) de la ville de *Berne* assiste les personnes ayant dépassé 55 ans d'âge, qui ont habité Berne pendant la plus grande partie de leur vie et sont connues pour s'être vouées à un travail honnête et utile. On demande en outre qu'elles soient d'un caractère paisible, et de bonne conduite ; il faut enfin que l'indigence soit due à l'invalidité, à un accident etc. etc. La direction se réserve le droit de soumettre en tout temps la liste des bénéficiaires à une revision. Lors de cas dûment constatés de mauvaise conduite, d'ivrognerie, d'actes d'immoralité, de mendicité, de mauvais emploi des secours accordés etc., la pension peut être supprimée, après un avertissement préalable. La « pension » est purement volontaire et ne crée à la « charitable Direction », aucune obligation légale ; elle n'a par conséquent en aucune façon le caractère d'une assistance officielle. Cette pension est fixée à 70 francs, chiffre minimum, par an ; elle est accordée à vie. En cas extraordinaire et lorsqu'il y a urgence, la direction s'est réservée le droit d'accorder à un solliciteur n'ayant pas encore été admis à la pension un secours unique, lequel peut s'élever à cinquante francs. Elle est libre de n'accorder une pension qu'à la condition d'un secours proportionné de la part d'une commune ou d'un particulier. Les pensions sont payables par trimestre. Il n'est fait aucune avance dépassant le montant d'un trimestre ; il n'est pris aucune sorte d'engagement pour paiement de loyers etc.

Les recettes proviennent des intérêts des capitaux placés et du produit d'une collecte faite à domicile dans la ville de Berne. En 1912, 26 personnes assistées ont touché au total une somme de 2000 francs.

A mentionner encore la *Société de secours pour ouvriers de fabrique invalides du canton de Zurich*, formée par les propriétaires de filatures de coton, de fabriques de rubans et de tissus du canton de Zurich. Elle accorde son assistance aux ouvriers des sociétaires, et à tous ceux qui ne peuvent plus être employés dans une fabrique, lorsqu'ils ont été victimes, par exemple, d'un accident de machine, ou causé par une courroie de transmission, au service direct de l'un des sociétaires et lorsqu'ils sont de ce fait devenus totalement ou partiellement incapables de travailler, sans se trouver au bénéfice de la loi sur la responsabilité civile, ou de celle d'assurance en cas d'accident ; lorsqu'ils sont âgés de 60 ans révolus et peuvent faire la preuve, par des certificats, qu'ils ont travaillé pendant 25 ans au moins, dans des filatures, des tissages mécaniques ou des fabriques de rubans du canton de Zurich, dont quinze au moins chez un des sociétaires. N'ont pas droit à l'assistance les ouvriers en état de gagner trois francs et davantage par jour, ou ceux qui sont depuis plus de dix ans occupés dans un autre genre d'industrie. Dans certains cas spéciaux, l'assistance peut être accordée à des ouvriers n'ayant pas atteint 60 ans d'âge, lorsque par suite de maladies internes ou externes ils sont devenus définitivement incapables de travailler, et s'ils remplissent toutes les autres conditions. Les demandes de secours doivent être transmises par écrit à la direction pour le 31 Octobre de chaque année, au plus tard, par le sociétaire intéressé et accompagnées des certificats et indications de salaire exigés. Les ayants-droit, qui n'habitent pas dans le voisinage d'un sociétaire, peuvent faire parvenir leur demande par l'intermédiaire du pasteur de leur commune de domicile ou d'origine. Les secours sont toujours payés jusqu'à fin Décembre.

Les recettes de la Société se composent des intérêts d'un fonds inaliénable donné par les héritiers du Colonel Kunz, fonds se montant à l'origine à 50 000 francs, s'élevant actuellement à 160 000 francs ; des cotisations annuelles des membres, calculées à raison de un centime par fuseau dans une filature, de deux centimes dans une fabrique de rubans, et de vingt centimes par métier dans un tissage mécanique. La Société a accordé, en 1912, des secours à 472 ouvriers de fabrique pour une somme totale de 12 105 francs. Frais d'administration : 64 francs.

Une commission de la Société de secours de Saint-Gall gère un *fonds* en faveur *d'ouvriers et de domestiques invalides* et en répartit les intérêts.

11. Pour les passants pauvres.

En Suisse, les voyageurs pauvres, les passants sans ressources, ceux qui ne font que traverser une localité doivent s'adresser aux stations du *Bureau des secours pour voyageurs nécessiteux.* Cette assistance est organisée par l'*Etat* dans les dix cantons suivants : Argovie, Appenzell Rh.-Ext., Bâle-Campagne, Berne, Lucerne, Saint-Gall, Schaffhouse, Thurgovie et les deux Unterwald ; dans celui d'Appenzell Rh.-Int., elle est régie par l'art. 14 du règlement de police, du 19 Septembre 1913 et les frais en sont supportés conjointement par l'Etat et les cinq districts. Le Conseil du district d'Appenzell l'organise et l'administre sous la surveillance de l'Etat. A Bâle-Ville, l'hôtellerie populaire, annexe de l'Hôpital bourgeois, antique fondation de la commune bourgeoise, est chargée de l'assistance en nature. Nous n'avons donc pas à nous occuper de ces cantons ; seuls ceux de *Zurich, Uri, Schwytz, Glaris, Zoug, Fribourg, Soleure, Grisons, Tessin, Vaud, Valais, Neuchâtel* et *Genève* ont ici pour nous quelque intérêt. Quatre d'entre eux : Zurich, Glaris, Zoug et Soleure ont adhéré au concordat intercantonal pour l'assistance en nature, dont font également partie tous les cantons cités en premier lieu, sauf Obwald.

Le *Concordat intercantonal pour l'assistance en nature et par le travail* s'étend à tous les cantons dans lesquels l'assistance en nature existe légalement, ou est organisée, complètement ou en partie, par des associations cantonales qui ont déclaré y adhérer. Quant à l'assistance par le travail, elle est réglée par l'arrêté fédéral relatif à l'encouragement accordé par la Confédération au service du placement des gens sans emploi. Le Concordat intercantonal cherche à supprimer la mendicité de lieu en lieu et le vagabondage et à coopérer au service du placement. On s'efforce d'atteindre ces buts par les dispositions suivantes : par l'organisation systématique d'un réseau de stations alimentaires et de bureaux de placement ; en fournissant du travail, soit en indiquant des places vacantes chez des particuliers, soit dans des chantiers ; en accordant l'assistance en nature, le plus possible d'après des règles uniformes et des règlements identiques pour toutes les hôtelleries populaires ; en se tenant en relations avec les institutions similaires de l'étranger, et, lorsque le cas se présente, en communiquant avec les autorités de police. — La réglementation des stations alimentaires concerne les cantons ou les associations cantonales. Lorsque des modifications se révèlent nécessaires, dans les stations frontières surtout, le représentant de la 'Société est autorisé à y procéder. Les stations ne doivent pas être trop rapprochées les unes des autres, pour éviter des abus et pas trop éloignées non plus pour ne pas exposer les passants à des privations. Les stations alimentaires sont gérées par des employés qui peuvent faire partie d'un corps de police cantonal ou communal. Elles sont tenues de se conformer aux prescriptions suivantes : elles doivent examiner les papiers de ceux qui se présentent, établir des certificats d'assistance pour passants ; signaler sur les papiers d'identité officiels d'un passant qu'elles lui ont remis un certificat d'assistance, ou qu'elles ont dû le lui confisquer ; indiquer sur le certificat quelle espèce de papiers d'identité le passant avait en sa possession ; délivrer un bon pour l'hôtellerie populaire correspondante ; inscrire à sa date et par ordre alphabétique l'assisté, en indiquant ses noms de famille et prénom, son métier, son âge, son origine ; elles ont à prendre note des offres de travail faites par des maîtres de métiers, à placer ou à indiquer du travail aux passants, à recevoir les dons, surtout les dons en vêtements. Il est tenu un contrôle des vêtements reçus, qui sont distribués aux indigents au mieux de leurs besoins. L'assistance en nature n'est accordée qu'aux passants porteurs de pièces d'identité officiellement valables et d'un certificat d'assistance pour passants, établi d'après ces pièces, auxquels il n'est pas possible de procurer du travail sur place et qui peuvent fournir la preuve que durant les trois derniers mois ils ont travaillé (pendant plus d'une semaine) et qu'ils ont quitté leur place depuis cinq jours au moins. L'assistance *est refusée* aux personnes en état d'ébriété, à ceux qui, sans raison valable, refusent du travail, à ceux qui ne peuvent présenter le certificat d'assistance, qui voyagent dans des contrées où ils savent ne pas trouver d'ouvrage de leur métier, à ceux enfin qui sont porteurs d'une somme de plus de dix francs. — En cas de contravention grave, c'est-à-dire de celles qui entraînent une sanction pénale, le certificat d'assistance doit être confisqué. Lorsque la contravention est légère, elle doit être signalée sur le certificat. Il ne peut être délivré un nouveau certificat que sur présentation d'une pièce récente prouvant que le solliciteur a occupé une place où il a travaillé. En règle générale, durant le même semestre, le même individu ne peut recevoir qu'un seul dîner et ne peut être hébergé que pour une nuit, avec repas du soir et du matin. L'installation d'une station alimentaire dans le même bâtiment qu'une auberge doit être évitée. Le repas de midi doit se composer au moins d'une soupe, de légumes et de pain, celui du soir et le déjeûner du matin de café et de pain, ou de soupe et de pain. Il est interdit de débiter de l'eau de vie dans une hôtellerie populaire.

Le règlement du 5 septembre 1910, sur le *placement* par l'intermédiaire de l'Assistance en nature, arrête que ce placement doit se faire par le moyen des bureaux officiels de travail. Les stations de secours ont, par un service de renseignements régulier adressé à l'Office du travail le plus rapproché, à participer à l'élaboration d'un rapport sur le marché du travail. Les stations de secours faisant partie du Concordat doivent s'enquérir du travail disponible dans tous les corps de métier, dans les industries, les commerces et chez les agriculteurs. La désignation du travail se fait sans frais, tant pour l'employeur et que pour l'employé , elle peut se restreindre aux personnes du sexe masculin. L'office du travail de l'assistance en nature sera toujours dirigé dans un esprit de stricte impartialité. En cas de grève, de boycott etc., l'œuvre du placement ne sera pas interrompue, mais ceux qui cherchent du travail seront renseignés sur les causes et l'état du conflit. Les Offices du travail doivent régler leur coopération avec les stations de secours de telle sorte que celles-ci puissent être envisagées comme leurs succursales, ou leur soient organiquement rattachées partout où la chose est possible. Les offices fonctionnent comme office central et assument les obligations suivantes : la direction du personnel et le contrôle de son travail, l'élaboration des listes

de places vacantes ; l'expédition, une ou deux fois par semaine.
de ces listes à toutes les stations de la section à laquelle ils
appartiennent, la correspondance avec les divers offices du travail, l'élaboration d'une statistique basée sur les rapports des stations. — Tout passant se présentant pour réclamer un secours
est présumé chercher du travail. Il n'est admis d'exception à
cette règle que lorsque l'impossibilité de se livrer à un travail
est évidente. Les bureaux prennent note des places vacantes
qui leur sont indiquées et y adressent ceux qui sont en quête
de travail, auxquels ils remettent la carte du bureau ; ils mentionnent sur leur registre les démarches faites et font part des
résultats obtenus à l'office central. Lorsque la place est hors de
la localité, les papiers peuvent être retenus et leur possesseur
muni, en échange, d'une pièce d'identité provisoire ; le fait
qu'une place a été indiquée peut être mentionné sur le
certificat d'assistance. Lorsque des places vacantes n'ont pu
être pourvues immédiatement, l'office central, ou l'office du
travail qui en tient lieu doit en être avisé ; ce dernier est
également averti, lorsque ces places sont de nouveau occupées ;
ces avis doivent être donnés avec la plus grande régularité
et les patrons rendus attentifs à l'intérêt qu'il y a
pour eux, dès qu'une place cesse d'être vacante, à le faire
savoir. — Les cas d'emploi abusif du bureau de placement,
spécialement le refus de travail sans raison suffisante, ou le
fait de ne pas se rendre à celui qui a été assigné, sont à
signaler à l'Office central du ressort, lequel à son tour doit
en aviser les bureaux de placement et, le cas échéant, les
publier dans les « Communications officielles » du Concordat
intercantonal. Ceux qui se sont rendus coupables d'actes
de ce genre doivent, en règle générale, être exclus de toute
assistance ultérieure.

Les règles adoptées pour l'assistance des passants indigents sont obligatoires, dans les quatre cantons de *Zurich, Zoug,
Glaris et Soleure*, pour les associations volontaires qui sont
chargées de cette assistance avec la coopération de l'Etat et
celle de communes ou de sociétés d'utilité publique.

Il nous reste encore à examiner comment procèdent les neuf autres cantons.

1. Dans le canton d'*Uri*, à teneur de la loi d'assistance (art. 53), l'hospitalisation des voyageurs sans ressources rentre dans les obligations des offices d'assistance. Quatre «hôpitaux pour étrangers», de fondation très ancienne, à Altdorf, Andermatt, Erstfeld et Wassen, placés sous l'administration des communes ou de corporations, hospitalisent et sustentent les voyageurs indigents qui leur sont envoyés.

2. Dans le canton de *Schwytz*, nous trouvons des stations de secours à Ingenbohl-Brunnen, au couvent des capucins de Schwytz, à Arth, à Einsiedeln et à Lachen. L'administration de l'hôpital de Schwytz accueille aussi les passants pauvres. A Einsiedeln, c'est la commune qui rembourse le prix du logement pour les compagnons-ouvriers de passage ; au couvent il leur est donné un repas soir et matin. A Lachen, les frais d'assistance sont payés par la caisse du district.

3. Dans le canton de *Fribourg*, à teneur de l'art. 5 de la loi sur l'assistance, l'autorité municipale est tenue de fournir aux passants pauvres le gîte et la nourriture. Mais dans la plupart des localités rurales, c'est dans les fermes que ces passants trouvent à souper et à passer la nuit. Ce n'est guère que dans les chefs-lieux de district, à Fribourg, Tavel, Bulle. Morat, Romont, Estavayer et Châtel-St-Denis, que les communes sont appelées à pratiquer l'assistance en nature. Elles en chargent généralement l'hospice communal où les passants sont hébergés et nourris.

4. Dans celui des *Grisons*, l'assistance en nature est organisée d'une manière plus ou moins complète dans quelques communes comme celles de Coire, de Filisur, de Bergun, de Samaden, de Schuls, de Splugen, de Thousis, de Cierfs et de Valcava. Dans ces deux dernières localités la station a été organisée et est entretenue par la Société d'utilité publique du Münsterthal. A Dissentis, c'est le cloître qui fait accueil aux passants.

5. Dans le canton du *Tessin*, l'assurance en nature est inconnue. Les passants étrangers sans ressources sont, lors-

qu'il le faut, secourus par la police cantonale et le Département de l'Intérieur.

6. Dans le canton de *Vaud* également, l'assistance aux voyageurs pauvres est l'affaire des communes, à teneur de la loi d'assistance art. 13, 3. Dans les communes urbaines de Lausanne, Montreux, Vevey et Yverdon, ce sont les Sociétés de bienfaisance locales qui s'en occupent, ainsi que nous l'avons déjà vu. Dans quelques communes rurales du district de Moudon, pour se défendre contre la mendicité et l'exploitation de la charité privée, on a commencé à procéder à l'égard des passants d'après la méthode du pasteur de Bodelsschwingh. On leur offre de l'occupation (bois à couper, travaux de jardin etc.) pendant une heure au moins. Les secours sont refusés à ceux qui n'acceptent pas. Les autres, leur travail achevé, reçoivent, chez les pasteurs de l'endroit, un bon pour un repas à prendre dans un restaurant de tempérance ou pour un trajet en chemin de fer, l'un et l'autre d'une valeur de 40 à 50 centimes, ou bien encore un vêtement quelconque. Le résultat de ce nouveau système fut une forte diminution dans le nombre des mendiants, de telle sorte que les dépenses pour ce genre d'assistance sont tombées à un minimum. L'assistance par la commune subsiste toujours en faveur des passants pauvres.

7. L'assistance des passants sans ressources, dans le canton de *Neuchâtel*, est, à teneur de la loi, affaire communale ; il est permis aux communes de s'entendre avec les sociétés locales de bienfaisance pour l'accomplissement de ce devoir. Neuchâtel, la Sagne et Auvernier possèdent une organisation de secours spéciale pour cette catégorie d'indigents.

8. Dans le canton du *Valais*, la loi confie également aux communes l'assistance en nature aux passants pauvres. Il existe un certain nombre d'hospices à cet usage, administrés par les communes.

9. Dans celui de *Genève*, cette assistance est gérée par le Bureau Central de Bienfaisance, une institution privée, par conséquent, en coopération avec les Sociétés de bienfaisance

étrangères. Cependant, lorsque le Bureau central est fermé, le département de Justice et Police, par l'intermédiaire des postes de police et des commissariats de police, accorde des secours sous forme de bons pour un repas et pour le logement pendant une nuit.

En fait de cantons dans lesquels l'assistance aux passants pauvres est en partie remise à la charité privée, il n'y a donc plus que *Vaud, Neuchâtel et Genève*, à côté desquels on pourrait encore ranger le canton de *Bâle-Ville*, avec sa société contre la mendicité, laquelle, comme l'office d'assistance en nature de l'hôpital-bourgeois, vient en aide aux passants sans ressources. Son bureau, ouvert le matin de 10 à 11 heures, l'après-midi de 4 à 6 heures, donne des bons de logement et, pour le soir et le matin, de soupe et de pain, en compensation de quoi, on demande généralement aux assistés deux heures de travail au chantier de la Société. Tout passant s'annonçant au Bureau, porteur d'une carte remise par une société ou par un particulier, est inscrit dans un registre avec indication de ses nom et prénom, du lieu de sa naissance, de son métier et du genre d'assistance qui lui a été accordé ; il ne pourra se représenter au Bureau avant douze semaines écoulées.

Tableau de l'activité déployée par l'Assistance en nature volontaire en Suisse pendant 1912.

Cantons.	Nombre des sociétés.	Nombre des assistés.	Etrangers.	Montants des secours.	Frais d'administration.
1. Zurich ...	1	62,396	28,723	Fr. 56,862	Fr. 11,080
2. Glaris....	1	2,459	1,140	» 2,745	» 713
3. Zoug.....	1	3,354	1,907	» 3,311	» 211
4. Soleure...	1	5,540	2,787	» 3,592	» 220
5. Bâle-Ville.	1	2,207	1,358	» 2,843	» 1,148
6. Vaud.....	4	10,861	5,372	» 7,030	» 7,294
7. Neuchâtel.	3	3,099	1,560	» 3,751	» 757
8. Genève...	1	5,821	2,766	» 3,446	» —
Total..	13	95,737	45,613=47°/₀	Fr. 83,580	Fr. 21,423

12. En faveur des détenus libérés.

Cette assistance, d'une nature spéciale, est aussi exercée si ce n'est dans tous les cantons suisses, du moins dans les plus étendus et les plus peuplés. Seuls les cantons d'Uri, Schwytz, Unterwald, Glaris et Valais ne possèdent encore aucune institution qui vienne en aide aux détenus libérés. Dans le canton de Saint-Gall, depuis 1902, dans celui de Berne depuis 1911, le patronage des anciens condamnés est exercé par l'Etat ; dans le second de ces cantons, cependant, à Berne-Ville, fonctionne aussi une société de secours aux détenus libérés. Quelques-unes de ces sociétés ne sont, à proprement parler, que des commissions spéciales de sociétés d'utilité publique. Celle d'Argovie est formée de personnes choisies par les Commissions synodales des trois Eglises du canton. Ces diverses sociétés cantonales et commissions se sont réunies pour former la *Société suisse pour la réforme pénitentiaire et le patronage des détenus*, qui s'occupe à rechercher les améliorations à introduire dans le régime des prisons et des maisons de détention et à faire progresser l'assistance aux détenus libérés. A cet effet elle provoque et encourage des travaux sur la législation pénale, le régime pénitentiaire et le patronage ; elle poursuit l'introduction de la libération conditionnelle, la formation professionnelle du personnel de gardiens employés dans les pénitenciers, la fédération de toutes les Sociétés de patronage en une Association centrale, et elle cherche à fonder de nouvelles sections là où il n'en existe pas encore ; partout et chaque fois que cela semble nécessaire, elle nomme, pour exercer le patronage, des agents qualifiés pour cet emploi. Enfin elle assiste les condamnés à leur sortie de prison, cherche à les placer et à les patroner ; en cas de besoin, elle assiste leurs familles, patrone les libérés conditionnellement, lorsque les autorités le demandent ; elle appuie, fonde même, s'il le faut, des établissements où les détenus libérés puissent trouver un abri provisoire (colonies de travail, asiles, adresses-office etc.) ; elle fait de la propagande au moyen de conférences publiques.

Le patronage de ces sociétés ou commissions diverses s'étend à *tous* les détenus libérés et plus particulièrement aux jeunes et à ceux qui ont été relâchés conditionnellement. Il n'est fait aucune distinction de culte ou d'origine. Suivant les circonstances, on remet aux libérés des équipements complets, des souliers, des outils, on leur procure du travail et les papiers d'identité nécessaires, on paie leurs frais de voyage et le cas échéant on vient en aide à leurs familles. Avec infiniment de raison une grande importance est attribuée au placement des libérés et l'on cherche à leur procurer un travail très régulier. Le patronage de la Société n'est pas accordé à ceux qui, pour cause de récidives multipliées, ne peuvent plus être placés nulle part, à ceux qui refusent de se soumettre aux conditions du patronage ; il n'est naturellement pas imposé à ceux qui n'en veulent pas. Dans quelques cantons des comités locaux s'occupent des détenus dans les prisons de district, pendant leur détention et après leur libération ; ces comités ont des correspondants dans les diverses communes. A chaque libéré pris sous le patronage de la Société, celle-ci nomme soit un patron, soit une dame-patronesse auxquels il doit obéissance. Dès que cela lui est possible, le patron fait la' connaissance de son protégé et lui indique les lieux et moments où il pourra venir le voir. Il s'efforce de lui procurer du travail et de pourvoir à son entretien ; il lui vient en aide moralement et matériellement, surveille sa conduite, l'encourage au bien et le met en garde contre les tentations. Chaque année il adresse un rapport de tutelle et, lorsque le moment lui en semble venu, propose la suppression du patronage.

La société zuricoise a à son service un *inspecteur ;* les cantons de *Bâle (Ville et Campagne), Lucerne, Soleure* et *Zoug* ont conclu le 1er octobre 1911 un concordat intercantonal et emploient un inspecteur commun. L'inspecteur zuricois doit tout son temps et toutes ses forces à ses fonctions ; il reçoit la liste des détenus qui vont être libérés et par ses rapports avec le directeur et le chapelain du pénitencier cantonal est tenu au courant de ce qui concerne ces détenus avec lesquels il se met, du reste, en relations directes de manière à être bien renseigné sur le caractère de chacun d'eux, chose absolument indispensable pour l'exercice d'un patronage efficace. Il doit, dans la mesure où cela lui est possible, s'occuper également des détenus sortant des prisons de district et se faire tenir au courant de ce qui les concerne par les comités de district et par les ecclésiastiques qui fonctionnent comme chapelains de ces maisons de détention. A l'occasion, et sur la demande de la Commission de surveillance de la maison de correction de Ringwil, il doit encore s'intéresser aux jeunes gens qui sortent de cet établissement, leur procurer, si possible, une place et les mettre sous patronage. Il exerce une surveillance sur les libérés conditionnellement, qui lui ont été désignés par la société, et fait ce qui est en son pouvoir pour leur aider à conquérir leur libération définitive, en leur procurant du travail et un asile où ils sont à l'abri des tentations. Il s'intéressera aussi aux détenus libérés d'autres établissements de détention de Zurich ou d'autres cantons lorsqu'ils s'adressent à lui et lui demandent secours ; il viendra à leur aide de toutes manières ; pour leurs besoins matériels, il les mettra en rapport avec le bureau d'assistance communal ou avec la société de patronage de leur canton d'origine ou encore avec la société de bienfaisance locale. Si l'inspecteur doit, en première ligne, s'occuper des besoins matériels de ses protégés, de leur entretien, des papiers d'identité à leur procurer etc., il ne s'en tiendra cependant pas là et ne se réduira pas au rôle de simple distributeur d'aumônes ; il s'emploiera activement à chercher pour eux du travail convenable, il les poussera à accepter celui qu'on leur offrira et exercera sur eux une surveillance discrète ; il s'efforcera, le cas échéant, d'aplanir les différends qui pourraient, dans la suite, surgir entre leurs patrons et eux, les mettra en garde contre les tentations et les encouragera à se bien conduire. L'inspecteur se mettra en quête de logements et pensions convenables pour ceux qui lui sont confiés, leur procurera de bonnes lectures et, si le cas l'exige, les introduira dans une société de tempérance. Mais c'est aux jeunes détenus libérés que l'inspecteur se dévouera d'une façon toute spéciale ; lorsqu'ils montrent des dispositions pour un métier, il n'hésitera pas à les recommander au Comité Central pour un apprentissage ; il leur trouvera un maître d'apprentissage consciencieux, ainsi qu'un patron habitant la même localité ; il établira les contrats d'apprentissage et les soumettra à la ratification du Comité Central et des autorités des communes d'origine, lorsque ces dernières prennent sur elles en tout ou partie les frais d'apprentissage. Quand pendant la durée du patronage il parvient à l'inspecteur des plaintes sur la manière dont un de ses protégés est traité, il en informe immédiatement le Comité Central ou celui du district pour qu'il y soit remédié. L'inspecteur doit avoir, par semaine, deux jours fixés de réceptions à son bureau.

L'agent des cinq cantons cités plus haut a son domicile à Bâle ; sa tâche consiste à venir au secours des détenus libérés des établissements pénitentiaires, maisons de correction, prisons de district des cantons concordataires et à leur aider à trouver une place, lorsqu'ils le désirent et qu'ils peuvent être recommandés par le directeur et le chapelain. Il a à les visiter, une fois placés, à les encourager à se bien conduire, à se renseigner sur leur conduite et à en informer le Comité que cela concerne. Il a également à exercer son patronage sur les condamnés conditionnellement, ainsi que sur les libérés conditionnels, à surveiller leur conduite ; il doit signaler immédiatement aux autorités toute infraction à leurs engagements. Il s'occupe très particulièrement encore des jeunes libérés ; lorsque les circonstances sont favorables, il s'efforce de leur faire apprendre un métier. Au moins une fois par mois il visite les pénitenciers et les maisons de correction, pour connaître personnellement les détenus qui lui ont été recommandés et qui doivent être prochainement libérés, et savoir leurs plans d'avenir. Il se rend dans les prisons de district aussi souvent que les autorités l'en prient. L'agent doit tout son temps à ses fonctions et ne peut avoir à côté aucune autre occupation. — Les cantons de *Vaud, Neuchâtel* et *Genève* ont aussi leurs agents rétribués. Leurs obligations sont, dans leurs grands traits, les mêmes que celles des agents que nous venons de citer. — Les sociétés de patronage aux détenus libérés pourvoient à leurs dépenses au moyen des cotisations de leurs membres, de dons, de legs, d'intérêts, de subsides de l'Etat, de communes, de sociétés et de diverses fondations.

A côté de ces sociétés qui s'occupent surtout des hommes, il existe à Zurich et à Bâle *deux sociétés féminines de patronage pour détenues libérées*; dans les cantons de langue française, les sociétés de patronage ont formé des comités de dames qui s'occupent spécialement des détenues et des libérées.

Une société, le Comité de patronage de la ville de Berne a à sa disposition un « Asile pour détenus libérés ».

Tableau de l'activité déployée en Suisse par les Sociétés de patronage pendant l'année 1912.

Cantons.	Nombre des sociétés.	Nombre des assistés.	Montant des sommes dépensées.		Frais d'administr.	
1. Zurich	2	215	Fr.	5,182	Fr.	7,503
2. Berne	1	136	»	1,500	»	2,000
3. Lucerne	1	195	»	2,430	»	2,270
4. Zoug.............	1[1])	?	»	?	»	?
5. Fribourg	1	8	»	207	»	152
6. Soleure..........	1	26	»	269	»	1,372
7. Bâle-Ville	2	231	»	3,926	»	1,150
8. Bâle-Campagne....	1	50	»	190	»	746
9. Schaffhouse	1	16	»	88	»	5
10. Appenzell (Rh. Ext.)	2	23	»	336	»	46
11. Grisons	1	13	»	700	»	200
12. Argovie	1	4	»	92	»	2
13. Thurgovie	1	6	»	16	»	238
14. Tessin	1	17	»	185	»	—
15. Vaud	1	60	»	3,439	»	3,993
16. Neuchâtel	1	200	»	2,626	»	2,595
17. Genève..........	1	40	»	645	»	3,112
Total.....	20	1,240	Fr.	21,831	Fr.	25,384

[1]) Malgré nos demandes réitérées, il ne nous a pas été possible d'obtenir de la Commission de patronage de la Société d'utilité publique du canton de Zoug les renseignements statistiques dont nous avions besoin.

VII.

La bienfaisance à certaines époques de l'année.

Il y a, dans l'année, des époques où l'Européen se sent de plus joyeuse humeur et plus particulièrement disposé à gratifier de cadeaux ses semblables, riches ou pauvres ; ces époques se trouvent coïncider avec celles où la misère et les détresses de tout genre se font sentir d'une façon plus particulièrement poignante. De là le grand nombre de sociétés, presque toutes de dames, qui se donnent pour tâche l'organisation de fêtes de *Noël* pour pauvres, avec distribution de cadeaux. Dans la Suisse romande surtout, un certain nombre de ces sociétés restreignent leur activité aux *six mois d'automne et d'hiver ;* l'une d'elle exige, pour pouvoir participer à la fête, un séjour préalable de deux ans dans la paroisse ; deux de ces sociétés font leur distribution au *Nouvel-An ;* une autre à Noël et à *Pâques.* Quelques-unes seules poursuivent leur activité pendant toute l'année, mais n'accordent des secours qu'en cas de misère extrême.

Au moment des fêtes, on assiste généralement : les pauvres, les vieillards, les malades, les femmes en couche, les familles nombreuses, les isolés, les veuves indigentes, surtout par des dons en nature : vêtements, chemises, bas, linge, souliers, literie, épicerie, pain, lait, bois. Il n'est fait aucune distinction de culte ou d'origine. Quelquefois, mais rarement il est accordé de légers secours en argent. — Les dames qui composent ces sociétés, la plupart du temps rudimentairement organisées, confectionnent presque toujours elles-mêmes les cadeaux qu'elles distribuent pendant leurs réunions de couture, qui ont lieu toute l'année ou en hiver seulement. Ici et là on donne aussi du travail à domicile à de pauvres fem-

mes, afin de leur procurer un petit supplément de gain. —
En général, à la campagne et dans les petites localités, la
situation des solliciteurs est suffisamment connue ; lorsqu'elle
ne l'est pas, elle fait l'objet d'une enquête à domicile ; et ce
sont toujours les plus misérables parmi les misérables qui
sont favorisés et ont part aux distributions. — Lorsque
la distribution n'a pas lieu à l'occasion d'une fête de Noël,
les dons sont remis aux assistés eux-mêmes à domicile par
les dames de la Société.

Les ressources financières nécessaires proviennent des
cotisations des membres, d'intérêts, de contributions volontaires
ou de fonds, de collectes à domicile ou à l'église, de legs, de
subventions des paroisses, de communes, de l'Etat et de
diverses maisons de commerce, enfin de bazars de charité.

Tableau de l'activité déployée par l'assistance à certaines
époques en 1912.

Cantons.	Nombre des sociétés.	Nombre des assistés.	Montant des secours.		Frais d'administr.	
1. Zurich	19	787	Fr.	5,550	Fr.	11
2. Berne	8	465	»	2,154	»	—
3. Glaris	2	123	»	786	»	—
4. Bâle-Ville	5	1,095	»	6.137	»	604
5. Bâle-Campagne	6	76	»	699	»	1
6. Schaffhouse	4	173	»	640	»	—
7. Appenzell (Rh. Ext.)	3	97	»	1,305	»	—
8. Saint-Gall	5	141	»	1,589	»	—
9. Argovie	11	454	»	2,293	»	19
10. Thurgovie	3	88	»	826	»	—
11. Vaud	7	435	»	2,557	»	112
12. Neuchâtel	1	20	»	145	»	—
13. Genève	1	150	»	3,097	»	46
Total	75	4,104	Fr.	27,778	Fr.	793

VIII.

Divers genres d'assistance.

1. Par le travail.

Parmi le très grand nombre de sociétés de bienfaisance de toute nature écloses sur notre 'sol, nous croyons devoir mentionner dans une catégorie spéciale celles qui pratiquent un genre spécial d'assistance. Telles, par exemple, celles de l'assistance par le travail, qui, faisant appel à l'énergie de l'indigent lui-même, s'efforcent, en lui procurant du travail, de le mettre en mesure de gagner de quoi suffire à son entretien. Si juste cependant que puisse être le principe qui est à la base de cette assistance, il ne peut trouver son application que dans un nombre de cas limité. Il s'en faut de beaucoup que la misère soit toujours produite par le manque de travail ou le chômage.

Les sociétés d'assistance par le travail, généralement composées de dames, remettent de la couture ou du tricotage à des femmes âgées, à des indigentes ou encore à des personnes à capacité de travail limitée. On fait aussi exécuter à domicile, par des femmes, des travaux qui sont mieux rétribués que par les grands magasins ; l'on en charge de préférence des personnes que leurs enfants ou les soins de leur ménage empêchent de travailler hors de chez elles et qui cependant auraient grand besoin d'un gagne-pain supplémentaire. En pareils cas, ces sociétés exercent une activité heureuse et préservent maintes familles de la ruine et de la misère. Ce mode d'assistance a aussi ses côtés éducatifs : en habituant les femmes à exécuter soigneusement les travaux qui leur sont confiés, cette habitude, une fois prise, influe avantageusement sur la manière dont elles accomplissent leurs travaux domestiques ou s'acquittent de l'éducation de

leurs enfants. Et lorsque les sociétaires peuvent s'arranger
à leur porter elles-mêmes l'ouvrage à domicile, c'est une
autre manière d'exercer une influence éducatrice, en permettant de se rendre compte de ce qui se passe dans les familles, de leur situation, des secours ou des mesures que peut
exiger leur position. Quelques-unes de ces sociétés allouent
quelquefois une légère assistance en espèces. La plupart
préfèrent augmenter légèrement le salaire payé. Une société
donne des machines à coudre, une autre un petit trousseau
aux nouveaux-nés des travailleuses. — Leur degré d'indigence
entre seul en ligne de compte pour l'admission des ouvrières.
Ces dernières font elles-même leur demande, ou sont recommandées par des pasteurs, des sociétés de bienfaisance ou des
particuliers. A quelques sociétés près qui ne s'occupent que
de leurs coreligionnaires, il n'est fait, pour les admissions
aucune distinction de culte ou de nationalité. Une société
occupe habituellement une majorité d'étrangères au pays,
tandis qu'une autre ne les admet qu'après un séjour de cinq
ans au moins dans la localité. Généralement les ouvrières
confectionnent du neuf ; ici et là elles remettent en état des
vêtements usagés. Certaines sociétés distribuent de l'ouvrage
pendant toute l'année, quelques autres seulement en hiver,
d'autres encore seulement en été pendant les vacances, tandis
que les autres sociétés qui fournissent de l'ouvrage interrom-
pent leur activité. — Le salaire payé est toujours le salaire
maximum et se paie presque toujours en argent ; dans une
seule localité il l'est en denrées alimentaires. Le montant de
ces salaires se monte à une somme considérable et ne peut,
en aucune façon, être considéré comme une quantité négligeable. — Quelques sociétés ont fondé des dépôts permanents
pour la vente des objets confectionnés ; mais pour la plupart
elles organisent une vente, au printemps ou en automne, à
l'époque de Noël généralement. Des autorités, des établissements, des maisons de commerce et des particuliers font assez
souvent parvenir des commandes ; tous, ils payent, il est
vrai, un peu plus cher qu'ailleurs, mais ils obtiennent en
revanche des articles de meilleure qualité.

Dans les cantons de la Suisse Romande, où ces sociétés d'assistance par le travail portent le nom d'« *ouvroirs* », but et organisation sont identiques à ceux de la Suisse allemande. — Nombreuses sont encore les sociétés de bienfaisance, composées pour la plupart de dames et déjà mentionnées précédemment, qui, tout en pratiquant l'assistance pure et simple, viennent aussi en aide aux personnes qui sont dans le besoin en leur procurant du travail bien rémunéré.

Les Sociétés de secours par le travail ont, à *Berne, Genève* et *Lausanne,* organisé des chantiers et des « adresses-offices » pour les sans-travail, plus une « Maison du vieux » où un nombre limité de personnes trouve à s'occuper.

2. *L'Assistance par des distributions de vêtements, etc.*

Des sociétés, uniquement de dames, cherchent de cette manière à porter secours aux indigents ; les vêtements de toutes sortes qu'elles distribuent ont été confectionnés par les sociétaires elles-mêmes. La société des « *Fourmis suisses* », fondée en 1882, est, de par ses nombreuses ramifications et le chiffre de ses membres, dans la Suisse allemande comme dans la Suisse française, la plus importante de ces sociétés. Elle invite les jeunes filles à se réunir pour une œuvre de charité commune : vêtir les pauvres. La Société qui se divise en sections et en groupes a à sa tête un Comité Central. Les groupes se composent de quinze « fourmis » environ, présidées par des collectrices. Chaque fourmi prend l'engagement de confectionner, dans le courant de l'année, deux pièces de vêtement au moins (pour hommes, femmes ou enfants) et à ses propres frais. Les sociétaires n'ont aucune cotisation à payer. Les « fourmis » travaillent chez elles pendant leurs moments libres. Chaque « fourmi » reçoit une carte de membre. Les collectrices rassemblent, dans le courant d'Octobre, les travaux de leurs groupes respectifs et les expédient, au moment voulu, à l'endroit désigné par la présidente de section. Celle-ci, ainsi que les collectrices, acquittent une cotisation annuelle de un à cinq francs, qui sert à couvrir les frais d'administration de la Société. Les sections s'étendent dans un rayon dé-

terminé, par exemple, une ville et sa banlieue. Elles
sont indépendantes les unes des autres. La présidente de
section, d'accord avec les collectrices, fixe, en tenant compte
des besoins, la destination des vêtements. Ceux-ci sont mis à
la disposition des pasteurs, des sociétés et établissements
de toute nature qui en ont l'emploi. Les fourmis s'intéressent également aux paroisses de disséminés et aux populations qui auraient eu à souffrir du fait de l'incendie, d'i-
nondations ou de la guerre. En 1912, les sections comptaient
dans les cantons de Zurich, Zoug, des deux Bâles, Schaffhouse,
Saint-Gall et Argovie, 2331 membres et ont livré 7860
vêtements divers ; les sections des cantons français de Vaud,
Neuchâtel et Genève comptaient 2500 membres et avaient
confectionné 7300 vêtements divers. Cette œuvre de charité
ne comprend pas uniquement des jeunes filles ; bien des
femmes mariées y coopèrent. Elle a sa grande importance,
parce qu'elle éveille chez un grand nombre de jeunes filles
appartenant aux classes aisées le sentiment de la charité ;
que c'est là que, pour la première fois peut-être, elles
apprennent à connaître quelque chose des misères de la vie
et à se rendre compte combien oppressant est le poids de la
pauvreté et du dénuement. Parallèlement aux sociétés de
« Fourmis », une foule d'autres sociétés *de dames*, dans les
cantons de Zurich, Berne, Fribourg, Glaris, les deux Bâles,
Appenzell Rh.-Ext., Saint-Gall, Grisons, Argovie, Thurgovie, Vaud, Valais, Neuchâtel et Genève, travaillent encore
pour les pauvres de leurs cités respectives (malades, vieillards,
enfants, familles nombreuses, femmes en couche, incurables
etc.), ainsi que pour les sociétés de bienfaisance et les
établissements charitables (les hôpitaux, par exemple), et
pour les dispensaires médicaux. Ces sociétés portent trois
noms différents : dans le canton de Berne, ce sont les « Soirées des pauvres » (Armenabend) ; dans les autres cantons
de la Suisse allemande, ce sont les « Sociétés de travail de
dames », les « Sociétés de couture » dans les cantons romands ;
le but est partout identique. Des femmes et des jeunes filles
font partie de ces associations. Elles travaillent surtout

pendant le semestre d'hiver, de Novembre à Avril, non pas chez elles comme les « Fourmis », mais ensemble dans un local loué ou placé gratuitement à leur disposition, souvent aussi à la cure. Les réunions ont généralement lieu toutes les semaines. Les travaux destinés aux pauvres ne sont que rarement confiés à des femmes indigentes. Les travailleuses confectionnent surtout des vêtements chauds, de la literie, des bas. Il n'est guère accordé de secours en argent. Cependant il se trouve des sociétés de couture qui ajoutent aux dons en vêtements etc. quelques secours en espèces et en nature, denrées alimentaires et autres. Ce sont presque toujours les sociétaires elles-mêmes qui se chargent de remettre les dons aux solliciteurs. Une société fait visiter les personnes qui demandent l'assistance ; ces demandes doivent être adressées aux visiteuses. Les nécessiteux sont aussi recommandés par les médecins, les pasteurs, les diaconesses de paroisse. Il n'est fait lors de ces distributions aucune distinction de religion. Les étrangers, partout où il s'en trouve, participent également aux dons. Le cas se présente même d'une société qui a plus souvent à venir en aide aux Italiens qu'aux Suisses.

Quelques sociétés de couture prélèvent parmi leurs membres une cotisation qui sert à acheter le matériel nécessaire. Presque partout les ressources sont les cotisations, les intérêts de certains fonds, le produit de collectes, des dons en étoffes et en argent, des quêtes à l'église, les subventions paroissiales, communales, de l'Etat, de sociétés, de maisons de banque, le produit des troncs dans les églises, de concerts, de bazars de bienfaisance et de loteries.

Tableau de l'activité déployée par les Associations qui distribuent des vêtements etc.[1]), pendant l'année 1912.

Cantons.	Nombre des sociétés.	Nombre des assistés.	Dépenses d'assistance.	Frais d'administr.
1. Zurich	3	174	Fr. 1,386	—
2. Berne	41	1,653	» 8.456	—
Report	44	1,827	Fr. 9,842	--

[1]) Les associations de « Fourmis » ne sont pas comprises dans ce tableau, parce qn'il n'a pas été possible d'évaluer en chiffres le montant de leurs dons en vêtements etc.

Cantons.	Nombre des sociétés.	Nombre des assistés.	Dépenses d'assistance.		Frais d'administr.	
Report	44	1,827	Fr.	9,842		—
3. Glaris	1	50	»	180		—
4. Fribourg	1	53	»	160		—
5. Bâle-Ville	2	127	»	800		—
6. Bâle-Campagne ...	2	84	»	340	Fr.	20
7. Appenzell (Rh.-Ext.)	8	363	»	2,953	»	10
8. Saint-Gall	11	461	»	4,090	»	25
9. Grisons	4	92	»	943	»	4
10. Argovie	30	2,256	»	9,041	»	193
11. Thurgovie	2	65	»	859		—
12. Vaud	31	766	»	5,116	»	50
13. Valais............	1	35	»	371		—
14. Neuchâtel	8	247	»	2,941		—
15. Genève............	2	38	»	295	»	30
Total.....	147	6,464	Fr.	37,931	Fr.	332

3. L'assistance matérielle et morale directe.

Le désir de travailler au relèvement en exerçant une influence moralisante anime à peu près toutes les organisations charitables que nous avons passées en revue, qu'elles en restent au système d'Elberfeld ou qu'elles se soient modernisées en employant des inspecteurs ou des inspectrices de profession ; chez toutes, cependant, c'est l'assistance matérielle qui est la préoccupation dominante. Dans les deux sociétés ou commissions dont il va encore être question, c'est, en revanche, l'aide morale, l'influence personnelle qui tiennent la première place et c'est par elles que l'on espère arriver à des résultats favorables. Lorsque l'aide matérielle vient s'y ajouter, c'est toujours avec l'intention de rendre l'assisté plus capable de se tirer d'affaire par lui-même.

La «*Brigade de secours*» (Hilfskolonne) de la section *zuricoise* de la Société féminine suisse d'utilité publique s'est donné la tâche d'assister personnellement les indigents, en adoptant pour cela les méthodes les plus récentes en fait d'assistance, c'est-à-dire en visitant les familles qui lui sont signalées, en se renseignant soigneusement sur tout ce qui les concerne, afin de pouvoir déterminer tous les facteurs

qui ont concouru à les faire tomber dans la misère, en
appliquant dans chaque cas un traitement approprié, de
manière à éliminer les causes qui ont introduit le dénuement au logis. Il s'agit le plus souvent, surtout en ce qui
concerne l'apprentissage d'une tenue rationnelle du ménage,
d'éducation à refaire avec l'aide, personnelle quelquefois, des
sociétaires ; très souvent aussi de lutter contre la passion
de l'alcool ; d'enseigner une manière de se nourrir à la fois
saine et à bon marché ; de faire connaître l'existence et le
fonctionnement des caisses de secours en cas de maladie,
et celui des caisses d'assurance de tous genres ; de procurer
du travail, des secours en espèces, en linge, en vêtements,
des ustensiles de ménage, tout cela avec la coopération de la
Société de bienfaisance, lorsqu'il le faut. Les sociétaires se
mettent à la disposition d'institutions publiques ou particulières qui poursuivent un but analogue, et cela par l'intermédiaire des membres du Comité. — Les adresses de familles
ou de personnes isolées en faveur desquelles un patronage par
la « Brigade de secours » est souhaité, doivent être envoyées
à la secrétaire qui est chargée de répartir le travail entre
les sociétaires. Ces adresses seront accompagnées, si possible,
d'une courte notice explicative des cas. Dans la règle, il ne
peut être confié qu'un seul patronage à une seule et même
personne. Dans les cas particulièrement compliqués, il peut
être recouru à l'aide et aux lumières d'une seconde sociétaire. Lorsqu'une sociétaire estime qu'un cas est absolument
désespéré, elle doit, avant de s'en désintéresser complètement,
en aviser la présidente. Un petit crédit, proportionné à l'état
de la caisse, est ouvert aux membres pour chacun des cas dont
elles s'occupent. Lorsque des secours plus considérables paraissent nécessaires, c'est à l'assemblée mensuelle, dans les
cas pressants, au Comité à statuer. Les distributions de
vêtements, de linge, d'ustensiles de ménage etc. s'effectuent
par les soins et l'entremise d'une sociétaire habitant le
centre de la ville.

La « Brigade de secours » fait un choix parmi les cas
qui lui sont renvoyés ; elle s'assure tout d'abord si, dans les

circonstances données, il y a chance de relèvement ou non.
Il va sans dire que lorsque le cas est absolument sans espoir,
la « Brigade » elle aussi n'y peut rien et doit s'en désintéresser.
Avant toute entrée en matière, elle se met en rapport avec
la Société d'assistance volontaire de la ville de Zurich et s'informe si cette société a déjà été appelée à s'occuper du cas
en question ; si oui les deux sociétés coopèrent sur les bases
d'un programme commun, «la Brigade» se chargeant de
tout ce qui est service personnel, c'est-à-dire de la surveillance;
des démarches pour trouver du travail etc., tandis que la
Société d'assistance s'occupe des relations avec les bureaux
officiels et en particulier de tout ce qui touche à l'obtention
de secours.

La *Commission de secours* de la section de *Rapperswil-
Jona* de la Société féminine suisse d'utilité publique poursuit
le même but que la « Brigade de secours ». Elle se charge
de la correspondance avec les Sociétés de bienfaisance, les
offices d'assistance, les conseils municipaux, les commissions
antituberculeuses etc. Elle s'efforce par la persuasion d'amener
les familles qui lui sont signalées à se soumettre volontairement à son contrôle. Elle fait les propositions de secours nécessaires à la Société féminine d'utilité publique, prend sur
elle les démarches à effectuer auprès des autorités des communes d'origine : demandes de secours, d'assistance ou de
rapatriement des familles, avec l'appui, lorsqu'il le faut, des
autorités du domicile. En cas de besoin, elle fait intervenir la
Commission de protection de l'enfance, ou agit pour que l'autorité municipale fasse rapatrier une famille par la police.
— La Commission de secours se compose d'un comité d'au
moins cinq membres et d'un «groupe de secours», qui tous
s'engagent à se charger d'un patronage et à remplir consciencieusement les tâches qu'ils ont acceptées. Le travail
est réparti entre les sociétaires par la présidente ou la vice-
présidente. Une sociétaire ne doit pas avoir plus d'un
patronage à exercer.

IX.

Les œuvres de bienfaisance en faveur de Suisses domiciliés en Suisse, mais hors de leur canton d'origine.

Le sentiment d'une appartenance commune des Suisses entre eux et entre ressortissants d'un même canton ou encore entre Suisses-Allemands est si puissant et leur sens de l'entr'aide si vivace qu'ils s'organisent même à l'intérieur de leur petite patrie, pour venir au secours de leurs concitoyens dans le besoin.

C'est ainsi que nous rencontrons à Aubonne, Lausanne, Montreux, Morges, Yverdon (Vaud) des sociétés ou des caisses de secours spécialement réservées aux Suisses-Allemands. Une de ces sociétés s'intéresse également aux étrangers de langue allemande. Les distinctions de religion ne jouent, en ce qui concerne les secours à accorder, aucun rôle quelconque. Dans une seule localité, un séjour préalable de deux ans est exigé. Par principe, les buveurs et ceux qui se refusent à travailler sont exclus de l'assistance. Celle-ci s'accorde en argent et en nature. Les ressources proviennent de cotisations, d'intérêts et de parts dans le produit de bazars de charité.

La plus importante de ces sociétés se trouve à Lausanne : la *Société de secours aux Suisses-Allemands*, fondée en 1881 par des Suisses-Allemands de Lausanne pour venir en aide aux Suisses de langue allemande habitant cette ville ou sa banlieue, qui se trouveraient dans la misère et les assister eux et leurs familles de ses dons et de ses conseils. La Société a encore pour but de fournir à ses membres un centre de ralliement. Les secours qu'elle accorde consistent principalement en bons de pain, de lait, d'épicerie, de bois, en vêtements etc.. lesquels sont remis par le Bureau Central de bienfaisance.

Ce n'est que dans des cas exceptionnels que le Comité est autorisé à accorder des dons en espèces, dont le montant ne doit cependant jamais excéder dix francs. Aux pauvres de passage il n'est, par principe, accordé de secours qu'en cas de maladie ou d'infirmités graves ; le comité les dispense suivant qu'il le juge à propos. Les indigents sont visités par les dames de la Société ; elles font rapport au Comité sur le résultat de leurs visites.

Recettes en 1912—13 : Dons, intérêts, cotisations : 2187 francs. Secours accordés : 1836 francs. Chiffre des assistés : 409, appartenant à 13 cantons différents. Frais d'administration : 201 francs.

La *Société de secours suisse-allemande de Lugano* s'occupe des Suisses besogneux, ainsi que des Allemands, de passage à Lugano et leur accorde, après enquête, des secours en espèces, mais cherche aussi à procurer du travail à ceux qui en sont capables et qui en désirent. Il n'est fait aucune acception de culte. Les ressources de la Société sont limitées ; on cherche à la réorganiser sur des bases plus larges.

La *Société Appenzelloise de Bâle* est une société amicale qui, ici et là, accorde de petits secours d'argent à des concitoyens en passage.

Quatre sociétés composées de *ressortissants du canton des Grisons, à Zurich, Winterthour, Bâle* et *Saint-Gall* viennent au secours de leurs compatriotes domiciliés ou en passage dans ces villes ; aux premiers elles accordent des dons en espèces et en nature ; aux seconds, qui souvent doivent être renvoyés comme indignes de secours, elles délivrent des bons pour une nuit à passer à l'hôtellerie et un repas ; quelquefois même on leur accorde quelque argent pour leur voyage. — Les cotisations des membres fournissent la somme nécessaire, laquelle s'est élevée en 1912 à 650 francs.

Le *Bureau vaudois de Bienfaisance à Genève* est une institution semi-officielle. Il est au service du Département vaudois de l'Intérieur, dont il reçoit chaque année une subvention de 2000 francs, et des communes vaudoises dont 96 paient une cotisation annuelle. Il sert à procurer des renseignements sur les Vaudois nécessiteux domiciliés à Genève, auxquels il transmet les secours qui leur ont été accordés ; il doit prendre sous sa protection les enfants abandonnés ou malheureux, et d'une manière générale, tous les Vaudois dans le besoin.

Le Bureau Vaudois a aussi des particuliers comme membres, reçoit des dons et accorde des secours à l'aide des ressources qui lui sont propres. En 1912, il a assisté 238 personnes et a distribué 2105 francs.

La Commission des pauvres de la paroisse réformée suisse-allemande et la diaconie de la Communauté évangélique suisse-allemande de Genève, de même que les Sociétés de dames des Eglises allemandes de la Chaux-de-Fonds, de Neuchâtel, du Locle, de Lausanne et d'Yverdon, qui toutes viennent en aide aux Suisses-Allemands dans le besoin, ont été mentionnées au chapitre traitant de l'assistance confessionnelle (voir pages 131 et suiv.).

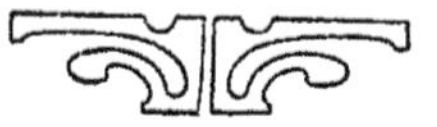

X.

Les Sociétés de bienfaisance étrangères en Suisse.

1. Les Allemands.

Les dix-neuf *sociétés allemandes de bienfaisance* qui existent dans treize des cantons suisses, celles de Zurich, Winterthour, Berne, Bienne, Lucerne, Fribourg, Soleure, Olten, Bâle, Saint-Gall, Rorschach, Coire, Aarau, Lugano, Lausanne, Montreux, Neuchâtel, Chaux-de-Fonds et Genève se sont fédérées, depuis 1863, pour la défense de leurs intérêts communs à l'intérieur et au dehors. Les sociétés affiliées à la fédération prennent l'engagement de secourir les sujets allemands et austro-hongrois résidant dans leur rayon d'action, ainsi que ceux qui viendraient à le traverser, lorsqu'ils se trouvent être dans le dénuement. La Caisse Centrale acquitte un certain nombre de pensions régulières accordées à des familles par l'assemblée des délégués ou le comité du « Vorort » (actuellement Zurich).

Les sociétés de bienfaisance allemandes viennent donc en aide matériellement et moralement aux Allemands ainsi qu'aux Autrichiens domiciliés ou de passage en Suisse. Quelques-unes cherchent, en outre, à développer des sentiments de bonne amitié entre les membres de la colonie. Les solliciteurs doivent s'adresser au Comité, ou à son président, lequel possède, en matière de secours, une certaine compétence (de 5 à 25 fr.). A Bâle, Genève et Zurich, toutes les demandes sont renvoyées au bureau de la Société ou, chaque jour, à une heure fixée, un membre du comité se trouve présent et statue sur ces demandes, en tant qu'elles rentrent dans sa compétence. Les secours sont accordés en nature et en argent. Les indigents sans aucun moyen d'existence et les malades sont rapatriés gratuitement. Il n'est pas entré en matière sur les demandes de gens dont les papiers ne sont pas en règle, des vagabonds, des gens malfamés, des mendiants de profession. Une de ces sociétés interdit formellement les prêts d'argent. Les solliciteurs domiciliés dans la contrée sont visités ; il est pris sur eux des informations et on cherche à se faire une idée claire de leur situation.

Les recettes proviennent de cotisations, d'intérêts, de dons, de legs. De divers gouvernements allemands la Caisse Centrale a reçu, en 1912—13, une somme de 15 341 francs en subventions.

Les recettes de ces dix-neuf sociétés pendant l'année 1912 se sont élevées à 34 654 fr., pour cotisations à 43 136 francs, rentrées diverses, à 44 921 fr., subventions de communes et d'autorités d'assistance ; la part de la Caisse centrale à été de 5492 francs.

Dépenses d'assistance : Secours de route : 13 439 francs ; secours en cas de maladies : 3354 francs ; secours à des familles dans le besoin, pensions aux veuves et aux orphelins : 34 444 francs. Total : 51 747 francs. Il a été dépensé en outre pour le compte de diverses autorités communales et d'assistance une somme de 44 144 francs. Les frais d'administration et de location se sont élevés à 16 831 francs.

Il a été accordé des secours à 10 333 personnes ; 1552 indigents ont eu leur voyage payé jusqu'à la frontière ou ont été complètement rapatriés. Sur le nombre total des assistés, il se trouvait 8074 Allemands et 2259 Austro-Hongrois.

L'assistance matérielle et morale de ses compatriotes est aussi l'un des buts du *Club allemand de Davos,* qui cherche surtout à procurer à des Allemands malades et sans ressources suffisantes les moyens d'y faire une cure. Ce n'est guère que tout-à-fait exceptionnellement et dans des cas pressants que des secours peuvent être accordés à un Allemand habitant Davos, mais dont la situation misérable n'est pas due à la maladie. En règle générale, pour pouvoir être admis

.à l'assistance, un solliciteur doit avoir résidé trois mois au moins à Davos; s'il n'est pas connu du comité, son état d'indigence doit être constaté par le certificat d'une autorité ou d'une personne de confiance (pasteur etc.). Il doit répondre d'une manière véridique au questionnaire et donner les indications qui lui sont demandées sur sa situation personnelle; il doit à cette occasion s'engager à rembourser le secours qui lui est accordé, en tout ou en partie, dès qu'il en aura les moyens. Le médecin qui le soignait doit, de son côté, remplir un formulaire de renseignement sur l'état de santé du solliciteur. Il est statué à la majorité des voix sur les demandes, en séance de comité à laquelle la présence de trois membres au moins est exigée. Exceptionnellement le vote des membres peut être recueilli aussi à leur domicile, mais pour qu'une décision soit valable, trois membres au moins doivent y avoir pris part. Es cas d'égalité des voix, le président départage. Lorsque l'indigence n'est pas la conséquence de la maladie, l'unanimité des membres présents est nécessaire. Lorsque le cas ne souffre aucun délai, la décision peut être prise par moins de trois membres du comité en tant que l'absence des membres manquants a pour cause l'éloignement ou tout autre empêchement. Dans ce cas, la décision prise devra être portée à la connaissance des membres du comité à la première occasion. Les membres du Comité s'engagent à taire le nom des personnes assistées.

Recettes en 1912: Produit d'une vente: 15 678 francs, subvention du Ministère des Affaires étrangères à Berlin: 200 Marks. On collecte en Allemagne pour constituer un fonds qui, à l'heure qu'il est, s'élève à 75 000 francs.

Les dépenses pour secours se sont élevées à 11 688 francs, les frais d'administration à 759 francs. 74 personnes ont été assistées; 72 étaient des Allemands, 2 appartenaient à d'autres nationalités.

A Zurich, une société de secours aux malades, composée de *dames allemandes*, assiste les malades pauvres et les convalescents d'origine allemande ou autrichienne. Des secours en argent ne sont que rarement accordés; en général, il est remis des bons de denrées alimentaires ou pour des fortifiants. Souvent la Société rembourse les frais d'hôpitaux ou de séjours de repos ; dans ce dernier cas, les frais se répartissent entre la Société de bienfaisance allemande, l'Assistance volontaire aux domiciliés et la Commission antituberculeuse. Ceux auxquels les secours sont refusés sont presque toujours des jeunes gens non domiciliés à Zurich. La situation des solliciteurs est l'objet d'une enquête aussi exacte que possible et des renseignements sont demandés au bureau de l'Assistance volontaire. Les assistés sont visités de temps à autre.

2. Les Autrichiens.

Une *Société de secours* aux Austro-hongrois *pauvres et malades de la poitrine* existe à *Davos*. Après un examen de la situation matérielle du solliciteur et sur le vu d'un certificat médical, des secours en argent sont accordés, mais uniquement à des sujets austro-hongrois, sans aucune distinction de culte. Les secours sont refusés à ceux dont la situation ne paraît pas comporter l'assistance par la société. Les malades assistés sont visités.

Les recettes proviennent de dons et de contributions pour des cas particuliers d'assistance, du produit d'une représentation de bienfaisance. — En 1912, il a été dépensé 631 francs en frais d'assistance ; ceux d'administration se sont élevés à 372 francs. Il y a eu 15 assistés.

Une société austro-hongroise s'est fondée récemment à Zurich, mais n'a pas encore commencé à fonctionner, faute de ressources financières suffisantes.

3. Les Français.

Dès 1879, les *Sociétés françaises de secours* en Suisse se sont réunies pour former ensemble la Fédération des Sociétés françaises en Suisse, avec siège central à Neuchâtel et comprenant 21 sections réparties dans les cantons de Berne, Fribourg, Vaud et Neuchâtel. La Fédération cherche à resserrer les liens d'amitié qui doivent exister entre Français, à pratiquer l'assurance en cas de maladie, et à prêter secours et assistance aux Français indigents de passage, ainsi et plus particulièrement qu'aux vieillards, veuves, orphelins, incurables, auxquels tout travail est impossible, aux familles de soldats pendant le temps de présence de leurs chefs sous les drapeaux etc. Les sociétés qui font partie de la Fédération participent aux subventions gouvernementales réparties chaque année par l'Ambassade de France, de même qu'aux revenus du fonds spécial créé en faveur des vieillards, des veuves et orphelins, des incurables et des familles de soldats sous les drapeaux. Les demandes sont à faire parvenir au Comité de direction par l'intermédiaire de la Société dans le rayon de laquelle réside le solliciteur. Celles qui arrivent directement au Comité sont renvoyées à la société intéressée pour préavis. Le Comité de direction fait droit aux demandes appuyées par les sociétés, dans la mesure du possible, et sur la foi des renseignements recueillis par elles. Le cas échéant, la préférence est donnée aux demandes qui paraissent les plus dignes d'intérêt. Des pensions viagères peuvent également être accordées.

Les sections qui font partie de la Fédération doivent l'assistance aux Français dans le besoin, de passage ou établis dans la localité. Elles ne poursuivent aucun but religieux, ni politique. Les distributions des dons en nature sont effectuées conformément aux dispositions adoptées chaque année en assemblée générale. La société charge l'un de ses membres ou telle autre personne de répartir entre les Français indigents des vêtements usagés ou neufs. Les dons en espèces, jusqu'à concurrence de 10 francs, sont remis par le président ou un autre membre du comité. Les secours dépassant cette somme ne peuvent être accordés qu'après entente entre le président et un autre membre du comité ; ils ne doivent pas s'élever à plus de 20 francs. Pour les secours plus élevés, le comité est seul compétent et en décide lors d'une de ses séances trimestrielles. Sur la proposition du comité, l'assemblée générale des sociétaires peut voter des dons en faveur d'œuvres d'utilité publique et de victimes de catastrophes ; le montant de ces dons ne peut excéder 100 francs. Une de ces sections dispose d'un lit gratuit dans un hôpital ; peut être admis à en bénéficier tout Français atteint d'une maladie non infectieuse. L'admission a lieu sur le vu d'une demande signée par le président ou le vice-président.

Les recettes des sociétés françaises affiliées à la Fédération proviennent de dons, de cotisations, de leur part à la subvention gouvernementale, d'intérêts. Le gouvernement français alloue 3000 francs par an.

Les dépenses de ces mêmes sociétés pour secours accordés en 1912 se sont élevées à 6675 francs. La Caisse centrale a versé en outre 1000 francs pour pensions à des vieillards, des veuves et des orphelins. Le nombre des assistés a été de 1500 environ.

Il existe d'autres *Sociétés de bienfaisance françaises* qui ne font pas partie de la Fédération, à *Zurich, Porrentruy, Bâle, Lausanne* et *Genève.* Elles accordent des secours aux Français de passage ou domiciliés. Le président a généralement, en matière d'assistance, une compétence allant jusqu'à 30 francs. Pour des secours plus considérables, le consentement du Comité ou celui de l'Assemblée générale est nécessaire. Une enquête est faite sur la situation des solliciteurs domiciliés, toutes les fois que leur demande n'est pas accompagnée de la recommandation d'une autorité, d'un ecclésiastique, d'un sociétaire ou d'un philanthrope. Sont écartés ceux qui ne sont pas pourvus de papiers d'identité suffisants, les déserteurs, les professionnels de la mendicité, ceux qui sont connus pour vivre dans l'inconduite, ceux enfin qui cherchent à donner le change par des indications fausses sur leur véritable situation. De préférence il est distribué des bons pour denrées alimentaires, des bons de logement pour une nuit, pour des repas, des billets de bateau ou de chemin de fer. Les vieillards, les malades et les veuves reçoivent aussi de l'argent, les passants rarement. Il est tenu registre des assistés avec indication de leur état civil etc. Une société a pour règle de ne jamais hospitaliser plus de deux jours, le président ayant, cependant, le droit de prolonger ce délai

sur la recommandation de celui qui a accordé le premier
secours. Les sociétés cherchent avant tout à procurer du travail aux Français de passage.

Leurs ressources consistent en cotisations, intérêts de
fonds, legs, dons, produits de tombolas et de fêtes de bienfaisance, de subsides communaux ou gouvernementaux.

Le chiffre total des dépenses d'assistance s'est élevé, en
1912, à 31 200 francs en faveur de 2000 assistés, pour
les trois quarts des gens en passage.

Une association s'occupe de la protection de la jeunesse :
c'est la *Société de l'enfance française abandonnée à Genève.*
Elle étend sa protection aux enfants de nationalité française
des deux sexes, abandonnés ou délaissés, lorsque pour une
raison quelconque ils ne peuvent être placés au bénéfice de
l'arrangement conclu entre la France et la Suisse, le 27
septembre 1882, relativement à l'assistance des enfants abandonnés, non plus qu'à celui d'autres accords analogues. Elle
peut, le cas échéant, venir en aide à des familles qui auraient
recueilli chez elles des enfants français abandonnés sans y
être légalement obligées et qui ne posséderaient pas les
ressources nécessaires pour pourvoir à leur éducation et à
leur entretien. La tutelle de la Société dure jusqu'à ce que
ces enfants soient en mesure de gagner leur vie, lorsqu'il le
faut jusqu'à l'âge de 21 ans. Les parents ou les personnes
astreintes à l'assistance légale ont à contribuer aux frais
d'entretien de ces enfants et à fournir les garanties désirables pour assurer le paiement régulier des sommes pro-
mises. Ils renoncent formellement, pour un temps limité ou
définitivement, à reprendre leurs enfants chez eux sans
l'assentiment préalable du comité de la Société. Ces enfants
sont placés dans des familles, des asiles ou en apprentissage.
Ils ne sont internés dans des maisons de correction que
lorsque le comité ne peut faire autrement, sur le rapport
motivé d'un de ses membres, après soigneuse enquête faite
et non sans que l'enfant ait été averti. Quant à la religion dans laquelle l'enfant doit être élevé, la Société se conforme strictement, lors du placement, aux désirs des parents

ou de leurs remplaçants légaux. Elle surveille la conduite de l'enfant, s'inquiète de sa santé, de son bien-être et tient la main à ce que ses pupilles conservent leur nationalité française. A cet effet, ils sont, autant que possible, placés dans des familles françaises de même religion. La Société nomme à chaque enfant un tuteur qui a pour devoir de le surveiller et de défendre ses droits. Un comité de 18 membres est à la tête de la Société. Deux sous-comités ont été institués l'un de messieurs qui se chargent des garçons, le second de dames pour les jeunes filles. Une commission d'apprentissage place les apprentis et les suit pendant le cours de leur apprentissage.

En 1912, les recettes indiquaient comme montant des cotisations, intérêts et remboursements effectués la somme de 6649 francs ; celui des collectes, des représentations de bienfaisance, des dons s'est élevé à 5920 francs ; la subvention de l'Etat français à 1250 francs. Les dépenses pour secours etc. se sont montées à 7374 francs ; celles d'administration à 1723 francs. 64 enfants ont été placés, dont 26 dans des familles, 26 dans divers asiles et 12 en apprentissage.

L'*Association franco-belge à Davos* vient en aide aux poitrinaires sans ressources, ressortissant d'une nationalité de race latine : Français, Belges, Italiens, Espagnols. Toute demande est examinée par le comité qui peut accorder un secours quotidien de 3,50 fr. par personne. Les ressources sont constituées par les cotisations, les dons et le produit d'une fête de bienfaisance. Les dépenses d'assistance se sont élevées, en 1912, à 7000 francs en faveur de 15 malades.

Une *Société de bienfaisance à Leysin* (Vaud) s'occupe des poitrinaires de nationalité française dénués de ressources se trouvant dans cette station climatérique. Elle leur accorde, sans distinction de culte ou d'opinion politique, son appui moral et matériel. Les demandes sont à adresser par écrit au président ou à son remplaçant, qui procèdent à une enquête et, suivant son résultat, statuent. En cas d'urgence, la personne chargée de l'enquête est autorisée à remettre immédiatement un secours. Le montant auquel peut s'élever ce secours est déterminé année après année par le comité. Les membres du comité sont tenus à la plus grande discrétion. Quel que soit l'accueil fait à une demande le nom de son auteur est tenu secret et ne figure que dans les seuls registres de la Société. Une personne assistée ne peut être membre ni du Comité, ni de la commission de gestion. Les recettes proviennent de cotisations, du produit de soirées et de concerts de charité etc., de dons en nature et en espèces et de legs. — Pendant l'année 1912—13, il a été dépensé en frais d'assistance 2180 francs pour 14 personnes ; l'administration a coûté 168 francs.

4. Les Italiens.

L'organisation de l'assistance en faveur des Italiens est peu développée, bien qu'elle eût, en Suisse, certainement de nombreuses occasions d'intervenir ; là où elle existe, elle s'entoure généralement d'un silence si complet que l'on est presque obligé d'en conclure que son activité s'exerce dans les limites d'un cadre très étroit.

Il existe des sociétés de bienfaisance italiennes à *Porrentruy, Bâle, Chiasso, Locarno, Lausanne* et *Genève;* les plus importantes sont celles de Bâle et de Genève ; ce sont d'elles que nous allons nous occuper brièvement ici.

La *Société italienne de bienfaisance à Bâle* secourt ses compatriotes établis ou de passage, sans distinction d'opinions politiques, religieuses ou autres. Les demandes doivent être envoyées au comité, qui les examine et décide, à la majorité des voix, si le secours doit être accordé, sous quelle forme et de quelle valeur. Ils le sont généralement en nature, par des bons de denrées alimentaires, ou par des soins en cas de maladie, exceptionnellement en argent. La Société s'occupe aussi de placer les enfants et accorde des secours de rapatriement. La compétence du président, en matière de secours à accorder dans les cas urgents, se monte à la somme de 10 francs ; mais il doit communiquer chacun de ces cas à la plus prochaine séance du comité. On se rend compte de la situation des solliciteurs en les faisant visiter à domicile, visites qui, renouvelées par les différents membres du comité, maintiennent le contact avec les assistés. Ne sont renvoyés à vide que ceux qui ont cherché à tromper le comité en donnant sur leur position des indications reconnues fausses. Les réponses négatives ne sont pas obligatoirement motivées.

Les recettes en 1912 se sont élevées à 3052 francs pour cotisations et dons divers, à 152 francs d'intérêts, 24 francs produits par une représentation de bienfaisance et 2400 fr. de subvention accordés par l'office d'émigration à Rome. Il a été dépensé pour secours divers : 2859 francs, les frais d'administration s'étant élevés à 418 francs et le nombre des assistés à 897, parmi lesquels 106 Italiens de passage.

Le *Comité de secours de l'Eglise Evangélique italienne de Genève* prête secours et assistance aux familles indigentes se rattachant à cette communauté ainsi qu'aux Italiens en passage qui lui sont adressés, sans faire aucune distinction de religion. Les mêmes secours sont également accordés aux Tessinois. Des informations sont prises sur les solliciteurs et les demandes des mendiants de profession écartées. L'assistance est accordée en espèces et en nature.

Les recettes sont constituées par des cotisations et des dons. En 1912, 275 personnes ont eu part aux secours et 2500 francs ont été dépensés en leur faveur.

5. Les Anglais.

L'Association du « *Fonds de Jubilé de la Reine Victoria* » (Queen Victoria Jubilee Fund Association) à Genève, cherche à secourir efficacement les Anglais que la nécessité oblige à demander son assistance ; des informations sont prises, auparavant, par le Comité.

Les intérêts du capital, des dons, des legs et des cotisations ont permis de venir en aide, pendant l'année 1912—13 à 23 personnes, auxquelles il a été distribué 714 francs. Les frais d'administration se sont élevés à 44 francs. Les passants sans ressources ont absorbé la majeure partie de la somme ci-dessus.

6. Les Russes.

A *Davos*, de même qu'à *Leysin*, il s'est constitué une société de bienfaisance russe pour venir en aide aux tuberculeux sans ressources originaires de la Russie, et cela sans aucune acception de religion. Dans les deux sociétés, les secours sont accordés en espèces. L'une d'elles les limite à 20 francs par mois. Lorsque cela se peut, la situation des solliciteurs est auparavant examinée. Des cotisations, des dons et le produit de concerts de bienfaisance et de collectes procurent les ressources nécessaires.

Pour 1912, il a été dépensé en secours une somme de 17 049 francs ; les frais se sont élevés à 406 francs et 82 Russes ont été assistés.

7. Les Espagnols.

La « *Sociédad Española de Beneficencia in Suiza* », à *Bâle,* où habite son président, est, à proprement parler, une société de secours en cas de maladie, mais elle assiste néanmoins ses compatriotes sans ressources suffisantes pour rentrer dans leur pays. Elle a dépensé, dans ce but, en 1912—13, une somme de 168 francs.

Tableau des prestations des sociétés de bienfaisance étrangères en faveur de leurs nationaux en 1912.

Cantons.	Nombre des sociétés.	Nombre des assistés.	Montant des secours accordés.		Frais d'administration.	
1. Zurich	4	2,233	Fr.	19,630	Fr.	7,277
2. Berne........	11	1,914	»	9,528	»	1,695
3. Lucerne.....	1	359	»	796	»	380
4. Fribourg	3	233	»	806	»	82
5. Soleure......	2	73	»	559	»	732
6. Bâle-Ville ...	4	3,195	»	20,310	»	2,952
7. St-Gall......	2	2,171	»	5,368	»	1,757
8. Grisoms.....	5	439	»	34,189	»	1,523
9. Argovie......	1	41	»	474	»	142
10. Tessin.......	2	194	»	1,177	»	829
11. Vaud........	11	1,680	»	16,249	»	1,716
12. Neuchâtel ...	7	800	»	4,453	»	473
13. Genève......	6	3,262	»	10,163	»	4,970
Total..	59	16,594	Fr.	143,702	Fr.	24,528

XI.

L'assistance par les Sociétés suisses de bienfaisance à l'étranger.

Depuis 1875, les sociétés suisses de bienfaisance à l'étranger forment entre elles une fédération qui compte actuellement 31 sections (29 en Allemagne et 2 en Autriche), plus 51 sociétés correspondantes avec 7000 membres environ. Le Comité Central de cette fédération a son siège à Berlin„ son secrétariat permanent à Schoeneberg-Berlin. Le but de la fédération est de resserrer les liens qui unissent les sociétés suisses entre elles et les Suisses résidant à l'étranger, et de cultiver l'esprit patriotique ; d'apporter son appui aux sociétés et aux compatriotes qui en auraient besoin ; de prendre des mesures de défense réciproques contre l'exploitation et la demande abusive de secours et de s'occuper de toute question d'actualité intéressant la fédération. A ces fins, elle a fondé une caisse administrative générale, une caisse spéciale d'assistance, ainsi qu'un journal paraissant à intervalles réguliers et servant d'organe de renseignement entre le Comité Central, les sections, les sociétés correspondantes et les membres. Les sociétés correspondantes sont celles qui se trouvent dans des pays dont la législation interdit l'affiliation à cette fédération, ou que des circonstances diverses empêchent de s'y rattacher. Des *carnets d'identité* sont mis, contre paiement des frais d'impression, à la disposition des sociétés fédérées, ainsi que des membres. Ces carnets portent mention de l'état-civil, des qualité et profession de leur porteur, de la date de leur admission, ainsi que celle de leur démission. Ces carnets ne sont délivrés qu'à des membres faisant partie d'une section depuis trois mois au moins. Les secours, s'il leur en a été accordé, doivent figurer dans ce carnet. Les sections sont tenues d'octroyer aux porteurs d'un carnet d'identité bien en règle un secours d'au moins 50 % plus élevé qu'il ne le serait pour un Suisse non membre de la société.

Pour prévenir l'exploitation des caisses de secours des sociétés et des compatriotes habitant l'étranger, le comité central expédie, en cas pressant, les « Communiqués d'urgence » aux sections, associations et consulats suisses, pour les prémunir contre les tentatives de personnes convaincues d'actions malhonnêtes et qui essaieraient de recourir abusivement aux caisses de secours.

Ainsi que nous l'avons dit plus haut, la fédération gère deux caisses distinctes : une *caisse de secours* et une caisse administrative. La première est alimentée par les ressources suivantes : subventions fédérales et cantonales, par la moitié du produit des contributions versées par les membres, par les excédents de la caisse administrative, quand il s'en produit et par des dons. C'est de cette caisse que sortent les subventions accordées, dans la mesure de ses disponibilités, aux sections dont les ressources sont restreintes, mais qui n'en sont pas moins sujettes à être fortement sollicitées par des compatriotes besogneux. Dans les cas où une société suisse serait hors d'état de venir au secours de compatriotes tombés dans la détresse, soit faute de ressources suffisantes, soit parce que les statuts de cette société ne le lui permettraient pas, la caisse d'assistance peut intervenir ; il en serait de même lorsqu'un Suisse ou une Suissesse ne pourrait prétendre à un secours d'une société suisse, faute d'en faire partie. La préférence est toujours donnée aux sociétaires de la fédération. — En 1912, la Caisse d'assistance a dépensé une somme de 546 francs en secours.

La plupart des sociétés accordent des secours en argent, très peu en nature et seulement celles qui sont affiliées à l'assistance locale. Quand les solliciteurs sont établis dans la localité, leur situation fait l'objet d'une enquête ; ils sont visités, surtout lorsqu'ils sont malades. En général, il suffit aux Suisses en passage d'être munis de papiers d'identité bien en règle ; on doit cependant, préalablement à tout secours, examiner soigneusement la *liste noire* pour s'assurer que le solliciteur n'y figure pas ou n'y a pas figuré. La dite liste mentionne tous ceux qui se sont rendus indignes d'être assistés, tels les professionnels de la mendicité, les vagabonds, les escrocs, les chevaliers d'industrie, avec les indications nécessaires de nom, métier, âge, lieu de naissance, signalement, mention des délits dont ils se sont rendus coupables, afin de mettre sur leur garde les sociétés suisses et nos compatriotes en général et les empêcher d'être dupés. La liste noire, mise à jour année après année, est insérée dans le « Korrespondenzblatt » et tirée à part. Les solliciteurs ne sont guère renvoyés que si l'on découvre en eux des habitués de la mendicité. La plupart des sociétés ont un *contrôleur*, qui a le devoir de vérifier, en tant que la chose lui est possible, les indications fournies par les indigents de passage et surtout d'examiner leurs papiers. Dans les localités d'outre-mer ou qui sont éloignées des grandes routes, où les indigents de passage sont rares, c'est le président ou l'un des membres de la Société qui remplit cette fonction. En général, le caissier et le président ont une certaine compétence en matière d'assistance. En cas de secours plus considérables ou de longue durée, le Comité statue.

Il existe à l'étranger plus de 800 sociétés suisses. 148 d'entre elles ont été subventionnées par la Confédération et des cantons pour une somme totale de 41 225 francs.

En subventions et en produits de collectes, elles ont encaissé en 1911, une somme de 229 374 francs et en ont dépensé, pour secours 353 955 fr. Il n'existe malheureusement pas de statistique des assistés. On peut cependant les évaluer à 50 000 environ. Paris et Pétrograde viennent en tête pour le chiffre de leurs dépenses d'assistance qui dépassent la somme de 50 000 francs ; puis suivent Rio de Janeiro, avec plus de 24 000 francs, Moscou, avec plus de 23 000 francs et Londres avec plus de 11 000 francs.

La fortune de ces 148 sociétés de secours se montait, en 1912, à 3 266 237 francs ; les dépenses d'administration, en 1911, à 64 169 francs.

Si l'on compare les prestations des sociétés de bienfaisance étrangères en Suisse avec celles des sociétés suisses à l'étranger, on ne peut s'empêcher d'être frappé en constatant combien les premières sont dépassées par les secondes. Les sociétés étrangères en Suisse dépensent, en chiffres ronds, une somme de 150 000 fr. annuellement pour leurs compatriotes dans le besoin ; les Suisses à l'étranger, plus du double, soit 353 000 francs. La proportion est la même relativement aux subventions gouvernementales. Et cependant l'assistance des étrangers vivant en Suisse se répartit entre diverses sociétés nationales, tandis que la petite Suisse seule participe à celle de ses ressortissants. D'après le dernier recensement, celui de 1910, il y avait en Suisse 565 296 étrangers, tandis qu'il n'y a guère que 350 000 Suisses vivant hors de leur pays. Et que l'on ne vienne pas prétendre que parmi la population étrangère en Suisse il y ait moins de pauvres que parmi les Suisses à l'étranger. C'est juste le contraire qui est vrai ! Une conclusion est facile à tirer et ressort, du reste, clairement des chapitres qui précèdent : que les Suisses supportent leur très grosse part de l'assistance aux étrangers qui vivent parmi eux, tandis que l'on n'a jamais entendu dire que des Suisses à l'étranger soient à la charge de sociétés de bienfaisance locales ; c'est pour eux qu'ont été fondées ces sociétés suisses de bienfaisance si bien organisées et si à même de rendre les services qu'on attend d'elles. Force est bien de reconnaître que quelque précieux que puissent être les secours que distribuent les sociétés étrangères à l'armée des indigents de passage en Suisse, l'activité de ces sociétés demeurerait absolument insuffisante et sans grands résultats pratiques, et ne serait aucunement en état de subvenir aux besoins existants, si l'activité des sociétés de bienfaisance indigènes, qui assistent sans distinction de nationalités, ne venait pas à la rescousse. — Sans présomption, il est permis d'affirmer qu'aucun peuple ne prend soin, comme les Suisses, et d'une manière aussi grandiose et aussi complète de ses ressortissants indigents vivant à l'étranger, preuve évidente de la vivacité du sentiment de solidarité qui les anime et d'un amour de la patrie qui ne se traduit pas seulement en phrases. Aucun autre peuple ne s'intéresse d'une façon aussi active aux étrangers pauvres qui vivent à l'intérieur de ses frontières ; et bien entendu pas uniquement de ceux qui se voient trahis par le sort ou par leurs forces après avoir dépensé le meilleur de ces dernières dans leur patrie d'adoption, mais aussi aux nombreuses familles ou personnes isolées qui viennent pauvres chez nous, ont besoin de secours dès leur arrivée, des naufragés de la vie et de ces indigents de passage sans nombre, appartenant à toutes les nations. Aucun autre peuple que le peuple suisse ne place tous les étrangers dans l'indigence aussi complètement sur le même pied que ses nationaux, les traitant parfois même mieux qu'eux. Pendant ces dernières années, on a beaucoup parlé, dans des congrès internationaux d'assistance, de réglementer l'assistance à accorder aux étrangers dans les divers Etats européens. Ce que l'on a entrevu comme le but auquel on devrait tendre, la Suisse le possède, le met en pratique depuis longtemps grâce à l'organisation de son assistance volontaire.

XII. Tableau d'ensemble et par cantons de l'activité déployée en 1912 par l'Assistance organisée volontaire en Suisse.

I.	II.	III.	IV.	V.	VI.	VII.	VIII.	IX.
Cantons.	Nombre des sociétés.	Chiffres des assistés.	Dépenses d'assistance.	Frais d'administr.	Représentant le % des sommes à l'assistance.	Population domiciliée en 1910.	Assistance par tête de population.	Assistance moyenne pour chaque assisté.
1. Zurich	213	92,871	Fr. 693,992	Fr. 141,586	= 20,4	503,915	Fr. 1.38	Fr. 7.50
2. Berne	222	15,966	» 270,718	» 19,144	= 7	645,877	» —.41	» 16.95
3. Lucerne	77	7,927	» 240,338	» 12,189	= 5	167,223	» 1.43	» 30.31
4. Uri	2	350	» 1,800	» —	—	22,113	» —.08	» 5.01
5. Schwytz	19	1,422	» 18,222	» 144	= 0,8	58,428	» —.31	» 12.81
6. Obwald	7	580	» 5,795	» 40	= 0,7	17,161	» —.33	» 10.—
7. Nidwald	5	237	» 3,610	» 50	= 1,4	13,788	» — 26	» 15.23
8. Glaris	22	3,620	» 20,245	» 1,145	= 5,6	33,316	» —'60	» 5.60
9. Zoug	13	3,989	» 14,630	» 515	= 0,3	28,156	» —'30	» 3.66
10. Fribourg	47	1,491	» 35,390	» 6,856	= 19,3	139,654	» —'25	» 23.73
11. Soleure	48	8,367	» 118,904	» 8,953	= 7,5	117,040	» 1'01	» 14.21
12. Bâle-Ville	51	15,699	» 388,691	» 65,167	= 16,7	135,918	» 2'85	» 24.75
13. Bâle-Campagne	62	1,942	» 58,767	» 7,892	= 13,4	76,488	» —'76	» 30.26
14. Schaffhouse	30	1,458	» 41,342	» 1,446	= 3,4	46,097	» —'88	» 28.35
15. Appenzell (Rh.-Ext.)	62	2,843	» 63,135	» 2,474	= 3,9	57,973	» 1'08	» 22.20
16. Appenzell (Rh.-Int.)	5	389	» 2,374	» —	—	14,659	» —'16	» 6.10
17. St-Gall	143	12,814	» 247,766	» 16,175	= 0,6	302,896	» —'81	» 19.33
18. Grisons	46	1,976	» 109,647	» 5,329	= 4,8	117,069	» —'93	» 55.49
19. Argovie	151	11,497	» 278,587	» 10,996	= 3,9	230,634	» 1'20	» 24.23
20. Thurgovie	40	1,733	» 44.144	» 1,549	= 3,5	134,917	» —'32	» 25.47
21. Tessin	12	746	» 20,084	» 1,059	= 5	156,166	» —'12	» 26.92
22. Vaud	274	22,505	» 287,603	» 30,032	= 10,4	317,457	» —'90	» 12.77
23. Valais	4	328	» 4,016	» —	—	128,381	» —'03	» 12.24
24. Neuchâtel	194	12,830	» 196,105	» 18,336	= 9,3	133,061	» 1'46	» 15.28
25. Genève	87	19,609	» 378,196	» 56,881	= 15.	154,906	» 2'44	» 19.28
Total...	1.836	243,189	Fr. 3,544,101	Fr. 407,958	= 11,5	3,753,293	Fr. —,94	Fr. 14.57

Observations. Les chiffres indiqués dans la colonne III ne représentent pas toujours des assistés isolés, mais souvent aussi des familles ou des cas où le secours concernait plusieurs personnes. Il est encore à remarquer que sous cette rubrique sont compris un grand nombre d'indigents non domiciliés et de pauvres de passage. — Il n'a malheureusement pas été possible d'établir, d'une manière exacte, la proportion d'étrangers assistés, ni le montant des secours qui leur ont été distribués. Sans trop s'écarter de la réalité, on peut admettre qu'en moyenne les étrangers représentent le 1/5e des assistés et que le chiffre des secours à eux accordés est dans la même proportion. Dans les villes de Bâle, Genève et Zurich la proportion est sensiblement plus forte et peut s'élever au tiers et plus. Déduction opérée des 16,594 indigents assistés par les diverses sociétés étrangères, ainsi que des 143,702 fr. qui leur ont été distribués par ces mêmes sociétés, il reste encore 226,595 personnes assistées et 3,400.399 francs de dépenses d'assistance; le cinquième de ces chiffres nous donne 45,319 étrangers assistés par les sociétés de bienfaisance suisses avec une dépense de 680,079 fr. — Sous la rubrique IV, dépenses d'assistance ne sont pas compris les versements des communes d'origine. Les chiffres indiqués ont donc pour unique provenance les ressources proprement dites des œuvres de bienfaisance.

XIII.

Conclusion.

On peut l'affirmer sans présomption, telles qu'elles sont organisées, les œuvres de bienfaisance en Suisse tendent à adoucir tous les genres de misères, à panser toutes les blessures ; avec une certitude non moins grande, on peut ajouter que, d'une manière générale, elles s'acquittent de leur tâche avec intelligence, et en y employant une somme considérable de dévouement. On souhaiterait cependant qu'une plus grande place fut laissée, dans toute cette activité, à l'étude et à l'emploi de *mesures préventives* contre le paupérisme. En tant qu'organismes absolument indépendants, elles peuvent choisir leurs tâches et n'écouter que leurs inspirations : employer leurs forces et les ressources dont elles disposent à guérir les maux existants ou à chercher les mesures propres à en prévenir le retour.

Une société de bienfaisance, une seule, celle de Coire, mentionne dans ses statuts des mesures préventives contre un mal, générateur, en effet, de bien des maux : l'utilisation de logements malsains. Ce n'est pourtant pas, et loin de là, l'unique fauteur de misères ; on peut y ajouter le fléau du chômage, le démon de l'alcoolisme, l'absence de loi d'assurances, surtout d'assurance vieillesse, le nombre toujours augmentant des individus insuffisamment doués physiquement et intellectuellement, l'incomplet entraînement de la jeunesse à la lutte pour l'existence. Ce n'est pas que nous ignorions que nombre d'hommes ou de femmes, membres de sociétés ou même de comités de bienfaisance, se préoccupent de toutes ces questions, se sont attelés à leur solution ; mais quand c'est le cas, c'est à titre purement personnel, ou comme membres d'une association qui n'a rien à voir avec la bienfaisance, et jamais pour résoudre une tâche que se serait proposée une société de bienfaisance. — Une chose fait encore défaut à l'Assistance volontaire, dont les manifestations sont cependant si diverses, c'est l'unité, l'unité d'action, une *centralisation* des organes de l'assistance volontaire ou officielle telle qu'elle existe déjà dans plusieurs villes et qui permettrait d'étudier en commun bien des mesures préventives, de décider leur mise en pratique simultanée et toutes forces réunies. Avec quelque peu de bonne volonté, il serait possible d'y arriver partout où, dans une même localité, plusieurs organisations charitables sont à l'œuvre, tout en réservant cependant à chacune d'elles sa pleine indépendance. Nous venons de le voir, la pratique de l'assistance volontaire est à peu de chose près identique dans toute la Suisse, quand bien même, dans certaines parties du pays, c'est l'assistance en nature qui est en faveur et que la vieille habitude de « faire l'aumône » a de la peine à en disparaître, tandis que dans d'autres l'assistance, dans ce qu'elle a de moderne et de préventif, s'est développée et semble répondre davantage aux besoins. Serait-ce donc une chose impossible à réaliser que l'union des cantons, des villes et des sociétés de bienfaisance, pour entreprendre une lutte corps à corps contre tous les fauteurs de misère quels qu'ils soient, à l'aide d'une assistance organisée sur des bases uniformes ! On a déjà commencé, mais que de terrain il reste à gagner pour que l'idée en soit admise partout.

La *centralisation des diverses sociétés* existant dans une localité offrirait encore des avantages d'un autre ordre. Ces sociétés, nous l'avons constaté, subsistent grâce aux cotisations de leurs membres, aux dons qu'elles reçoivent, à des subventions cantonales ou communales ; les mêmes personnes figurent dans leurs registres soit comme membres, soit à titre de donateurs, sont donc sollicitées, peut-être à des époques différentes par ces diverses sociétés, ce qui n'est certainement pas toujours agréable. Une *caisse centrale* se chargeant de tous les encaissements supprimerait ces désagréments. Les associations n'auraient plus ni la peine, ni les frais de cette perception et néanmoins rentre-

raient dans leurs fonds ; pour membres et donateurs, cette
façon de procéder offrirait certainement des avantages. On
pourrait aussi profiter de l'occasion pour attirer leur attention sur telle œuvre qui aurait aussi besoin et serait digne de
leur appui. En Amérique, en Angleterre, cette centralisation
des encaissements est depuis longtemps de pratique courante
et avec succès ; depuis quelques années on en recommande
l'introduction en Allemagne et en Suisse ; à Genève le Bureau
Central de Bienfaisance a organisé quelque chose qui y
ressemble. Il remet à chacun de ses membres, de même
qu'à toute personne connue pour l'intérêt qu'elle porte aux
œuvres de bienfaisance et d'utilité publique et, en général à
tous ceux qui la lui demandent, une liste imprimée sur
laquelle figurent toutes les œuvres d'utilité publique, religieuses et de bienfaisance. Sur cette liste on peut inscrire
des dons en faveur de n'importe laquelle des œuvres signalées. Le Bureau Central en fait encaisser le montant. En
1912, il a fait rentrer de la sorte la somme de 178 749 fr. —
Un *bureau central* local serait certainement bien placé aussi
pour examiner et rechercher les voies et moyens d'augmenter
les ressources, d'en créer de nouvelles en faveur de l'une ou
de l'autre des sociétés adhérentes. Enfin, n'y aurait-il pas
une combinaison à trouver, permettant de confier à cet
office central la publication des rapports de toutes les
sociétés affiliées. Les frais d'impression en seraient diminués, et la consultation en serait rendue plus aisée aux
membres et aux personnes qu'ils intéressent. Un annuaire
pareil englobant toutes les sociétés existant dans une ville,
dans un district, dans une région, le cas échéant, dans tout
un canton, renseignant sur l'activité et les efforts des différentes sociétés de bienfaisance et d'utilité publique, serait
certainement mieux accueilli par la plupart que les rapports
multicolores et multiformes qui chaque jour viennent envahir
nos demeures. Le texte de nombre de ces rapports offre quelque chose d'angoissé, de tourmenté, on sent que leurs auteurs
aimeraient pouvoir nous dire du neuf, du palpitant. A défaut
de quoi ils suent sang et eau pour donner à leur rapport

une apparence qui ne soit pas par trop misérable ou banale.
Un *rapport central* condensant ceux de chacune de ces sociétés mettrait fin aux soucis de cet ordre. On n'y signale-
rait que les faits vraiment importants, brièvement sans
pour cela interdire au talent d'un rapporteur qui s'en sen-
tirait l'envie de s'exercer en décrivant l'activité de sa société
ou telle innovation qui frayerait des voies nouvelles. L'indépendance de chaque société, est-il besoin de le dire, ne courrait
aucun risque du fait de cette centralisation des encaissements
non plus que de celui du « rapport central ».

Si quelqu'un trouvait excessive la somme de trois millions et demi dépensée annuellement par l'assistance volontaire
en Suisse en secours de toute nature, qu'il veuille bien réfléchir
qu'il se dépense dans notre pays, chaque année, 271 millions
uniquement en boissons alcooliques, c'est-à-dire pour un
article de luxe dont la consommation, loin d'avoir des effets
favorables, conduit très souvent à la pauvreté et au crime.
Il n'est pas de budget, quel qu'il soit, qui ne soit mieux doté
que celui de l'Assistance.

Cantons et communes se sont mis à subventionner les
différentes institutions ou sociétés de bienfaisance et participent souvent à leur administration en déléguant des représentants dans leurs comités. Quelques-unes de ces organisations
sont même, ici et là, en bonne voie de se transformer en
institutions purement cantonales ou communales. Dans quelques cantons, nous l'avons vu, l'assistance en nature, le
patronage des détenus libérés ont déjà passé à l'Etat et
sont réglés par une loi. Et quand bien même, dans un avenir
plus ou moins rapproché, Etat ou communes viendraient à
décharger les sociétés de bienfaisance de telle ou telle branche de leur activité actuelle, la charité privée n'en demeurerait pas pour cela moins active. Elle verrait de nouvelles
tâches s'offrir ; elle entreverrait de nouveaux progrès à faire
aboutir, elle mobiliserait de nouvelles ressources, des forces
nouvelles. Qu'elle continue seulement à se laisser inspirer par
l'amour du prochain et son activité ne cessera jamais d'être
féconde en bénédictions de tous genres.

RÉPERTOIRE ALPHABÉTIQUE

Assistance protest. dans les cantons :
de Genève, 150.
de Glaris, 154.
des Grisons, 154.
de Neuchâtel, 148.
de St-Gall, 144.
de Schaffhouse, 140.
de Thurgovie, 145.
de Vaud, 146.
de Zurich, 131.
Assistance par les sociétés féminines protestantes, 140. 146. 147. 148. 149. 150. 152. 155. 157. 157.
» par les paroisses de disséminés en pays catholiques, 155. 255.
» par les sociétés féminines en faveur des protestants disséminés :
à Bâle, 157.
à Berne, 157.
à St-Gall, 157.
à Schaffhouse, 157.
à Zurich, 157.
» par les Eglises à Lausanne, 108.
» confessionnelle protestante de la ville de Schaffhouse, 140.
» par des Eglises libres et communautés isolées, 154.
» par la société des dames protestantes, Bâle, 140.
» par la société de bienfaisance réformée Lucerne, 155.
» par la société de bienfaisance de la communauté évangélique de Rapperswil-Jona, 144.
» par la société de bienf. de l'association évang. de Zurich, 131. 132.

Assistance par la société de secours aux malades des dames protestantes de St-Gall, 88 (voir aussi *Diaconies, communautés, direction Bourse des pauvres.*)
Assistance (l') dans l'Eglise vieille-catholique, 176 et s.
» par les dames de l'Eglise vieille-cathol. de St-Gall, 88.
» dans l'Eglise vieille-catholique de Zurich, 37. 176.
» par les sociétés féminines de bienfaisance de l'Eglise vieille-cathol., 176.
Assistance (l') par les loges maçonniques, 129.
» par les sœurs (maçonnes), 130.
Assistance volontaire organisée (l') en faveur de diverses catégories spéciales d'indigents, 189.
» matérielle et morale directe, 257.
» par le travail, 252.
» par des distributions de vêtements, 254.
» à certaines époques de l'année, 250. 251.
» des Suisses hors de leurs cantons d'origine, 260.
» par les sociétés de bienfaisance étrangères, 263.
» par les sociétés de bienfaisance suisses à l'étranger, 274. 277.
» des vieillards et des incurables, 235.
Association évangélique de Zurich, 131. 132.
Association de femmes et de jeunes filles d'Einsiedeln, 58.